GEOGRAPHY

[英] 詹姆斯·费尔格里夫 著

王秀莉 译

AND

地理与世界霸权

U0723428

WORLD POWER

民主与建设出版社

·北京·

图书在版编目（CIP）数据

地理与世界霸权 / （英）詹姆斯·费尔格里夫著；
王秀莉译 . -- 北京：民主与建设出版社，2023.7
ISBN 978-7-5139-4204-1

Ⅰ . ①地… Ⅱ . ①詹… ②王… Ⅲ . ①地缘政治学 -
研究 Ⅳ . ① D5

中国国家版本馆 CIP 数据核字（2023）第 088650 号

地理与世界霸权
DILI YU SHIJIE BAQUAN

著　　者	〔英〕詹姆斯·费尔格里夫
译　　者	王秀莉
责任编辑	宁莲佳
封面设计	瑶瑞弛 YaoRich STUDIO ｜ K.10设计 QQ 664247894
出版发行	民主与建设出版社有限责任公司
电　　话	（010）59417747　59419778
社　　址	北京市海淀区西三环中路 10 号望海楼 E 座 7 层
邮　　编	100142
印　　刷	唐山市铭诚印刷有限公司
版　　次	2023 年 7 月第 1 版
印　　次	2023 年 7 月第 1 次印刷
开　　本	880mm×1230mm　1/32
印　　张	10.5
字　　数	232 千字
书　　号	ISBN 978-7-5139-4204-1
定　　价	56.00 元

注：如有印、装质量问题，请与出版社联系。

整个世界是一座舞台。

本书准备讲述一个连贯的故事，以表明在这个星球上明显无序的事件中确实存在一些秩序。以如此小的篇幅讨论世界历史和地理问题，显然肯定会有许多遗漏。对于应该省略哪些地方，不同的人可能会有不同的见解，而且有些东西呈现给读者的样子可能并不是作者自己看到的样子，但全书的正确性并不取决于个别说法或观点的准确性。特别要强调的是，虽然本书涉及世界历史，但它只涉及了其中的一个方面。事实上，它特别关注的是舞台背景，而不是戏剧情节。本书的目的是指出在世界历史的不同时期，舞台是如何设定的，特别是舞台的设定是如何适合当时正在上演的这出戏的。

因此，笼统来说，这本书可能会显得很唯物主义，但其唯物性仅仅体现在——从书中所述的案例性质来看，本书讨论的是物质的东西。我会去追溯地理环境如何影响演员的表演，而不会提及地理环境如何操控演员的精神。当然，这并不意味着它们不存在。

詹姆斯·费尔格里夫

目录

GEOGRAPHY

AND

第一章

绪论

WORLD
POWER

（一）本书是关于什么的

本书写作的目的是要说明世界历史是如何被那些我们归类在地理学标题下的条件和现象控制的，指出那些最有效地控制了历史的条件和现象，由此说明哪些是真正的基本地理事实。在这句话中，有三个词的含义我们必须非常清楚。这三个词便是"历史""控制""地理"。

1. 历史。当我们以这种方式谈论历史时，当然意味着我们是在谈论人类在地球上的历史，但即使如此，历史也可能意味着许多事情。

（1）它可能仅仅意味着按照发生的顺序对所有曾经发生过的事件进行陈述，而不对它们进行任何评论。当我们研究历史时，对事件的了解是非常必要的，但仅仅是了解它们，并不十分有趣，而且即使事件都能被发现，也不可能让随便一个人去了解所有的事情。必须选择出最重要的事件。

（2）由此，我们得到了另一个关于历史的概念，即按照发生的顺序对最重要的事件进行陈述。不过，在挑选出最重要的事件的过程中，我们必须对事件进行比较，判断哪些是最重要的。要做到这一点，我们当然必须思考为什么它们是重要的，以及我们所说的重要是什么意思。然后我们发现，如果事情在很大程度上影响到人的福祉，那么它们就是重要的，如果它们对人的影响不大，那么就不太重要。

（3）由此，我们又立刻就有了关于历史的第三个概念，即把历史看作是曾经发生的重要事件的故事，在叙述故事的过程中还要说明促使这些事件发生的原因以及这些事件对人类的影响。在评估重要性时，我们必须记住，有些事件在一段时间内对人有很大的影响，但在未来则只有轻微影响，而有些事件一开始对人的影响很小，但在很长一段时间内会持续产生效果。

当我们以这种方式审视历史时，便会发现，一些表面上不重要的事件实际上是重要的，一些表面上非常重要的事件其重要性必须降一些等级。我们还发现，历史的原因和结果紧密纠缠在一起，使历史成为一个有机的整体。一些特定的事件自然会引发其他事件。一个人、一个部落或一个国家所做的事情影响了其他人或国家的行动。历史研究之所以如此有趣，就在于它是对人、人与人之间的关系，以及个人或团体对其他个人或团体的影响所做的一种研究。从对历史的研究中，我们也发现，在时间和空间上相距甚远的人也会拥有非常相似的性格，同样的事件也有可能发生在世界上的不同地点，有时甚至发生在不同的世纪里，就是因为它们之间具有这种相似性。因此，正如我们所说的，历史有一种自我重复的趋势。

但历史并不是完全重复。历史一直在向前进步。如果回溯到一两年前，我们可能不会注意到这种趋势；但如果把思绪回溯到几百年前，看看整个世界，我们就会意识到已经取得了一些进步；如果我们考虑整个世界的整个历史，这个进步过程就会一目了然。对于如何表达所谓"进步"的含义，我们可能会存在疑问，但无论如何，我们能感觉到进步是存在的。例如，我们意识到，随着历史时代变化，人们的是非观念发生了变化，而这种变化总体上是好的。而这只是进步的一个方面。还有其他明显的方面也变得更好了。我们不仅在道德上和智力上得到了改善，在物质上同样也是：我们有了更好的衣服，更好的食物，生活也更便利了；和生活在几百年前的人相比，我们可以把更多的时间留给自己。从我们所知的无数方面来说，活在公元 20 世纪大体上比活在五千年前要好得多。

那么，已经发生了什么事件呢？撇开所有的宗教问题不谈，历史是什么意思呢？难道我们就没有一个更简单的表述历史是什么的方法吗？自然是能给出很多答案，对于这里给出的答案，可能会有人有反对意见，当然也有限定条件。但可以说，在最广泛的物质层面的意义上，历史是人类控制能量的能力不断增强的故事。我们所说的能量是指做功的能力，是指引起——不是控制——运动的能力，是指使事物前进或停止的能力——无论是火车、手表、磨坊还是人。要完成任何事情，都需要能量。人的一生都在努力获取和使用尽可能多的能量，并尽可能地减少浪费。任何能使人得到更多能量或浪费变少的手段，都标志着一种进步，在世界历史上都是重要的。所有关于如何做事的发现，即我们所说的发明，都标志着不同阶段的进步，这些有趣的事实并非与历史没有太大关系。这些发明实际上与这一切都有关系。象形文字、书写、数字、印刷、指南针、铲子、轮子、针、蒸汽机和纸币的发明，对世界历史的进程产生了巨大的影响，其重要性就在于它们使人们能够使用某种能量，或节约能量。

因此，很明显，能量在所谓的"社会史"中非常重要，但可能有必要指出，它在制宪史与军事史中同样重要，即研究法律和战争、国王和共和国的历史。也许举实例能更好地说明问题。从燃烧的煤或落下的水中获得的能量，不仅必须被用来维持机器的运转，而且还必须消耗在其他方面。很显然，从长远角度来看，要想利用更多的能量，就必然要浪费一定的能量，实现这个过程的方法，与我们在社会和政治历史中了解到的那些更大规模的工作非常相似。

①能量会被消耗在更换机器的旧部件、增加更适合运作的部件上。能量被用于制造、安装和调整新的部分，而这个过程中显然存在一定浪费。因此，当政府引入新的方法时，实际上只是对机器进行了改进。政府方法的逐渐变化代表着补充或替代，而革命则是一种政府形式取代了另一种政府形式，相当于用一种新的机器完全代替了旧的机器。不过，这种替代是极为罕见的，几乎没有大规模的变革。即使在最激烈的革命中，通常也会留下大量的旧机器，与新机器结合起来。

②能量可以消耗在给机器上油的过程。显然去制造、提炼以及使用油要消耗能量，但使用油可以使机器做的工作比它原本更多。同样，政府的机器把大量的人当作油，使其顺利运行，从长远来看，这样使用能量有利于相关个体。银行、交易所、商业报纸都是油，通过它们，商业世界的事务以及间接的社会和政治世界的事务得以顺畅运作。

③有时，机器的能量往往会逸出而不做任何有用功，通常是以热的

形式散逸。因此，工程师就会在热能逸出的部件周围放置一些包装。为了防止生锈或风的外部能量破坏机器，也需要为机器提供保护。在这两种情况下，用于建造包装和保护的能量显然被浪费了，但从长远来看，节省的能量比浪费的多。所有的建筑物，无论是为了保护机器还是人，都是为了同样的目的而建的。警察部队、陆军、海军和所有这些组织都是这样的包装或保护；一方面是为了防止机器的能量浪费、散逸或造成实际损害，另一方面是为了防止外部能量干扰其正常工作。

还有另一个工程原则也在历史上产生了非常大的影响。这就是最大负荷原则：在任何时候，同时驱动一些机器所需的能量都比分开驱动每一台所需的能量要少，因为这些机器始终不会同时全压工作。例如，在一个有轨电车系统中，从一个中心站驱动所有的车比每辆车自己驱动更节省能量，这样做不仅只用建设较少的设施有助于节能之外，还有一个很大的节省是，这些车始终不会在同一时间全速运行。与其他原则一样，这一原则具有更广泛的适用性。正是因为这一原则，如今的城镇才得以发展。大型商店、企业和工会的重要性也是由于同样的原因，甚至民族和帝国得以存在也有一部分是出于这个原则。

（4）现在，我们有了第四个关于历史的概念，当我们以最大意义来谈论世界历史时，就物质方面来说，它指的是人类能够逐渐使用越来越多能量的一个循序渐进的故事。

有另一个与最大负荷概念相关的工程概念——这就是"惯性"。惯性是指一个物体在启动后"继续前进"的能力——无论是火车、企业、城镇、兰开夏郡的棉花工业，还是大英帝国——物体越大，其惯性越大。总的来说，保持每个事物的继续前进比令它停住要容易，因为停止事物需要消耗能量，如果事物突然被停止，会造成损害。施加能量时不会立刻产生最大的效果，同样，当保持一个事物运转所需的能量被关闭时，物体也不会立即停止运动。如果关闭蒸汽，发动机不会立即停止运转，就如同在接通动力源后不会立即跃升到全速。从长远来看，如果没有足够的能量来维持运转，机器就会放慢并停止，但它不会一下子彻底慢下来。罗马帝国在其能量严重减少后，仍然保持了三百年的运转。

2. 控制。我们必须知道"控制"是什么意思。如果我们先举一些例子来谈一谈什么不是控制，也许有助于我们对控制的理解。它并不意味着制造或引起，那是更高级的事情。如果我们有一匹马，我们控制这个动物，决定它是停下来还是继续前进，决定它要停在哪里或去什么地方；但我们并没有制造这匹马，也没有制造它用来做我们希望的事情的能量。或者，我们可以控制一条从山坡上流下来的溪流，甚至可以为它挖一条渠道，用石头砌成河岸，防止它流到渠道之外；我们可以铺设管道，把它的一部分或全部带到想要的地方；但我们不能制造溪流，不可以让不存在的水变为存在。人可以控制对煤的使用；可以决定是否可以利用煤的能量来温暖他，或用煤促使火车头来牵引他，或使发动机驱动工厂运转为他制造衣服，但他不能制造煤。

因此，当我们说"历史被地理控制"时，我们并不是说人类被地理强迫去使用越来越多的能量，而是说人类使用能量的确切方式在很大程度上被地理支配。

3. 地理。我们还必须知道地理的含义是什么。我们必须注意如下想法：以为地理知识只意味着知道地方的名字，甚至知道地方在哪里，或者也许知道一些关于它们的趣事。这是地理的一个非常重要的部分——就类似在历史领域了解发生过的事件，但它只是一个部分。我们也不能认为，地理知识意味着对地球表面的一切都有了解。地球表面的一切必然是与地理有关的，但它本身不一定是地理。通过对地理的研究，我们了解到事物的位置，不仅仅是城镇、山脉和河流的位置，还有人和条件。我们了解到地球表面的事物是如何分布的，哪里有土地和水，哪里有大雨，哪里没有，哪里温度高，哪里温度低，哪里生长着各种植被，哪里有风暴，哪里平静，哪里有人类，以及人类的不同种族都在哪里。

另外，由于许多地理条件是产生其他地理条件的原因，我们在研究中可能经常要涵盖原因和结果，所以我们必须知道我们所考虑的绝大多数事物为什么会在那里，它们的存在和消逝对人的生活有什么影响。在考虑什么是历史的时候，我们已经假定，事件的发生是由于人们以前所做的事情；我们还注意到，一种现象或一组现象的分布与另一种现象或另一组现象的分布有关。

记住我们现在发现的"历史""控制"和"地理"的含义，我们可以看到，本书的创作是关于地球表面上各种地理因素的分布和它们之间的关系，以及它们对人类使用越来越多的能量的方式是如何产生影响的。

由此，我们就得到了一个类似世界舞台的概念，人们在这个舞台上扮演着他们的角色，发挥着他们的作用。

（二）巨大、简单而深远的控制

在指明某些事件或条件按时间顺序相继出现，从而追踪地理控制对历史进程的影响之前，我们必须首先考虑一些控制产生的非常重要的影响，这些控制非常基础，也非常为人熟知，甚至人们很有可能忘记它们是多么的重要。它们总是存在，每个人都已经习惯了它们，所以很可能不会注意到。但就是因为它们默默无声、持续不断地在所有的文明阶段作用于所有的人，所以，要想象它们的影响是多么巨大是非常困难的。

1. 地方。显然，每一个事件都必须发生在某个地方，因此，地方的概念，即地理学的最简单的概念，也与最简单的历史概念密切相关。此外，在某一特定地点或某一地区发生的事件，往往彼此之间有明确的关系。它们通常都以某种方式相互联系，而与外面的地方没有那么密切的联系。因此，这种系列事实被当作某些地方或地区的历史。我们就是如此谈及英国的历史、法国的历史、希腊的历史和伦敦的历史的。这是历史被地理学控制的一种非常重要的，甚至是非常明显的方式，其重要性在本书稍后会做充分讨论。

但我们要知道，这些地方或地区的历史不能单独看待。如果我们不了解英国的一些历史，就不能很好地了解伦敦的历史，而且我们知道，英国人与法国人接触的时间悠久，英国的历史在一定程度上受到法国历史的影响和控制。类似的说法适用于所有地区的历史：控制它们的事实包括以下两个方面：由于种种原因，各个地区的历史均存在某种一致性；该地区的居民会受到距离或远或近的其他地区的影响，而那些地区的历史也都有自身的一致性。在现代，这种情况越来越多，但在非常古老的历史中也是如此。

2. 能量。同样，如果我们认为历史要处理的是如何使用能量、如何节约能量的知识，我们就会看到，历史必然受控制于能量的分布，受控制于各种形式的能量的分布，受控制于任何可能阻止人们使用能量或可能诱使人们使用能量的条件的分布。

地球表面上存在的几乎所有能量都来自太阳，其形式是热和光，也许还有其他种类的辐射。正是由于这种能量，人能够做事，能够移动东西；人们把这种能量变为自己，变为自己的一部分，因为人们吃的是利用太阳的光和热生长的小麦或其他谷物制成的面包，面粉是由利用太阳的热量生长的植物压缩形成的煤作为动力磨出来的，也可能是由从山坡上流下的雨水产生的水力磨出来的——海洋中的水经太阳照射上升（蒸发），然后被太阳驱动的风吹送到陆地。人们也可以吃动物肉获得部分能量，而动物是吃利用太阳光线生长的植物。人们在处理一些食物和给自己供暖时也会用植物物质燃烧的火——煤、木头或油——它们都是从太阳获得了潜在的能量。人们也可以穿直接或间接由太阳的能量形成的衣服来节约一些能量。我们很容易发现，在所有这些非常基本的情况下，人类控制的能量直接来自太阳；而稍加思考就会发现，日常生活中众多细节所需的绝大部分能量从根本上说都来自太阳。

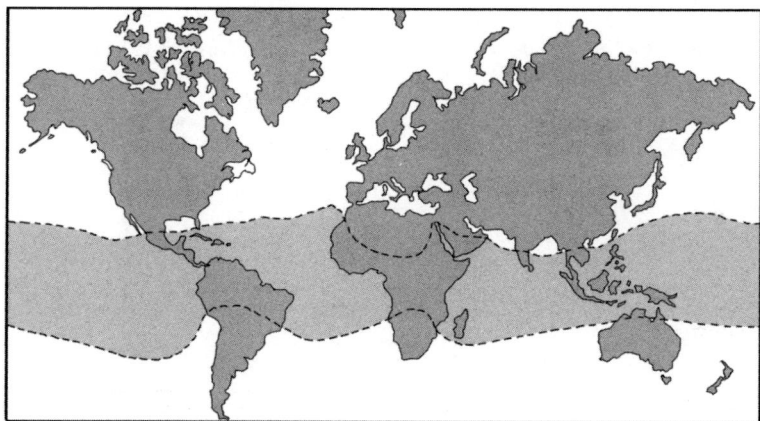

图 1-1 热带[1]

阴影带内的地区常年气温从不会低于 50 华氏度[2]。

因此，地球上的能量分布在很大程度上是太阳能量的分布。太阳直射的地方比斜着照射的地方得到更多的能量；也就是说，靠近赤道的地方总体上比靠近两极的地方要好。这也许是世界历史上最重要的永恒事实。在不同时期，太阳能量的可用性被许多其他的分布方式不同程度地改变，但在整个历史中，这是一个基本事实。

如果想象一下我们的地球——包括我们所知道的大陆和海洋——在

---

[1] 本书所有的图片均来自原版书插图，其中大部分的图片为简略的示意图，可能与真实情况存在部分出入。——编者注，后文如无特殊说明，皆为编者注。

[2] 1 华氏度约合 0.56 摄氏度。

围绕太阳旋转时始终都是同一面朝向太阳，那么这种分布对世界历史的影响也许就会更清楚。在这种情况下，热和光将集中在地球的一半，而且主要是在该半球的中间。而另一个半球则根本没有收到任何辐射。很明显，在现在有可能存在生命的地方就不可能有生命，而在现在几乎不可能有生命的地方则可能有生命。或者我们可以想象地球像现在一样旋转，但自转围绕着的不是现在的这条轴线，而是另外一条；稍加思考就会发现，那时的环境与现在相比将会发生多么巨大的改变。这些都是极端的例子，但有助于说明现有的能量分布形式对世界历史的必然制约。

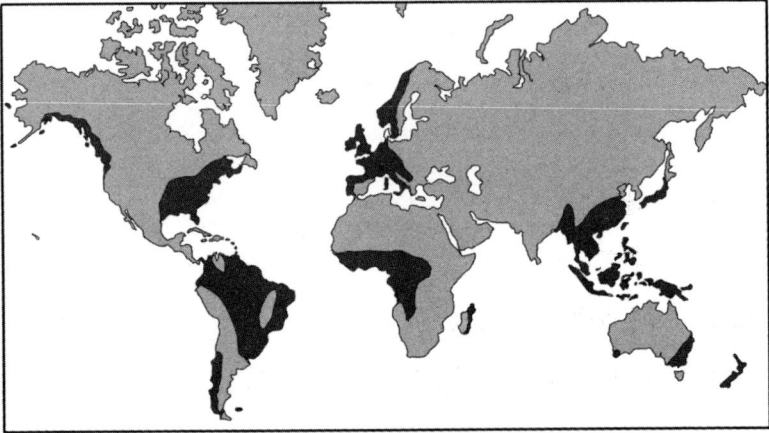

图 1-2 终年雨量丰沛的地区

每年 11 月至次年 4 月，5 月至 10 月，降雨量都大于 10 英寸①的地区。

---

① 1 英寸约合 2.54 厘米。

有人说，能量在地球表面分布的大体格局所能产生的效果会被个人和所谓的"种族平衡"改变，不过，即便是能量分布本身，也会因为其他因素分布的影响而发生变化。靠近赤道的地方总体上比靠近两极的地方获得更多的能量。然而，从赤道向两极，接收到的能量并不是有规律地递减的；实际上，一些地区比更靠近赤道的地区接收到更多能量。这基本上完全是由空气和气流——也就是风带——的分布造成的。

（1）空气的实际分布是极其重要的。众所周知，越往高处，气温就越低，也就是说，可以使用的能量就越少。这与越往高处空气就越稀薄是有关的。因此，在地球上水平方向上可以忽略不计的距离，在垂直方向上却非常重要，就是因为缺乏能量。例如，小麦——一种主粮——在英国可以种植到因弗内斯郡① 这样靠北的地方，但在英国，小麦在 1000 英尺② 的高度也不会生长，因为没有足够的热量使其成熟。向极地方向每走 50 或 60 英里③，温度平均下降 1 华氏度，每向上 200 或 300 英尺，温度就会下降同样的数量。

（2）气流的分布具有同等的甚至可能更多的重要性。风的作用引发了洋流，而正是因此，英国比同纬度的拉布拉多温暖。来自西南方向的暖水洋流使英国的温度高于纬度 50°—60° 地区的平均温度，大量的人口得以在这里生活。在拉布拉多，由于来自寒冷的北方的冰水的流动，人类几乎完全不可能生活。将显示风向的地图与显示洋流的地图相比

① 因弗内斯郡：英国旧郡，位于苏格兰地区西北部。

② 1 英尺约合 0.3 米。

③ 1 英里约合 1.6 千米。

较，就会发现后者在很大程度上是由前者造成的，而将两者与显示温度的地图相比较，就会发现这样一个事实：北极圈向南 20° 的土地是否适宜居住，是由风系决定的。

风系还以另一种方式对历史进行了极其重要的控制。前文已经提过人类对食物的依赖。无论生活在哪里，人都必须吃东西，而且必须吃植物或动物。由于动物最终也必须以植物作为食物来源，显然，植物才是最重要的。极少数群体可能以食用鱼类为生，而鱼又以生长在水中的低等植物为生，或以依赖这些低等植物的其他生物为生，但绝大多数人类的食物都来自靠雨水生长的植物产品。因此，仅有热量形式的能量是不够的；植被要生长，还必须有雨水，也就是说，不仅要有能量，而且要有可用的能量；能量必须以一种可以使用的形式存在。而雨水是被从海洋带到陆地上的水分。带来水分的唯一搬运工就是风。如果风从海上吹向陆地，那么拥有能量的土地几乎肯定是可居住的；如果风从陆地吹向海洋，那么风起源的土地将是干燥、贫瘠、不适合人类生活的。

因此，显而易见，地理条件非常真实地甚至可以说非常普遍地支配了历史，因为有些地方比其他另一些地方适合人类居住。不过地理条件还以更为独特专门的方式控制着历史，因为各种地理条件控制了历史的实际进程。我们接下来就要开始探讨这些条件的作用。

GEOGRAPHY

AND

第二章

沙漠：历史的起点——埃及

WORLD
POWER

到目前为止，我们已经看到，历史由地理因素控制的一个层面是，由于热量和水分的分布，在地球表面的某些地方，生命的存在是可能的，而在其他一些地方则不可能。

我们接着要思考的问题是其他地理条件在控制历史进步的方向上所产生的影响。

1. 我们必须注意到，地理条件提供了令进步开始并持续下去的刺激因素。

诚然，由于热量和水分充足，赤道地区拥有最容易维持动物生存的条件，但事实上，在控制能量的能力方面，取得最大进步的，不是生活在赤道地区的人类，而是在温带地区的。值得被称作历史的历史，不是发生在赤道非洲，而是在温带的欧洲。这是由于两个地理条件，这两个条件之所以重要，因为它们既影响人的身体，也影响人的思想。

（1）首先，正是因为在赤道地区的生存——动物的生存——轻松容易，不需要任何诱因促使人们做出更大的努力，人们就能获取并吃到维持身体生命所需的食物。在温带地区，离赤道越远，生活就越困难，但正因为如此，如果生命要继续下去，就必须表现出更大的活力。赤道地区的非洲人不需要穿衣服。而在北欧，即使是野蛮人，也必须穿上某种遮盖物，哪怕只是用一张动物皮做遮盖物。在欧洲，食物也不那么容易获得。要想获得食物，需要付出辛劳。因此，即使在所有种族都是野蛮人的时候，我们也可能会发现欧洲的野蛮人比非洲的野蛮人"智慧"一些，这只是因为当缺乏来自太阳的能量时需要有更多的精神活动。

（2）第二，在赤道地区，日子没有多大区别；而在北方地区，每一天都是不同的。温带地区季节变换，有夏日和冬日之分。这种不同，要么是因为能量——即热量——的量不同，要么是因为水分的量不同。在这种情况下，肯定会在某一时期缺乏食物，而在另一时期食物相对充足。因此，在赤道非洲，人们以一天为周期，种族和个人往往都不会看得太远，而是活在当下，不为未来做准备；而在温带欧洲，周期是一年，人们倾向于为未来的日子考虑。

这里的两组地理条件，是许多甚至可能是所有地理条件的典型，明显到有可能被忽视，或被认为与世界历史关系不大；但正因为它们长期持续地甚至可以说是始终不息地有效作用于这两个地区的每一个男人、女人和孩子，这两组条件各自本身，加之它们两者的对比，便能够深入解释这两个地区的历史差异——欧洲为什么先进，而黑暗大陆^①又为什么会黑暗。

这两个条件的重要性都在于对所谓的温带地区节约能量的精神刺激——如果生命要继续下去，就要节约能量。通过穿衣服，可以防止热能的散失，并将能量节省下来用于其他目的。被季节性变化影响的纬度

---

① 黑暗大陆：在欧洲中心主义思想影响下，欧洲白人对非洲的蔑称。

地区必然有明确的播种时间和收获时间，明确的开花时间和结果时间，因此，食物能量必须能够从充足的时候保存到匮乏的时候。温带地区和赤道地区一样都遵循阻力最小的路线，但对温带地区来说，这种刺激就等同于需求，需求则会诞生发明，而对赤道地区来说却不存在这样的刺激。因此，由于赤道地区缺乏刺激去思考如何节约能量，所以至少在其他地方的种族已经开始超越单纯的动物生活水平之后很长一段时间，我们都还会发现这里的种族发展相对低下。既然没有进步，当然也就没有历史可言。而在温带地区，由于持续存在的刺激，我们应该发现种族持续地进步，不断从强大变得更强大。所以，我们有理由说：世界的历史主要是大致在纬度 30° 到 60° 之间的温带地区的历史。

2. 由于地理条件的限制，这种刺激在某些地方能够发挥其全部作用，在其他一些地方则不能。当人类把能量变成自己的东西，把它置于控制之下，无论是在原始状态下通过吃食物获得，还是在 20 世纪通过购买煤获得，人类都能以两种方式使用它。人类可以用它来控制更多的能量，也可以将其用来阻止自己的能量无用地散逸或产生破坏效果。在某种程度上，人类可能两种方式都使用。人类可以用自己的能量来获取别人的能量。当然，通过这种方式，个人能够控制更多能量，但群体并不能。

显然，生活在和平中的社群可以最有效地节约能量，它们的凝聚力正得益于联合所带来的节约能量的力量不断增长。这种社区应该不会首先出现在赤道地区。因为那里不仅没有令人去为未来考虑的刺激，而且由于随之而来的自然低下的文明状态，个人之间或部落之间不可能保持和平。部落可能存在，它们的存在是由于地理以外的控制。但在赤道地区以外的其他地方，部落可以扩展成具有更复杂组织的东西。

即使在有刺激条件的土地上，想要发生扩张，保护也是必需的。保护有多种多样的形式。一个人或一个国家想要自我保护，可以把一些能量用在防御上，但如果可以在不消耗这种能量的情况下自我保护，比方说，如果可以通过地理条件来自我保护，这显然是一种优势，我们可以想象，受到最完全的保护的社区、部落或种族会很快摆脱野蛮状态。

各国在不同时期和不同情况下受到不同地理条件的保护。在一个时代是保护的东西，在另一个时代可能不是保护，但在任何时候，那都会是一种防止其他部落或种族干涉的保护。特殊的防御便是那些人类不能轻易越过的地理特征，人类在越过它们时遇到的困难越大，花费的能量越多，这种地理提供的保护就越强大。

许多地理特征都起到了防御作用：河流、湖泊、山脉、陡坡和沼泽都有保护小社群的作用，但保护能力大到能影响世界历史的大型地理特征是高到冷得无法生长植物的绵延的高原，干得无法生长植物的绵延的沙漠，和无法提供立足点的海洋。要跨越这样的地理，需要能量，而这些地方又不能为人类生活提供任何基础。文明需要取得相当大的进步才可能去成功跨越上述三种地貌类型中的任何一个，因此，在早期，它们所提供的保护是非常完全的。它们是未知的，因此是可怕的，而三者中最未知也最可怕的，是海洋。

3. 这里有必要简要地提及并解释这些地理条件的控制作用。整个历史进程——包括历史的开端——都受到了个人和种族的独特特征的影响。其中一些特征可以追溯到地理控制的作用，另一些则无法追溯，只能视为理所当然。一方面，曾经发生的历史中的事件以及由此产生的所有结果，之所以会发生，是因为有人有行动意愿和能力；如果人没有主动去行动的能力，就根本不会有历史上的事件。但是，另一方面，人的行为，就像会受到自身身体形状的制约一样，也会受到周围环境的制约，在很大程度上，历史的大趋势并没有受到个体的独特特征的影响。从长远来看，地理条件比个人天才更强大，甚至比种族特征更强大，除非这些种族特征是由地理控制造成的。历史之所以从它开始的地方开始，是因为地理条件。

很明显，我们对最早的文明形式的了解必然是匮乏的，即便往多里说，也是非常少的。理所当然地，关于人类走出野蛮人状态之前必然要经历的逐渐进步的漫长岁月，是不可能有记录的。我们最有可能依赖的是，我们可能会发现一些遗迹，这些遗迹留存至今经历了很长时间，所以最初一定是相当强大的；它们一定是一个相当先进的文明的遗迹。

我们所了解的最早文明自然已经达到了一个阶段，这个阶段必然是经过数万年的时间才能达到的。文明的生长自然就像树一样，一开始要比后来的速度缓慢得多，因为到了后期有许多点都可能进行扩张。应该记住，在被我们最早视为历史的时期，一种原始的、小规模的历史已经持续了很长时间，其长度远远超过了历史进程的其他阶段的总和。但也要记住的是，由于它规模小，从世界历史的角度来看，它就不那么重要。

这种生长的缓慢，是地理条件控制的自然结果。因为地理条件只能起控制作用，而不能起强迫作用。与后者相比，前者的影响需要更长的时间才能够感觉到；但从长远来看，这些控制的结果是显而易见的，而且也许效力要更加强大。因为某些条件存在，而某些其他条件不存在，所以从长远来看，采取某种特定的行事方式会更好。对一个人或一个种族来说，自己去发现这一点要比被告知需要更长的时间，但这样也有好处：能发现这一点，他们的智力水平肯定已经达到了能明智地应用这样的发现的水平。人造文明（尤指填鸭式的文明）被强加到种族身上的文明，弊大于利，而这样的文明不会经历那种风险。

综上所述，我们应该能找到文明的最初曙光的地方特征如下：在那里维持生活可能相对容易，但周期不是按日计算，也就是说，既为现在劳作也为未来劳作的某个地方。此外，我们应该能发现最早的文明种族的地方如下：在那里的社群大到能超越家族或部落，同时又不太大，所以才会形成群体并有整体感，这个社群会得到相当程度的保护，以抵御那些破坏力大于他们的建设力的敌人。同样，可以料想到，当我们最早开始了解这些种族时，他们已经走出野蛮状态很长时间了。

现在来看看埃及吧，这是一块气候温和的土地。没有雨水，因此两边都有沙漠的保护，但它有水的供应。这种水的供应虽然是季节性的，但也是持续性的。这些条件看似互相矛盾，但如果了解了埃及的地理情况，就能解释了。尼罗河有两个源头，一个在持续降雨的赤道地区，由于湖泊和沼泽的存在，该地区的水供应非常稳定，全年的流量变化很小。另一个源头在阿比西尼亚①的高原地区，这块土地的降雨量有季节性变化，因此在春末夏初，洪水会冲到平原，并从平原流向更北边的干旱地区。

　　埃及位于尼罗河三角洲和尼罗河下游到入海口约700英里长的谷地，是一条狭窄的带状地带，大部分地区只有10英里宽，沿着大河的路线一直延伸到海边。它被河水浇灌，受到几乎无法穿越的沙漠的保护。这种保护甚至比表面上还要严密。尼罗河在其下游流经一片石灰岩的土地。从这里，河水冲击侵蚀出一个河谷，来自阿比西尼亚的洪水裹挟来的冲积物又填充在这里。不过，在现代阿斯旺的南部，尼罗河流过的是砂岩，砂岩下面是大块的硬岩。在这里很长的一段距离，河流都没能冲击出山谷，而只是形成了被瀑布洪流分隔的峡谷。在离河边一两码②的地方就是光秃秃的沙漠，几乎没有任何东西可以生长，没有人愿意定居。埃及与南方的联系就像它和东西方的联系一样，几乎完全被切断。

　　北面是大海，在大海还不为人了解的时候，它形成了与沙漠一样强大的保护。在任何其他土地上，我们都找不到如此适合孕育早期文明的条件。

　　根据我们能了解到的埃及过去漫长历史的最早的一星半点，我们看到，占据着这里的种族，无论以何种角度来说，都不是最低级的野蛮人。然而，他们出现之后便让位于另一个肯定具有更高的文明的种族，但我们对后者也所知甚少。这些人在尼罗河流域可能和平地生活了2000年之后，被我们称作古埃及人的种族才出现在这里。

---

① 阿比西尼亚：欧洲人对埃塞俄比亚的旧称。

② 1 码约合 0.9 米。

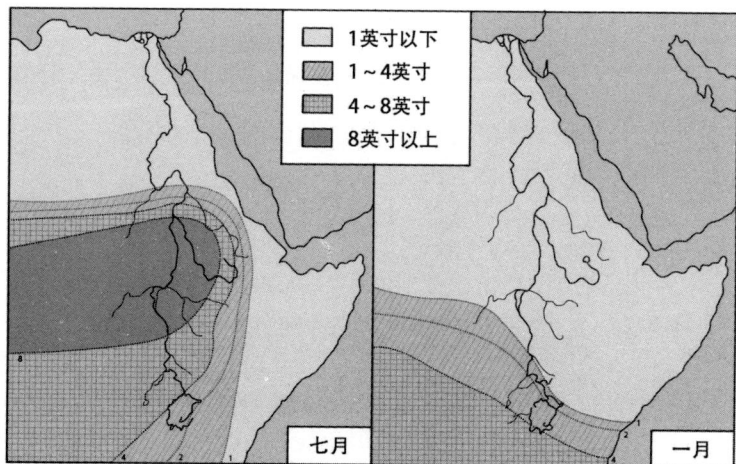

图 2-1 尼罗河流域的降雨量

上图表明，尼罗河的南部支流在夏季和冬季都有降水，而东部支流只在夏季有大量的降水。

埃及人大约是从公元前 4500 年开始统治这片土地的，他们吸收了之前占据这片土地的文明，并比较迅速地把它带到了一个更高的水平，所以到了公元前 3700 年[①]，当埃及第四王朝的国王统治了整个国家，国土从第一道大瀑布一直到海边，此时，他们已经取得了非常大的进步，人们的组织性已经达到了有可能建造出最大的金字塔的程度。

然后，正如所有国家的历史一样，这一王朝出现了明显的衰退。政府的机制似乎过时了，因此在许多王朝，中央政府的权力变得很弱；狭长的尼罗河谷自然分成一些国家，这些国家的次级统治者获得了越来越

———————————

① 原文如此，疑有误。古埃及第四王朝的存在时间为公元前 2613 年至公元前 2498 年（另一说，始于公元前 2625 年，历时 110 多年）。

多的权力，而埃及法老的权力越来越弱，无政府状态的倾向越来越强，影响了国家总体的发展。不过很可能的情况是，尽管进步缓慢，但仍然相当稳定，特别是在与众不同的埃及文明形式中，这种稳定的进步依赖的是灌溉方法的改进。在这些早期时代，中央政府的所在地总是靠近三角洲的顶端，因此，当某个较小的国家影响力扩张到邻近的其他一些国

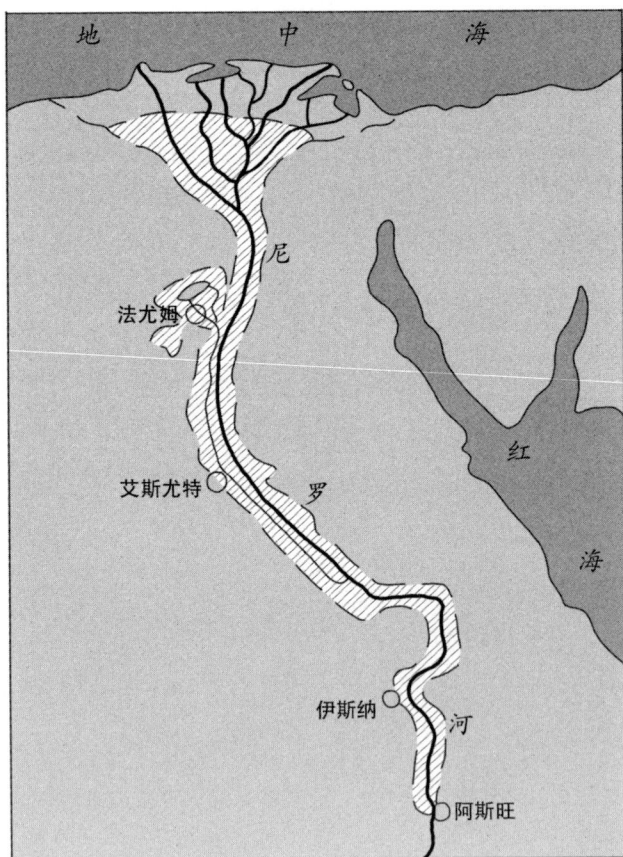

图 2-2　古埃及地区

家，变得越来越重要时，新的力量自然会开始摆脱原来的中央政府控制。

在公元前 2500 年①左右，埃及在第十二王朝的国王统治下再次实现辉煌成就时，埃及人的生活中心转移到了底比斯，而不再是赫拉克来俄波利斯或孟斐斯。在这些国王的统治下，国家的繁荣程度提高了，与灌溉有关的大型工程兴建起来，财富增长。因此从某些方面来说，国家在这个时期达到了最高的发展。

此后，统治再次变得软弱无力，最终，在没有任何正式入侵的情况下，权力落入了希克索斯人②手中，这些部落要么是被三角洲的生活优势吸引而来，要么是由于其他原因而被迫要找一个躲避敌人的避难所。希克索斯人的部落大体上吸收了这片土地的文明，并被这片土地上所生活的人吸收同化，与之融为一体。然后是来自底比斯的君主们，部分原因还是因为他们远离三角洲，也就是希克索斯人的权力所在地，他们剥夺了希克索斯统治者的权力并将一些人赶走，然后统治了国家。

在埃及的历史上这是第一次将入侵者赶走，虽然他们来时是和平的。在大约公元前 1600 年，埃及历史上还第一次出现了对外征服的事业，领导者是第十八王朝的国王们，图特摩斯和阿蒙霍特普，这种情况一直持续，使埃及的力量向北延伸到了亚美尼亚的山区。在埃及历史上，有三次达到了黄金时代，这不仅是因为在这些时期文明的渐进式进步更为明显，而且还因为政府的集权化节省了能量——这种节省也部分

① 埃及第十二王朝一般认为开始于公元前 2000 年，结束于公元前 1786 年。

② 希克索斯人：又译喜克索斯人、喜克索人、西克索人。希克索斯一词，来源于埃及赫卡哈斯威特的希腊语翻译，意为"外国的统治者"。——译者注

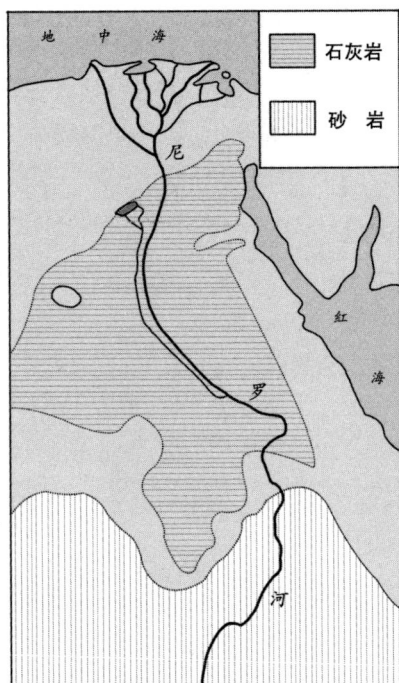

图 2-3　埃及的地质情况

缘于一些其他的更快速的进步。在物质财富和繁荣方面，第三个黄金时
代标志着埃及文明所达到的最高点。此后，尽管还会出现拉美西斯王
朝，但埃及的权力甚至文明都在走下坡路。在此之前，地理条件的控制
一直都是最有效的，但此时，其他条件出现，一些非地理条件改变了
情况。而其他地理条件也开始发挥其控制作用。亚述王西拿基立①击败
"埃及列王"是埃及面对的第一次真正入侵，而之后还有许多次。由于

---

① 亚述王西拿基立：又译作辛那赫里布、塞纳克里布，是亚述国王，公元前705
　年至公元前681年在位。——译者注

这些入侵，埃及接连处于许多不同民族国家的统治之下：亚述人、巴比伦人、波斯人、希腊人、罗马人、阿拉伯人、土耳其人和英国人。自公元前330年以来，埃及从未独立过。

埃及国家的进步并非由于其居民固有的优秀品质。尽管这片土地被保护得很好，但我们发现，在历史上已知的时代，有两个——甚至可能是三个——独立的种族先后居住在这片土地上，而且每个种族都拥有相对于他们所处的时代来说高标准的文明，并达到了比同一时期其他土地的居民高得多的生活水平。

埃及正是由于前面提到的地理条件，特别是极度受保护的状态，才得以实现进步。这片土地曾被入侵，但必须注意的是它被入侵的时间长短和入侵次数的多少。很可能在四千年中，也就是说比我们与他们被分隔开的时间还要长一千五百年的时间中，埃及人从未见过入侵者出现在他们中间。除了几百年的时间之外，统治着这片土地的一直都是本国的国王。只是在公元前2500年之后，本地的君主才显出弱势，并在一段时间内让位给了外国血统的统治者。然而这些统治者又被来自上埃及地区的本地国王赶走，从此之后，他们只承认一个宗主，而且这个宗主没有被废黜，还要再过一千年的时间，埃及文明才最终让位于其他文明，而且，这些文明出现所需的原始刺激其中有许多来自埃及。

想想世界上所有国家的历史，没有一个国家能有持续一半的时间不受入侵。埃及国家持续时间如此之长，是由于没有受到入侵，或者说是没有被入侵的可能性，而这又是由于沙漠提供了保护——正是因为这种保护，在漫长的岁月中，不同形式的文明得以缓慢地自然增长，而在文明过渡时期不受来自外部干扰的影响。

当埃及从其骄傲的地位上跌落时，地理条件仍然控制着它的历史，其中相当重要的一点依然是沙漠的保护作用，因为在埃及独立存在的四千年里，居民已经学会了信任这种保护，甚至自己从来没有能够抵御过敌人。当其他地理条件促生出更先进的文明时，埃及确实成了有远见的希伯来先知所预见的那根"压伤了的芦苇"①。

具有埃及特色的独特文明形式也最清楚地表明了地理控制的影响。居住在尼罗河流域的人们自然而然地学会了通过不断改进灌溉方式来节约能量，但受到影响的不仅仅是物质生活方面。精神态度也许可以从另一个方面来更好地说明问题，因为有一点很重要，由于季节性的变化，要为未来做准备的观念是深入人心的，所以，埃及人留下的主要遗迹是神庙和坟墓——神庙，是活着的人弄清楚他们何时会遇到洪水和干旱、何时播种、何时收获的主要手段；而坟墓，是他们脆弱的身体可以保存无数年月的空间。埃及非常重要的文学杰作《亡灵书》②，也表明埃及人是一个致力于思考未来生活的民族。

---

① 典出《圣经·列王纪下》18 章 21 节："看，你所倚靠的埃及只不过是一根压伤了的芦苇，谁倚仗它，谁的手就会被刺伤。埃及的法老是绝对靠不住的！"——译者注

②《亡灵书》：又被称为《死亡之书》，是古埃及人下葬之时必备的陪葬品之一。该书由古埃及文字书写而成，后经考古专家破译发现，其内容多为祷告语，另有文字介绍死者生平，并且提及其死后的轮回过程。

GEOGRAPHY

AND

第三章

沼泽和草原：巴比伦和亚述

WORLD
POWER

我们已经看到，文明的最初曙光出现在埃及，因为那里是一块受保护的土地，有充足的水，并且温暖。我们无法确定这片土地在什么时候开始有了可以被称作历史的东西，但到了公元前 5000 年，居住在这里的人们已经摆脱原始野蛮人的状态，并前进了一大段，已经能够使用石头来建造坟墓，甚至也可能建造了石头房屋。

我们现在可以看看地图，是否能找到世界上任何其他地区因为条件与埃及相似而可能有早期的历史。我们可以忽略两极附近和赤道附近的地区，因为我们已经发现，那些地方要么没有足够的能量，要么没有令人去使用能量的刺激。既然我们已经知道沙漠会形成巨大的保护，自然要看看沙漠带是否还有其他地区有水的供应，使其变得肥沃。在尼罗河以西的整个撒哈拉地区，没有任何地方能与埃及相比。向东，沙漠带更靠北一些，穿过亚洲的中心，那里很干燥，因为风在经过旁边的山脉时其中的水分已经被分离出去了。但这片沙漠并不是像埃及周围那样是彻底完全的沙漠，气候条件也没有埃及那么宜人。埃及的优势是独一无二的。在其他地方，你可能会发现受保护的土地、受季节变化影响的土地、有丰富的水或气候温暖的土地，但你不会找到像埃及这样将所有这些优势结合在一起的地方。埃及独树一帜。

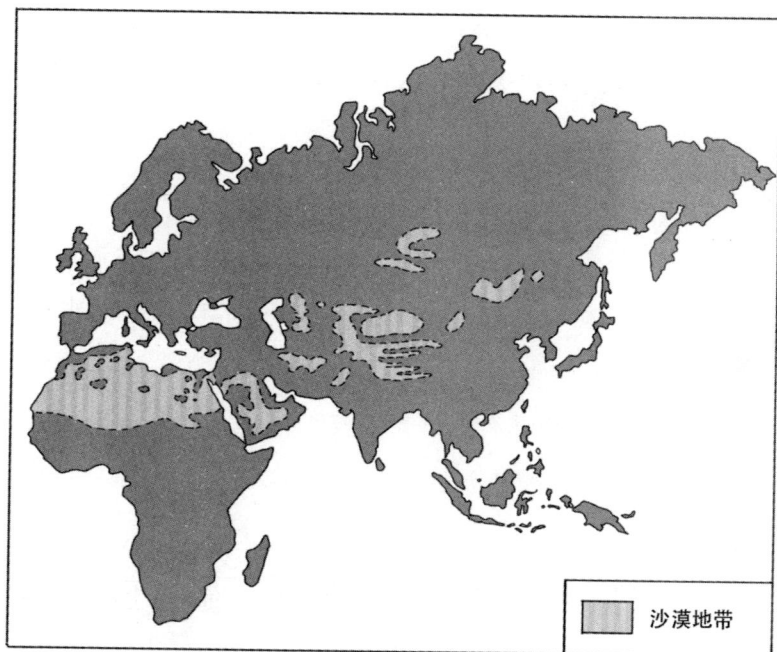

图 3-1　旧大陆 [①] 上分布的沙漠带

　　在其他地方，没有像尼罗河那样有两个源头的河流——一个在常年降雨的地区，一个在季节性降雨的地区。但我们会发现从冬季有轻微降水的地带流出的两条河流——底格里斯河和幼发拉底河，它们的源头位于足够高的土地上，夏季时，河中供应的水是前一个冬季降下的雪融化成的水。因此，这两条河虽然一年四季都可以得到水，但确实出现了季节性变化。这样看来，这里的条件与埃及有相似之处。但也有一些差异，而正是这些差异对历史产生了实质性的影响。在埃及，尼罗河流

———————————

① 旧大陆：指美洲新大陆发现之前，人们所认识的世界，包括欧洲、亚洲和非洲。

经一个狭窄的河谷，河谷陡然下沉，低于沙漠平面数百英尺；贫瘠的荒地和丰饶的沃土之间只有数码之隔；河边的土地能种植植被；在其他地方，由于没有降雨，则是彻底的沙漠。而底格里斯河和幼发拉底河的河谷并没有远远低于周围的水平高度。事实上，从巴格达现在所在的纬度再向北一点的低地，是由河流带来的冲积物形成的广阔平原。整个低地也不是完全没有雨水。因此，底格里斯河和幼发拉底河并不是从沙漠中穿过。确切地说，沙漠位于河流的两侧。在河流西南方向，确实有面积很大的叙利亚沙漠和内夫得沙漠，但沙漠只有零星几个地方是靠近河流的；总体来说，在沙漠和河流中间还有一条草原带。在东北部，伊朗高原的中央部分是沙漠，但在到达山地边缘之前，有一片草原，确实不能耕种（仅有个别条件还不错的地方例外），但也不是彻底不适合居住，山区的山谷加在一起可以支持相当数量的人口。低地的西北部也是草原，两条河之间的地区非常干燥，可以被称为沙漠，但在山下和山谷中则较为湿润。

我们在这里看到了埃及条件的一种变体。不过，这里还有一种条件也是在埃及存在的，尽管这个条件在埃及的影响被沙漠的极端重要性掩盖了。在底格里斯河和幼发拉底河接近大海时，流经平坦的冲积层，它们蔓延开来，形成沼泽和湿地，在三个方向都形成了非常重要的保护。大面积的沼泽地对小社区形成了非常有效的保护；陆地可以步行穿过，水面可以用船渡过，但沼泽地在很大程度上是无法通行的。在沼泽圈内，早期文明的形成便由此有了可能，当然更重要的原因是两条大河本身及其诸多纵横交错的支流提供了相当大的保护，而在河流和沼泽以外的地方，只有稀疏的人烟定居，有些地方还与沙漠彻底连成一片。就像在埃及一样，海洋也能阻挡敌人，在东南方向，底格里斯河和幼发拉底河分别从不同的河口入海，形成一种有效的保护，而且当时的海洋（波斯湾）比现在的面积要大很多。

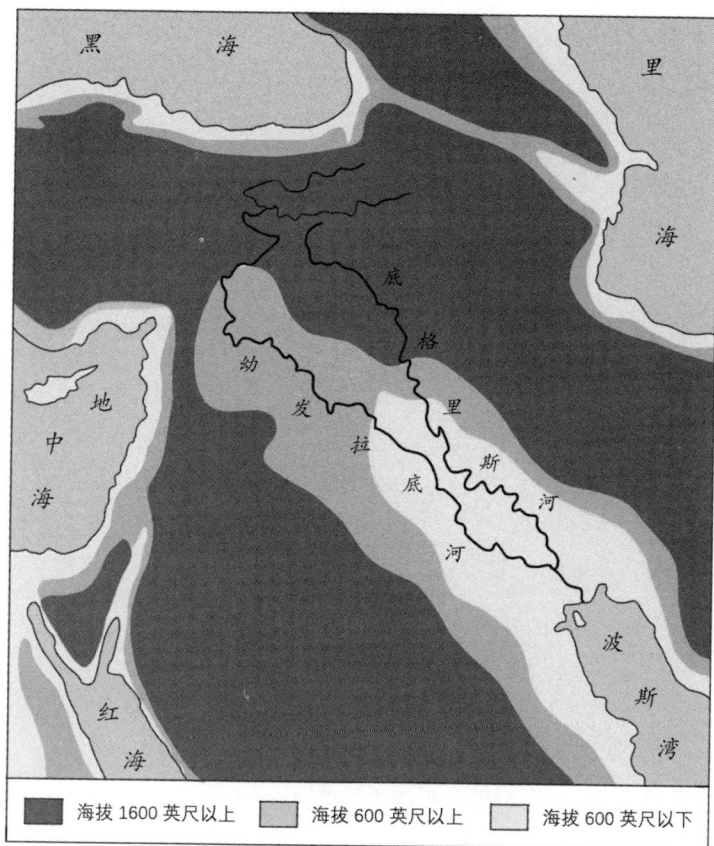

图 3-2　巴比伦与亚述的地形

这片土地就是巴比伦。还是像在埃及一样，我们看到，在巴比伦的历史上重要的一点，便是这个地方的条件。尽管关于公元前 7000 年之后的四千年里，巴比伦的情况几乎没有什么能确定的东西，但我们知道有两个种族参与了我们所知道的巴比伦文明的发展，而且第一个种族在与第二个种族接触之前就已经掌握了许多生活的艺术。

在原始时代，地理上的保护足以抵御敌人，并为自身发展提供可能；但这些地理条件也有将巴比伦分裂成小部分的趋势。因此，尽管巴比伦的高度文明状态和埃及达到同等状态的时间一样早，甚至可能更早，但直到埃及融为一个国家整体一千年以后，巴比伦帝国才刚刚在阿卡德的萨尔贡的领导下崛起，这时是公元前 3800 年。在那之前，巴比伦人在多个彼此独立的小国中过着和平的农业生活。他们生活在自己的防线后，没有遭到野蛮敌人的入侵，经过几千年的发展，他们已经非常缓慢地进化出较高级的生活方式。他们学会了如何制砖，建造了房屋和城镇，他们比埃及人更早建造运河。但他们并不是在一个统治者的领导下。即使在萨尔贡时代之后的一千年里，巴比伦人也似乎一直倾向于将政体视为由共同利益捆绑在一起的松散的国家联盟，而不是在一个共同政府下的单一国家。

随着生活条件的改善，巴比伦人很自然地与他们的邻居有了往来，一个最初以农业为基础的文明逐渐转变为一个贸易占相当一部分比重的文明。这产生了重要的影响。巴比伦人如果一直待在他们的防线内，彼此之间即使有些小打小闹也会解决掉，整体上能在不受外界干扰的情况下维持发展进步的趋势，但超出这些防线的扩张便展现出了地理上的弱点。从公元前 2500 年开始，底格里斯河和幼发拉底河的低地历史就是周围民族努力去占据肥沃的心脏地带的历史。在原始时代，沼泽地足以阻挡野蛮人，当时的保护几乎是完整彻底的，但它们并不是不可逾越的，特别是在沼泽地的面积因巴比伦人的劳动而大大缩小之后。沼泽地之外有可居住的地区，居住在那里的种族在接触到更高的生活理念后，自己也变得半开化了，并觊觎着唾手可得的肥沃土地。一个又一个种族占据巴比伦并统治巴比伦人，但本地人建立的王朝却很少，而且不重要。在与伊朗高原接壤的东部山区是埃兰人，在同一高原向北延伸的地方是加喜特人。这两个民族都曾占据过巴比伦的土地，时间有长有短，他们中的一些人下到低地后，吸收了那里的文明，与留在山上的族人分离，逐渐与平原上的其他民族融为一体。

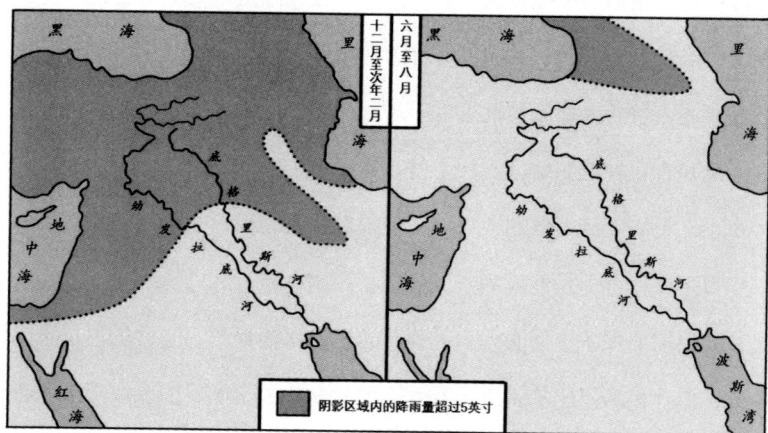

图 3-3 巴比伦尼亚与亚述的降水情况

后来，一个来自西北部草原的势力来到了前线。来自底格里斯河中游的阿苏尔，也就是亚述政权，可能是由扩张时期的巴比伦人建立的，长期以来一直是巴比伦的附庸。但由于与巴比伦隔着相当远的乡野土地——部分是草原，部分甚至是沙漠，亚述渐趋独立，并支配着山下更多产的土地，所以在巴比伦开始被外国国王控制时，亚述已经是一支不可忽视的力量。

在巴比伦是文明中心的时代，美索不达米亚的历史基本上是和平的。其居民依靠农业和贸易，没有什么必要或诱因去进行征服。即使来自东北部山区的王朝统治了巴比伦，其基本的和平特质依然彰显，但当亚述掌握大局时，事情的状况发生了变化。

这种差异是由地理条件造成的。亚述只有一小部分地区适合农业，而且这片区域不可能进行大规模扩张。而在巴比伦，土地平坦，海拔和溪流的高度相差甚微，因此可以很容易地建造用于灌溉和商业的水渠。但在亚述，河流大部分都远远低于地表高度，无法发挥很大的作用。适合灌溉和农业种植的地区肥沃丰饶，这是人人皆知的事情，但这片地区太小了，无法支持大量的人口。为它提供保护的也只有周围的草原，而干燥得足以称得上是沙漠的荒原仅限于西南一隅。所以这片土地上的人民，如果需要保护，便必须自己保护自己。虽然他们自己可能不是巴比伦人，但他们从巴比伦带来了在那个时代领先的文明，能够成功地保护自己，对抗敌人。对于防御来说，一个强大的中央集权政府是一个优势，所以从一开始，以尼尼微为中心的亚述就是一个单一的君主制国家，通过征服周围在战争艺术方面落后一些的部落来发展壮大自己。到了公元前 1400 年，它已经有能力不再进行效忠巴比伦的滑稽表演，甚至能够入侵巴比伦。

战斗意识是贯穿在亚述人的成长中的。在地理条件的刺激下，他们学到的教训是，他们必须从别人那里获取能量，因为他们没有足够可用的能量来满足自己的需要。巴比伦、东部的山区、叙利亚、巴勒斯坦和腓尼基都要向他们进贡。但长期以来，他们没有发展出任何政府系统来充分利用所占领的地区。所有的邻国在反抗亚述的权力时都被攻陷了，但只要它们进贡，或亚述的中央政权软弱无力时，它们就又是独立的，亚述对它们不管不顾。直到公元前 750 年，在所谓的第二亚述帝国时期，亚述人才试图巩固征服的成果，以最佳方式去利用臣服的国家，以便控制整个东方世界的贸易。

这是一种相对高级的政府理念，但通过残酷的征服来建立一个贸易帝国的企图，就像一个商业帝国试图在没有武备的情况下继续存在下去一样，是无法成功的。两河支流上的国家一个接一个地叛乱。有些叛乱被平息了，但只要亚述军队一离开，叛乱就又重新爆发。亚述被因对征服者的仇恨而团结在一起的诸多种族包围着（团结的原因可能还有别的），亚述被攻击，并彻底覆灭。

巴比伦此时终于了解到了团结行动的价值，很快在亚述的废墟上崛起了一个帝国，统治王朝出自曾经的一个总督；但在米底高原的高地上出现了新的威胁。由于亚述人的贸易事业，米底人与外部世界建立了联系，边境山脉以外的米底人对低地有了了解，并最终下到平原，将这里纳为己有。

在所有这些历史中，地理控制是显而易见的，但这里的历史并不像埃及那么简单，因为地理条件更加复杂。然而，主要的事实一目了然。起初，巴比伦有机会发展自己的文明，因为气候条件既提供了充足的能量，又促使人们的思想产生了节约能量的倾向，同时这里还有充分的保护。然后，亚述占据优势，因为地理条件刺激着亚述的人民要保护自己。埃及和巴比伦长期生活在受保护的条件下，因而几乎没有发展出保护自己种族的能力，与此同理，那些长期生活在需要自卫条件下的种族也受到了环境影响，为了自己的利益而战斗是生活的一种必需。

尼尼微衰落后，地理条件继续发挥作用，因为亚述未能建立起以武力为基础的帝国，整个底格里斯河和幼发拉底河的低地一直是一个整体，其中最重要的地区是巴比伦。但是，就像在埃及一样，几千年中养成的习惯是难以根除的。事情按照原本的样子继续存在下去的趋势是非常强烈的，巴比伦从未独立过。在埃兰人、加喜特人和亚述人之后，又有米底人、波斯人、希腊人、罗马人、阿拉伯人和土耳其人接踵而至，因此，经过三千年的时间，对生活条件已经更发达的民族来说，这里原本能够依靠的自然防御条件已经毫无意义，它一直敞开着大门，面对所有要来占领它、对它予取予求的人，巴比伦现在几乎只剩下原来的沼泽，这丝毫不足为奇。

不过，这块土地依然能够像过去一样生产，而且规模比过去更大；这里和埃及一样，也兴建过许多大型水库，可以将丰水期的水蓄积下来，以备缺水期使用，不受控制的洪水造成了这些沼泽，但沼泽也可以更高效率地分流洪水。如果有明智的统治，它可能再次成为一个花园。

GEOGRAPHY

AND

第四章

通道：巴勒斯坦和腓尼基

WORLD
POWER

前文已经指出，在埃及三角洲和美索不达米亚平原出现了两个文明中心，是因为这两个地区的地理条件令生活在其中的人总体上比其他地方的人更具优势。这两个中心的崛起，尤其是后者的崛起，影响了它们附近其他地区的居民。自然，那些居住在这两个地区之间的人也受到了影响，也许受到的影响一时没有其他民族大，但从长远来看，他们受到的影响持续时间更久，也更有效。

虽然埃及的两边都是几乎无法穿越的沙漠，但在东北角，沿着地中海的海岸，沙漠边缘有一线地区不像其他地方那么荒凉，在更北的地方则是一片肥沃的、有不错的水源的低海岸土地和内陆丘陵，是非利士人①、希伯来人和腓尼基人的家园。这个地区是两个伟大的早期文明中心之间的连接纽带，而其重要之处，最主要就是因为这一点。

因此，在研究文明和历史的进步时，我们要涉及另一个地理控制了。人们不仅生活在最容易生存的地方，即可以利用更多能量的地方，而且他们在运动最容易的方向上移动，也就是说在运动中消耗的能量最少的方向。正如前文所说，运动总是沿着阻力最小的路线进行。如果存在道路，人们就会沿着道路通行，但在道路存在之前很久，就有一些路

---

① 非利士人：起源于爱琴海群岛的一个民族，约从公元前 12 世纪在犹太民族到达时定居于巴勒斯坦南部海岸一带。

线，由于地理分布的原因，沿着这些路线移动比其他地方更容易。这些是通道，但不是路。一条路有多宽是有一定规制的，但通道没有任何明确界定的宽度。从房间的门到壁炉，会有一条可以避开中间所有障碍物的通道，但没有路。可能一条通道会对应很多路。从伦敦到苏格兰的通道在亨伯河和奔宁河之间向北，穿过约克平原和纽卡斯尔平原，绕过海岸到达爱丁堡。大北路①过去是——现在也是——这个通道的一种形式；而大北方铁路及相关铁路是相应的铁路形式。从美索不达米亚到埃及没有路，但有一些非常明确的通道，这些通道在某些段是交会成一体的。有一条相对轻松的通道是从巴比伦沿幼发拉底河谷而上，然后穿过黎巴嫩和前黎巴嫩之间的奥龙特斯河谷，沿莱昂特河谷和上约旦河谷而下，穿过以斯德伦平原，经过美吉多（即哈米吉多顿，"末日之战的众军汇聚之地"②）——这里是这个小世界的军队交锋之所——穿过地中海沿岸的非利士人的土地，穿过狭窄的沙漠地带，最终到达埃及。而对于已经达到一定文明阶段的商人来说，可以穿越叙利亚沙漠狭长的北端，到达大马士革绿洲，这是向东穿越沙漠的跳板，也是向西的登陆点，是叙利亚的关键区域部分。这条通道没有那么容易走，但所用时间更短，因此更节约能量。不过，不管走哪一条道，他们都要经过以斯德伦和非利士。

　　这条通道并不是一下子就变得重要起来的；它的重要性随着通道两端的两片土地的重要性的增长而增长。这条通道的交通量甚至还不如英

---

① 大北路：指连接英国伦敦与爱丁堡的主要道路，如今被称为 A1 公路。

② 典出《圣经·启示录》。哈米吉多顿是传说中世界末日时，魔鬼率领的地上诸王与上帝的众军决战之处。该地名来自希伯来语中一座名为美吉多的山。

国的乡间道路；但它在其所处时代承载着世界贸易的绝大部分。

自然，我们不必指望这条通道所经过的土地的历史像埃及和美索不达米亚那样悠久。这两块土地也相隔甚远，因此，在彼此发生接触之前，它们肯定各自都已经有了很高的文明，而且它们的影响肯定也很广泛。即使如此，第一次接触似乎也纯粹是偶然的。在埃及第四王朝时期，也就是阿卡德的萨尔贡的时代，即公元前3800年左右，两个国家都派出探险者去西奈沙漠，一个开采铜矿，一个要获取适合雕塑的石头。但是，随着时间的推移，商业的发展和军队的远征都在这条通道上，所以在埃及和美索不达米亚是世界上重要的土地的3000年中，黎凡特①南部的这些肥沃的海岸具有与其规模完全不成比例的重要性。尽管众所周知，巴勒斯坦本身是相当小的，以利亚②在一天之内就能从一端跑到另一端，但这片非利士人和以色列人的家园是古代世界两个帝国之间的大门，所以这些民族在历史上占有如此大的比重也就不足为奇了。

埃及和美索不达米亚在不同时期都主张过自己的宗主权，但即使有如此主张，其控制也并非总是有效的，在我们所要讨论的大部分时间里，占据着"通道"所经过的土地的，是多个不效忠于任何一方的民族，起初这些民族彼此不断发生战争，然后认识到从他们土地中间穿过发生的贸易所获得的利益，也便慢慢文明起来。但直到公元前1000年左右，在大卫和所罗门的时代，埃及和亚述的力量渐渐衰落，巴勒斯坦

---

① 黎凡特：意为日出之地，泛指现代所说的东地中海地区，包含今天的叙利亚、黎巴嫩、约旦、以色列、巴勒斯坦等国家和地区。

②《圣经》中的先知。——译者注

的山民（即以色列人，与之相对的是沿海的非利士人）才有效地掌握了通道，从而得以建立一个与古代世界其他帝国匹敌的帝国。后来，这个国家分裂成了两个，失去了对通道的有效控制，再次成为通道附近地区的一个小山国——确实处于中心位置，但没有政治影响力。希伯来人的王国在埃及和美索不达米亚的帝国中摇摆不定，一会儿倾向一方，转头就投向另一方，最终在它们之间的斗争中被碾压。

当埃及和美索不达米亚让位给其他国家时，中间通道的地理重要性就变得不那么重要了，虽然耶路撒冷的重大意义始终存在，但并不是我们这里所要关注的话题。

接下来，是另一个影响了世界历史的地理条件——这个条件取决于陆地和水的分布。很明显，人必须生活在陆地上。国家必须在陆地上，因此，历史首先关注的是陆地，而且主要关注陆地。不过，虽然没有大群人可以在水上长期生活、有效利用能量并创造历史，但是相对于定居来说，在水上的迁徙却比在陆地上更容易实现。陆地上有阻碍交通的各种障碍。要想通过这些障碍，就必须克服或是绕过。在这两种情况下，耗费的能量都谈不上有多么令人满意的回报。不仅如此，移动一定量的物质，在水面上所需的能量比在陆地上要少得多。也就是说，水比陆地更适合形成通道，供人和货物从一个地方移动到另一个地方。

这一事实，两个早期帝国都是知道的。尼罗河、幼发拉底河和底格里斯河不仅为灌溉和人类更直接的个人需求提供了水源，而且也被当作通道使用。最初是用木筏，运送的也不过是干草饲料；后来使用了气囊以提供更大的浮力；再后来还使用了轻型船只，公元前 3000 年的巴比伦商人可能甚至都冒险进入了波斯湾的受保护水域，而埃及人肯定也在之后的一两百年中偶然间驾船到了红海。然而，这些都是例外，是令人惊叹的举动。在那个年代，船只还是被限制在河流上。

在河流上，虽然使用的能量比陆地上少，但也有一个缺点，那就是人必须按照河流的路径移动。河流，特别是像幼发拉底河或尼罗河这样支流很少或没有支流的河流，即使有运河的补充，也不能像利用海洋那样，因为一旦进入海洋，就有可能走到天涯海角。因此，陆地和水的地理分布是非常重要的，而这种分布的一个最重要的特点在于，海上的交通很容易，因为海是一体的，而陆地有很多片。

但对早期的人们来说，即使他们已经拥有了几千年的文明，未知的神秘感依然阻碍着他们对海洋去做更多的了解。每个人都熟悉陆地，但人类生活的肥沃地区与海洋之间还隔着沼泽湿地。从陆地中穿过的河流是人们熟悉的，但没有人了解大海；冒险进入海洋是可怕的事情。所以，人们发现海洋，相当于做出了世界上最伟大的发现之一；由此，海洋成为历史的一部分。海洋不再是一个不可逾越的障碍，而是将所有在海洋尽头的陆地连接在一起的纽带。

值得注意的是，是生活在大陆上的通道与海洋相接的地方的人做出了最早的发现。这里位于山脚，是一条肥沃的海岸带，十分狭窄，但上面没有滨海沼泽；而与之相邻的海很深。因此，这片陆地上的居民始终都面对着大海；他们不得不去思考大海，而且和其他地方相比，他们可以更轻松地把船开到深海。

还有一点也非常重要，最初发现的特定海域是地中海。正如许多人指出的那样，这不仅仅是一个可以学习河流航行的地方，也是一个可以学习航海技术的地方。顾名思义，地中海位于陆地之中，是一片内海，风暴的影响比外海小，而且对古代的水手来说更重要的是，它是一个没有潮汐的海，因此，几乎在任何地方，几乎在任何时候，小船（当时都是小船）都可以轻松登陆。这些优势，波斯湾和红海也都有，但地中海的范围要大得多，也重要得多。而且，地中海还有其他一些优势是其他两处都不具备的。它的海岸线总体上要肥沃得多，也不缺乏良好的天然港口；它的海岸上有许多凸出的地方和内凹的地方，还有在水中升起的岛屿，陆地永远不会远离航海者的视线，永远都有可以避难之所。地中海正是航海人成长的学园。

当这片海被发现是一条通道之后，与海相接之地，即登船之地，也就是推罗、西顿以及其他城邦居住的腓尼基人便在古老的小小世界中占据了一席之地，成为一个重要因素。显然可以预料，基于海洋的文明形式应该比我们此前所述的那些文明发展得晚一些。很自然的，这些国家只有在通道被发现之后才会发展起来，人们在相关理念的刺激下将思维转化为行动，去探索海洋，肯定是需要很长时间的。而在公元前1600年，腓尼基人已经是公认的海上商人，所以他们肯定在这之前很久就已经开始了海上冒险的事业。有可能他们最初沿着通道从巴比伦而来，他们在巴比伦已经熟悉了船只和贸易，晴朗的天空诱发了他们对天文学的研究，而这对他们在夜间引导船只方向有不可估量的作用。在这样的情况下，新环境又刺激了他们向新的方向前进。在散布在海岸线上的城市中，先是西顿，后来是推罗，船只从这些城市出发，前往越来越遥远的野蛮之地。他们起初可能是为了寻找贝类，贝类的需求量一直在增加，因为从贝壳中提取的推罗紫①被用来给王室的衣袍染色。

　　不过，寻找染料并不是他们的唯一目的。只要付出能得到回报，任何形式的贸易和商业都是受欢迎的。而为了使贸易能更安全地进行，他们在地中海的各个角落都建立了定居点，所以到了公元前1000年，松散的腓尼基联盟已经成为一个不得不认真对待的整体。他们统治的土地很少，这是事实，因为他们基本上是商人，而商人不需要大面积的肥沃土地来种植食物；他们可以用生意的利润购买食物。推罗、西顿和迦太基都只掌控着周边很小的范围，它们的领土并不像埃及或巴比伦那样是一个紧凑的整体；而是分散在地中海沿岸，是地中海将这些孤立的土地联合起来，成为一种过去从来都没有过的力量。不仅腓尼基人的统治是一种新事物，他们个人也拥有一种新的道德品质，这是由他们所处的环境培养出来的。野蛮人的市场对他们开放了这么长的时间，意味着他们的行为肯定得到了尊重。贸易本质上是和平的；埃及人和巴比伦人已经学到了这一点。而腓尼基人学到的更多：他们学会了勇敢，他们不是亚述人那样的战士，但乘坐着脆弱的船只在茫茫大海上不断航行，不仅培养了高尚的勇气，还培养了对自由的热爱，这使他们能够一次又一次地成功抵御亚述人强大的武器。

　　虽然亚述未能掌握腓尼基人的贸易，但也削弱了自己不能进行的贸易，因此从公元前6世纪开始，腓尼基人的影响力就不那么重要了。然而，他们并没有被完全摧毁，直到他们与一个海上强国正面对峙。接下来我们要讨论的便是这个国家的故事。

---

① 通常译作提尔紫，也称泰尔紫，是从骨螺属的几种软体动物中获取的一种染料。此处为了显示与地理的关系，故保持了与地名一致的译法。——译者注

GEOGRAPHY

AND

第五章

海洋

WORLD
POWER

（一）希腊

我们已经看到在沙漠和沼泽的保护下埃及和美索不达米亚的古代文明产生的过程；由于这两个文明之间自然发生的交往，其他国家也变得重要起来，而海洋不再只是屏障，还变成一种纽带。在这个过程中，我们遵循了一个自然的顺序。我们现在要讨论的是，在腓尼基和埃及之外的其他地方，大海的控制——起初是一种保护，后来是一种纽带——是如何发挥作用的。

我们要讨论的地方属于那些在后来的时代自称为希腊人（Hellene）的人，但我们称之为 Greek。这些希腊人的家是希腊（Hellas），也就是后来被我们称作 Greece 的地方。[①] 希腊人在哪里，哪里就是希腊，而我们要讨论的正是希腊。有一种流行的误解必须要避免。如果看现代政治地图，我们可能会认为希腊只是巴尔干半岛的西南尽头，山脊开始与大海相接的地方，从现代希腊王国的概念来说，这么想是对的。但如果我们认为这片土地是现代希腊人的唯一家园，那是错的；如果我们认为这

---

① Hellas 和 Hellene 词源是古希腊语，而英语中的 Greece 和 Greek 词源是后来罗马人使用的拉丁语。——译者注

是现在要讨论的希腊的历史，那就大错特错了。

如果看一下 1914 年时近东地区种族分布的地图，就会发现，真正的希腊，希腊人真正的土地，目前包括爱琴海的所有海岸、半岛和岛屿；在整个地中海的组成部分中，爱琴海海面上点缀的岛屿是最多的，使海岸线线条变得不规整的半岛也是最多的。

海面上岛屿分布十分密集，希腊人给主要海域所起的名字——"多岛之海"①——实际上更像是指那一片岛屿的集合体。这进一步强调了海洋的重要性，因为我们所知道的欧洲最古老的文化就产生于这些岛屿和半岛。

在这里的这些陆地上，在地理条件的保护下，人们有了机会令一个不受外界干扰的文明臻于完美。在这片地区，出现了两种截然不同的文明形式。我们无从知晓哪个出现得更早。

（1）一方面，在克里特岛这个大岛、在差不多能算是岛的伯罗奔尼撒半岛，以及其他一两个合适的地方，逐渐出现了较高的生活水平，因为在这些土地上，几乎完全不会受到外来侵略，同时也有相当大的扩张空间。人们的生活状况逐渐改善，所以到了公元前 2000 年，出现了大型石头建筑，许多简单的艺术和手工艺也都兴起。这样建造的城市在尽可能深入内陆的地方选址，这样就可以减少来自航海者的危险，航海者可能会攻击沿岸居民，但他们也害怕远离自己的地盘——大海。

（2）另一方面，即使在早期时代，也确实存在航海者。他们可能来自较小的岛屿，在那样的岛屿上，无论在哪里都能看到大海，所以大家

---

① 此处指爱琴海。

都对海洋很熟悉。因此，这些地方的居民很可能比腓尼基人更早造出了船，从一个地方航行到另一个地方。

随着在受保护地区的文化逐渐发展，可以预料的是，陆地上的人自然存在的对海洋的恐惧会慢慢转变为对海洋的了解。因此，在公元前1600年，即埃及第十八王朝时期，这种文化达到了顶峰，它已经遍布爱琴海的所有岛屿和小亚细亚的海岸，并在后来被称为意大利和西西里的地方留下了痕迹，克里特岛的船只也终于被埃及人知道了，它们的使节到访法老的宫廷。然而，这只是一种文化的传播，而不是一个帝国的统治。

在早期，大海是一道屏障，因此希腊与埃及和巴比伦一样，拥有有利于早期文明发展的地理条件；不过，除了它们的相似之处，我们也必须注意到其中的差异。就像在沼泽地中的巴比伦与被沙漠包围的埃及不同一样，受海洋保护的希腊也与这两个国家都不同。埃及是一个狭长的地区，自然地分成了上埃及和下埃及——即所谓的北方王国和南方王国——也就是三角洲地区和河谷地区，而它们各自又再细分为较小的地区，即省；但这些省之间没有被任何像样的自然障碍分隔，所以埃及的历史基本上是在一个统治者之下，偶尔是在两个统治者之下，只有在特殊情况下，才会出现各省独立的分裂权力。同理，尽管巴比伦从地形上说更为紧凑，但其分裂成小国的趋势却远大于埃及，因为这些小国之间的屏障更为重要，而且河流的统一作用也没有那么大。然而，由于阻隔屏障并不完整，巴比伦的各个国家最终还是不得不形成了某种联盟。但是，对于希腊的岛屿和半岛，大海的屏障不仅将它们与外在的一切完全分开，还将它们彼此隔开。虽然大海也是一种纽带，但距离仍然是一种阻隔；边界不是一条线，而是一片区域。

这些条件不仅或多或少地直接控制了历史，让历史更有可能朝一个方向发展，而不是另一个方向，而且还通过影响希腊人的思想间接地影响了历史，这方面的控制也是十分有效的。希腊人看待海洋的方式与腓尼基人不同。对腓尼基人来说，海洋是建立贸易路线的一种手段；对希腊人来说，海洋是维护其独立的一种手段。对腓尼基人来说，海洋首先是一种通道；对希腊人来说，海洋首先是一种防御。基本上是由于这个原因，希腊文明的一个特点是每个城邦强烈的独立感，不仅独立于异族，而且也独立于其他的希腊城邦。而由于自然特征以及相应的气候多样性，在希腊各地区，甚至是在大陆上相邻的地区之间，也存在着强烈的差异，这种差异进一步强化了独立感。因此，每个国家都强烈地感觉到自己是一个完整的单位，始终都没有出现过希腊帝国。

这种控制效果并不是短暂一时的。大约在公元前 1000 年，曾在现代希腊地区占据一席之地的文明形式发生了变化。来自北方的部落入侵了这片土地，有一段时间出现了明显的倒退。这并不是永久性的，因为新血液的注入有助于加快希腊独特的文化形式的发展，并促使其达到更高的成就。对此，我们目前没有什么要说的。我们要注意的是，尽管城邦分布发生了一些变化，但地理控制的作用却没有什么变化，城邦变化之所以发生，是由于控制对人们的思想产生了不同的影响，人们已经无意识地了解了更多可以节约能量的方法。较新的希腊文明在爱琴海的岛屿和半岛上的传播方式与较早的那种文明一样，但传播速度快了许多，因为人们对海洋的了解更多了，已经发现它是一种通道。另一方面，人们在漫长的岁月中领悟到的"大海是一种保护",以及这种领悟中隐含的生活观,在后期与早期同样明显。

希腊的内部历史体现了地理条件的控制。新的城邦崛起。斯巴达和雅典取代了阿尔戈利斯和底比斯[①],但这段历史完全符合预期。由于小单位的不同利益,在清晰地呈现在我们眼前三四百年的希腊历史中,我们会看到如万花筒般的不断发生的变化。每个单位都没有什么稳定性;事实上,甚至每个单位的成员都是相似的,都认为应该考虑个体的权利主张。在这一切的历史变迁中,海洋的基础重要性显而易见;这些希腊城邦——广义上的希腊——的内部历史,是由那些尽可能以陆地为基础的城邦联盟与那些尽可能以海洋为基础的联盟之间争夺霸权的斗争构成的。自然,正如我们现在所看到的那样,胜利大部分时间属于以海洋为基础的联盟,不过,由于一贯的彼此独立的趋势,这个时间本身也很短。

外部历史同样具有启发性。我们已经看到,对希腊人来说,大海是一种防御,而对腓尼基人来说,它是一种通道。对腓尼基人来说,这并不是一种保护,因为他们的危险不是来自海洋,而是来自陆地。在他们热衷的新事业中,没有和他们争夺权力的对手,最多只有个别海盗船,所以,一开始,他们走得很远,而且很分散。如果腓尼基这个词被认为包括腓尼基人影响下的所有土地,这些土地的紧凑性比希腊还要差得多,因为当时还没有海权,甚至没有海权这种概念。腓尼基人没有想到,商业和农业一样需要保护和捍卫;在海上行驶的商船和陆地上的城

---

① 此处的底比斯为希腊城邦,与古埃及城市底比斯同名。

市和国家一样需要有组织的防御。在没有对手的情况下，他们自然不会想到这些。然而，尽管防御对商业是必要的，但在海上却没有天然的防御；无论在哪里，海洋都是一条对所有人开放的通道，没有任何人能被禁止入内。唯一的防御在于水手本身，而且在其他条件相同的情况下，一个地方的水手越多，防御就越好。与腓尼基人不同，希腊人把海洋看作是一个战场，他们不愿意让别人和他们一起分享海洋的好处，而且他们更有能力去强制执行他们的意愿。因此，当希腊人最终成为商人，将业务扩展到他们本来处于劣势的地区时，自然会比腓尼基人更谨慎，而且他们能够通过武力将腓尼基人驱逐出他们更容易进入的许多地方，让对方无法到这些地方进行贸易。腓尼基人从不关心斗争本身，他们感受到竞争的压力，但知道这个世界有足够的空间容纳所有人，所以就去了别的地方。因此，希腊人在成为商人后，在腓尼基人的榜样作用的刺激下，也可能是地理条件产生的自然结果，或者更有可能是两种控制的共同作用，他们最终将对手赶出地中海东部，将那里据为己有。

不过，与希腊人发生冲突的，并不只有腓尼基人。前文讲过，尼尼微衰落后，米底人掌握了亚述帝国的大部分地区。不久之后，来自伊朗高原边境山地地区的另一个种族取而代之。波斯人统治了亚述帝国的所有地区，并向四面八方扩张，结果，历史上第一次有一个陆地帝国与一个海洋强国碰上了。希腊包括小亚细亚的海岸。波斯在征服了始终都未臣服于亚述的克罗伊斯统治的吕底亚王国后，从后方的高原接近了这些海岸。波斯统治者可能是认为这些海岸地区的居民会像腓尼基人那样立即屈服。腓尼基人对海洋的保护力量知之甚少，在风暴面前屈服，缴纳贡品，然后便像从前一样继续从事贸易。对他们来说，这是很自然的事情；他们这样做是有好处的。但希腊人看问题的方式不同：重要的事实还是地理条件所引起的精神态度。即使对小亚细亚这样边缘地区的希腊人来说，独立也比贸易更重要，而小亚细亚的海岸只是希腊的一部分而已。这里的人着眼于海洋，而不是陆地；他们所眺望的方向不是来自陆地的波斯。腓尼基海岸的腓尼基人无法从他们所建立的殖民地获得帮助；小亚细亚的希腊人则可以不断地从他们在水面上的兄弟那里获得援助。大陆上的希腊人可能会暂时被敌国的军队征服，但仍有希腊人与他们隔海相望，在岛屿上建立基地，没有舰队的陆地力量无法进入。海洋民族只能被海洋势力打垮。于是，波斯最终利用其附属国的船只，特别是腓尼基人的，不过还有奇里乞亚人的，甚至埃及人的，他们试图从海上征服希腊人。薛西斯指挥他的军队——可能是全世界有史以来最强大的军队，甚至可能是未来几百年都不会再出现的那么强大的军队——在陆地上行军。由于对这支军队的恐惧，许多希腊人不战而降，但在萨拉米斯，在世界历史上第一次大型海战中，雅典这个小小的海洋城邦在绝境之下打败了薛西斯的舰队，摧毁了东方大帝国对海洋的所有有效控制。现在需要注意的是，这一战的关键在于波斯国王的精神态度——他对海洋不熟悉，而不在于他缺少船只。在战斗结束时，薛西斯拥有的适合作战的船只依然比希腊人多，但由于薛西斯来自一个视海洋为陌生的事物的地方，由于他不是一个水手，所以他不信任海洋，最后落败撤退。如果他的舰队被完全摧毁，撤退可能只意味着战争的偶然因素对他不利，他还会再来，但撤退时他的舰队在数量上占优势，这就意味着他认识到了海洋已经超出了波斯的统治范围。

这是在公元前 480 年，在接下来不到一百五十年的时间里，是浓缩的希腊黄金时代，那些令希腊文化名垂史册的人都生活在这个时代。而海洋的影响始终都很突出，无论是直接影响还是间接影响。引人注目的是，历史上最著名的故事之一，应该就是万人大军呼喊[①]的故事，这些人经过数月的游荡，见到了黑海，便大声呼出"海，海"。这个呼喊令我们注意到海洋对希腊历史的控制性影响。而且更引人注目的是，他们来自一支主要由斯巴达人组成的军队，他们对大海的重视程度比其他同胞要低一些。

雅典是最依赖海洋的城邦，自然在令薛西斯的武器化为乌有的过程中发挥了重要作用，因此，之后，自然而然，雅典在希腊取得了领先地位，并比其他城邦保持了更长的时间。但这个时间本身也不长——大约六十年。在开始海外征服事业时，一支舰队在西西里岛被其他的航海者摧毁，雅典的威望一度消失。后来，雅典又有一支舰队在尝试保护来自黑海的谷物供应过程中在达达尼尔海峡被摧毁，雅典的恢复能力不足以承受这种压力；它因饥饿而屈服，再次变得微不足道。

继承雅典地位的是斯巴达，但只维持了一代人多一些的时间，而在斯巴达之后，底比斯维持了十年左右的时间，然后又是分裂的力量过于强大的时代。底比斯从未控制过海洋，而斯巴达在雅典衰落后也只控制

---

① 万人大军呼喊：典出古希腊历史学家色诺芬（约公元前 430—公元前 355 或公元前 354）的著作《长征记》。

了几年。随后，雅典人又夺回了一部分掌控权。此外，掌控海洋的还有小亚细亚的一些希腊城邦以及腓尼基人。我们前文已经说过，腓尼基人因处境所迫而与波斯合作。小亚细亚大陆上的希腊城邦虽然有时也会向其他希腊城邦寻求援助，但差不多也是处于类似的困境中。由于这些有利条件，当希腊分裂的时候，波斯国王至少有两次得以声称他对整个希腊施行了某种控制，尽管从本质上说并不能算是真的施行了控制。

要统一整个希腊，有两个条件是必需的：对海洋的有效控制和对陆地的有效控制。希腊由岛屿和半岛组成。前者显然只有通过对海洋的控制才能实现统一；而后者则始终都容易受到来自陆地的攻击。当一个有组织的陆上力量崛起时，位于现代希腊地区的各个城邦都不得不暂时承认了一个单一的霸主的地位；当陆上力量再拥有海上力量时，便出现了一个强大的国家，不仅足以征服整个希腊，而且还短暂地与当时整个重要的世界联结在一起。腓力和亚历山大领导下的马其顿的征服显示出了个人对历史进程的控制作用。然而，地理上的控制，即便不像其他情况下那么明显，在这种情况下也是始终一样有效的，而且如果记住地理上的控制是通过作用于人的思想来产生效果的，那么也许还会感觉这种控制更明显一些。

人类——文明人——所知的小世界此时已经包括埃及、美索不达米亚、希腊和这些地方之间的土地。这些地方的人被山地和沙漠包围，对这个圈子之外的土地和海洋仅有模模糊糊的了解。山地人，即东方的米底人和波斯人，已经来到美索不达米亚，并向西扫荡，来到希腊的海洋和高地，便走到了征服之路的尽头。他们此举迫使希腊人——特别是欧洲的希腊人——注意到东方存在着一个伟大的文明国家。希腊人因此开始向东看，并逐渐认识到，他们向东征服要比薛西斯向西征服容易。由于出生条件和接受到的训练，希腊人的个人素质是胜过亚洲人的，万人大军呼喊的故事正表明了入侵是可能的。斯巴达的阿格西劳斯二世开始发动对外侵略，而色萨利的贾森 ① 则梦想着能凭借统一的希腊来征服波斯。但阿格西劳斯和贾森的目标都被挫败了，究其原因，只是因为希腊实在太不团结。如上，希腊军队征服东方的想法并不新鲜，它是地理条件的自然结果。

而实现征服的可能性同样是地理条件的结果。马其顿并不特别有希腊特色。它比希腊的任何一个城邦都离海更远，它拥有全希腊最大的河流和最大的山谷。因此，马其顿人并不像希腊人那样是水手，他们大多是陆上人和山民。由于靠近希腊，他们的文明程度相当高，但由于远离海洋，他们也保留了诸多原始习惯，特别是对首领权威的服从。这令他们成为优秀的士兵，特别是当战斗成为一门科学，战斗中要对能量精打细算，军队成为一个机器，成千上万的人被训练成一个整体时。他们的位置远离来犯之敌，但当时机到来时，他们自然会在其他城邦的人失败的地方取得成功，把他们的权威强加给整个希腊。

马其顿也不像波斯那样对海洋一无所知，他们的势力一扩张到河谷之外，便接触到了深入大海的哈尔基季基半岛，那里有许多依赖海洋的商业城市。再进一步的扩张，便达到了能够控制赫勒斯滂 ② 的位置。

---

① 色萨利的贾森：马其顿国王腓力二世掌权之前色萨利的统治者。注意这个贾森与古希腊神话人物中的伊阿宋（英语名为贾森）不是同一个人。

② 赫勒斯滂：达达尼尔海峡的别称，赫勒斯滂直译的意思是希腊人的海。——译者注

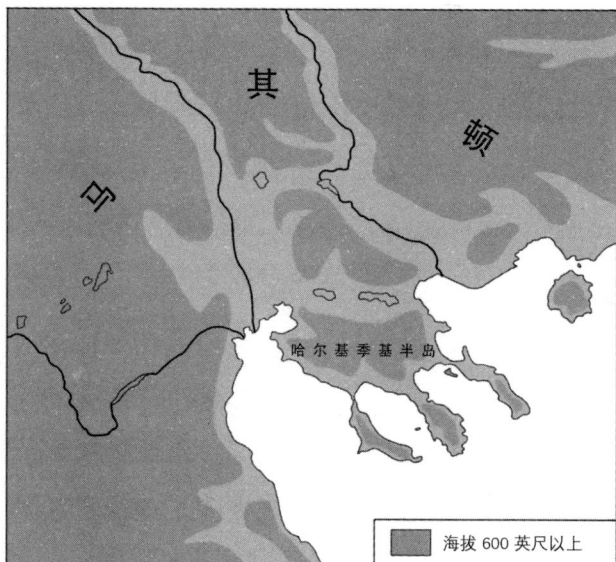

图 5-1　马其顿

　　因此，马其顿的地位与曾经试图控制希腊的波斯或斯巴达都截然不同，后两者基本上都是以陆地为基础的。处于远方的波斯试图控制小亚细亚的海上城市；而斯巴达曾一度掌握了赫勒斯滂，然而却没有掌控海峡对面的土地。马其顿是一个掌握了海洋的陆地大国，比它们都要强大；哈尔基季基周围没有岛屿供敌对的海上力量作为基地，而且整个海岸线都可以轻易到达。

　　可以预见的是，随着从地理条件中学到的新的生活方式，居住在山地上的种族只要经过一个地方，就肯定会施加一些影响。可想而知，其他的希腊城邦中也可能会产生完成腓力和亚历山大所完成的事情的人，但如果起源于希腊的力量要征服世界，最自然的情况就是这力量应该来自马其顿。在这里，一方面，由于背后有一个大陆，陆地帝国的想法会有更大的影响，而且更明显的是，征服陆地必须通过军队来进行；另一方面，他们没有对海洋的天然恐惧，无论如何，敏锐的人都会认识到，控制海洋是实现雄图霸业的一个必备条件。

腓力利用希腊人的猜忌之心，将希腊的所有独立单位都束缚在马其顿治下。亚历山大大帝通过舰队和军队——这是第一次成功地大规模使用海陆联合力量——征服了几乎所有有资格被称为文明的土地，并让希腊文明的洪流涌向整个小亚细亚、埃及、美索不达米亚、波斯高原、图兰平原，甚至还一度搅动了印度人——印度人在很大程度上与其他所有国家隔绝，一直在慢慢发展自己的文明。

然而，希腊的理想不是帝国，而是政治。两个帝王建立起了帝国，而希腊人的政府管理能力却没有改变。所以，在亚历山大死后，他的整个帝国支离破碎，自然地理单位——埃及、美索不达米亚、波斯、小亚细亚、希腊和色雷斯——落入不同的人手中，就不足为奇了。在随后的动荡中，这些土地逐渐分裂开，尽管大部分是由希腊人或马其顿人的王朝统治的。希腊本身仍然受到内部分歧的干扰，而且在不久之后，它将被西方新崛起的帝国兼并。

但海洋仍然继续控制着希腊的历史。整个地中海的东端都被希腊文明所渗透。希腊化的城市在外国崛起。埃及的首都第一次被设在海边。埃及人的古都底比斯和孟斐斯均在内陆，当希腊人统治埃及后，他们不得不把新首都亚历山大定在可以从希腊人水上活动基地获得新力量的地方。

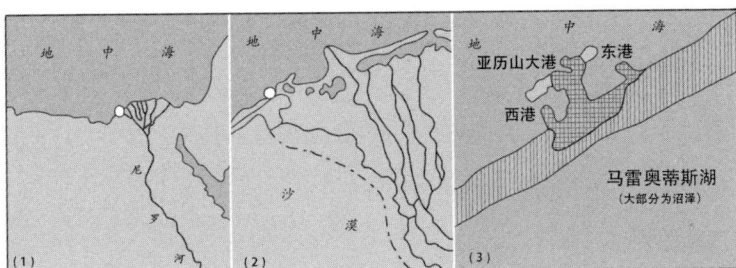

图 5-2　亚历山大港的位置

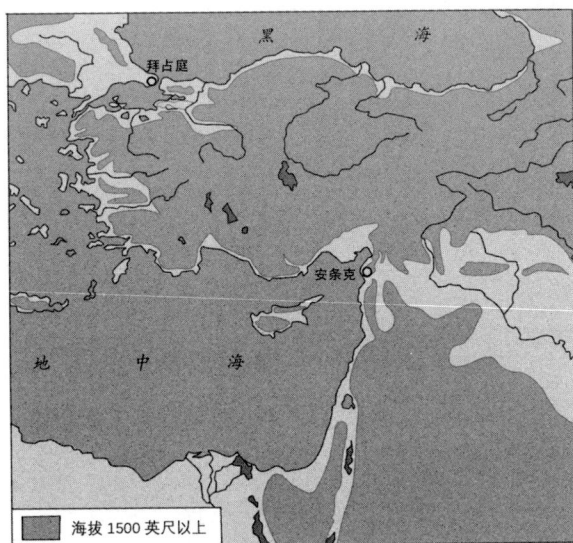

图 5-3　安条克的位置

安条克的发展和重要性也得益于它处于南北高地之间的位置，从那里，通过幼发拉底河可以进入巴比伦。安条克不仅与海上通道相连，也与陆地通道相连，通过陆地通道从拜占庭而来的旅行者如果想绕过小亚细亚中心的干燥地区，只能选择巴比伦和埃及之间的通道——安条克。

虽然在叙利亚和埃及的土地上，希腊人只是商人和统治者，是一个独立的种姓，但他们给整个地区带来了社会统一的概念。当几个世纪后，罗马帝国解体后，控制爱琴海和黑海海岸的希腊城市拜占庭仍然是伟大的东罗马帝国的都城，而这些海岸成了东罗马帝国在土耳其人洪流侵吞下的最后残余。

这种反差至今仍然存在。希腊人仍然留在爱琴海的海岸和岛屿上；现代希腊是最早脱离土耳其统治获得独立的国家之一，这种独立是通过在其西海岸的纳瓦里诺的海战而赢得的。萨洛尼卡和哈尔基季基再次处于希腊人的统治之下，希腊也再次成为一个由陆权支配的国家。

（二）迦太基

我们已经看到，早期文明是如何在各种方式的保护下获得和平发展的。地理条件既提供了保护，又控制了人们获取能量的方向：一方面确定了阻力最小的路线，另一方面作用于人的思想，使其选择了在开始时可能更困难但从长远来看可能更容易的行动路线。现在，要理解历史的进一步发展和地理控制的作用方式，我们必须记住两件事。

（1）居住在前述地区的人们在很长时间内都受到这些控制。在这些控制的影响下，人们的性格、品位、习惯和生活方式都变得固定下来，因此，即使在一段时间内，一些人被迫或被诱导迁移到其他地方，那些他们身上通过许多代人的传承获得的特征也会传承给他们的后代。这种传承是如何发生的并不重要；在某些情况下，可能有一些直接的身体继承，也有可能是通过某种形式的或直接或间接的教导。

从这以后，历史不再像早期阶段那么简单。人们在一套条件下学到的教训必须加以修改，以适应新的条件。新的地理条件也发挥着控制作用，但它们的作用可能会因旧的地理条件对人的思想的持续作用而有所改变。我们在第一章中谈到的机器的惯性是非常重要的。

（2）另外，尽管有些民族得到了眷顾，更快地学会了如何充分利用身边的能量，尽管他们因为展现出节约能量的方法而脱颖而出，不过其他的人和种族，可能在更文明的种族的刺激下，对如何提高生活质量的认识也并不落后。世界的平均文明程度都在逐步提高，但那些只是复制而没有创造的人，其重要性总是不及那些创造出进步的人。到了我们现在要讨论的时期。许多民族比我们最早了解的古埃及文明程度要高，有些民族的进步更快。而且始终走在进步的前列的民族倾向于去支配主导其他民族，因此，世界的历史主要是由更先进的民族决定的，而进步的形式由地理条件控制。

记住这些事实，我们将看到，下一个阶段是一种进步，是一种自然的进步，而地理条件控制着这种进步，既直接控制，也间接控制。

腓尼基人因其所处的位置而成为海上贸易者。因为他们是海上贸易者，所以他们发现在海岸上建立或多或少的永久性站点是很方便的，他们可以从这些地方发送货物，也可以把货物送达到这些地方。因此，地中海的所有海岸线上都点缀着他们的贸易站。正如我们所看到的，希腊人逐渐将竞争对手从爱琴海的所有位置赶走，而亚历山大为确保海上安全，将最远至埃及亚历山大的所有黎凡特海岸都收归己有，这是对地中海东部繁荣的腓尼基大型贸易社群的致命一击。

不过，由腓尼基人组成的贸易社群继续存在于地中海西部。这些社群是腓尼基人在希腊影响范围之外建立起来的，当黎凡特海岸后方的陆地势力的统治压迫渐趋严重时，来自这里的移民队伍一次又一次地加强了这些社群。有很长的时间里，这些定居点仅仅是商业工厂，就像英国人在印度建立的那些工厂。其中最重要的是位于现在的突尼斯的城市群。看一下我们的非洲地图就会发现，在西北部，在沙漠和海洋之间，有一片土地在一年中的一部分时间里暴露在能带来雨水的西风中；这片地区主要是高地，大部分可以算是高原。这实际上应该算是一个可以容一种文明有机会发展进化的"岛屿"，但它太大了，一个尚未达到相当程度的组织化的力量是无法统治它的 [1]，而它又是一个单一的整体，无法被分割成小块。然而，东端和西端与中间是有些区别的，因为这两个地区包含一些平原或山谷。在东端，也就是突尼斯这边——离腓尼基人的老家最近的一端，腓尼基人自然而然地开拓了殖民地。这些殖民地的居民对当地人很友好，并不把自己看成是土地的主人。他们是陆地上的贸易者和海上的贸易者，他们认为拥有土地是不必要的，这种行为与他们当前所处的环境无关，而是他们受从前的地理条件影响的结果。他们的行为是由"通道"的刺激决定的，但在地中海西部，没有相应的陆上通道。

现有的地理条件也有其影响。在老家，腓尼基人处于尼罗河边的帝

---

[1] 注意这与能量的积蓄有关。——原书注

国和底格里斯河—幼发拉底河边的帝国的中间。他们已经习惯了其他人统治陆地的想法，而他们则通过陆地和海洋进行贸易。在新环境中，他们是优越的民族。不存在能与他们平起平坐的霸主。他们所定居的土地上有当地人，他们也与这些人进行贸易，但这些人还没有开始实施对人的统治。这些地理条件作用于历史。就像腓尼基的推罗和西顿兴起，有一个城市成了领头羊。但不仅仅如此，这个名叫迦太基的城市做到了更多，实际上，迦太基建立起了一个帝国，令其他城市都臣服于它，并把直接的统治扩展到几乎整个现代突尼斯。

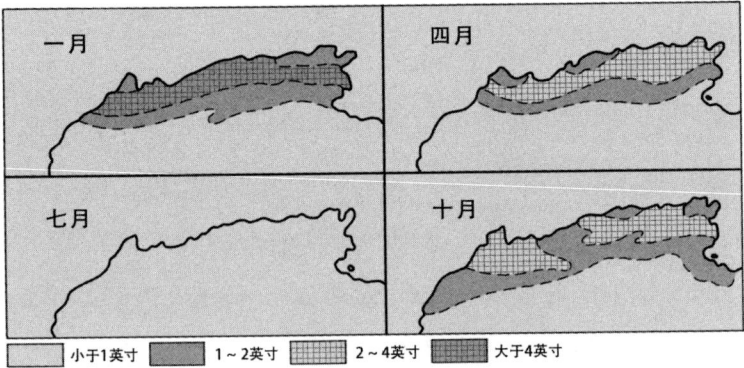

图 5-4 阿拉伯人"岛"的降雨量

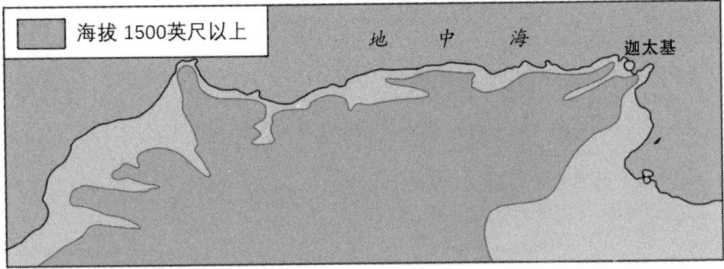

图 5-5 阿拉伯人"岛"的地形

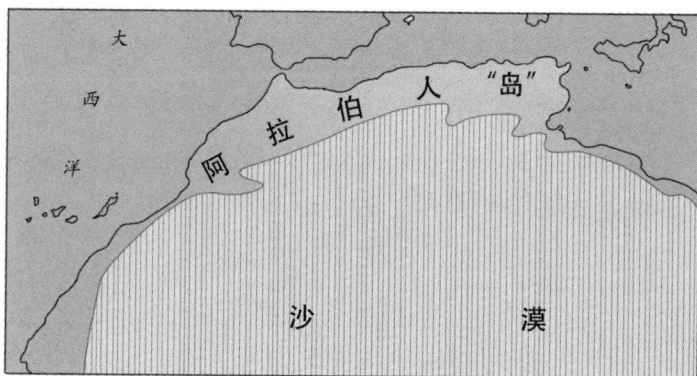

图 5-6　阿拉伯人"岛"位于海洋和沙漠之间

在大海两边地理条件产生的结果是相同的。在地中海东边，腓尼基人几乎没有经过任何努力就向希腊人投降。而在地中海西边，当希腊人试图向西扩展其殖民地时，迦太基拒绝退出贸易。迦太基人在陆地上——或者说在他们希望的尽可能多的陆地上——建立了一个以贸易为基础的海上帝国，遍及整个地中海西部。非洲北岸、西西里岛西部、撒丁岛、科西嘉岛和西班牙南部都在迦太基人的统治之下，没有外国商船敢于冒险进入这些海域。

统治的特点也是由地理控制造成的。地中海西部海岸线没有大的凹凸起伏，海域中又没有小岛，所以，这里缺乏那种既是希腊文明的优势又是其弱点的独立精神，因此，迦太基帝国的统治十分稳定。迦太基还有一个优势，那就是它所处的孤立位置，使其受到来自陆地进攻的危险较小，实际上，历史上对迦太基的进攻确实只来自海外。

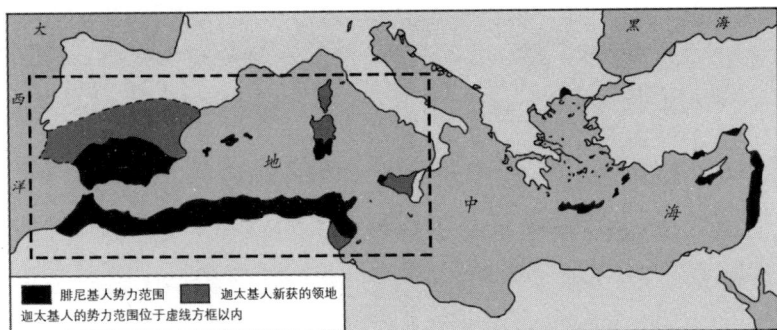

图 5-7　腓尼基人和迦太基人的领地

　　但这个位置也有其弱点。主要是由于地理条件，迦太基人所统治的人民还没有达到先进的文明阶段。因此，他们被视为下等人，统治者高高在上，就像亚述统治他们征服的民族一样。随着迦太基帝国的发展，当地人和商人之间的友好感情渐渐转变为了对征服者的厌恶和憎恨。当迦太基遇到另一个帝国，而这个帝国已经学到了一些政府管理的经验，即如何更好地利用人的能量，迦太基就衰落了。尽管其他条件几乎相同，尽管双方舰队和陆上军队的应用指挥都十分明智，迦太基人仍然处于不利地位。构成他们军队的人并不同情主人，他们支持迦太基的权力只是因为他们得到了报酬。作为报酬的钱是由贸易获得的利润：它代表了迦太基人节约的能量；但当他们的贸易利润消失时，当他们失去对海洋的控制时，他们被雇佣兵抛弃了，他们没有爱国之心可以依靠。迦太基失去了海上霸权而衰落，彻彻底底地衰落，腓尼基人就此退出历史舞台。

GEOGRAPHY

AND

WORLD
POWER

第六章

海洋与陆地的对比：
高地和低地——罗马

世界历史的下一个阶段，是一个在成因上远比我们前面所讨论过的所有阶段都要复杂的阶段。我们现在必须要注意的，不是单一一组的地理条件，而是数组地理条件，每一组都相继发挥出最重要的影响。另外，还必须始终牢记之前所有历史的累积效应。被我们称作罗马人的人可能并不是自觉地去学习了历史的教训，但他们却被这些教训所影响，以前创造历史的各民族的伟大发现在罗马帝国融为一体，以至于罗马对后来的历史进程的影响可能胜过其他任何地方。如若没有之前的那些帝国，罗马几乎不可能成为它所成为的样子。因此，我们看到了地理它们的间接控制作用，因为先前那些帝国它们最初存在主要是由于地理条件。

将这些帝国的教训融会起来的可能性，同样是由于地理控制。到目前为止，我们已经看到了三个完全基于陆地的帝国——埃及、迦勒底、亚述。其中前两个受到自然条件的保护，最后一个则学会了保护自己。然后，我们又看到了三个强大的海上民族——腓尼基人、希腊人和迦太基人——它们情况不同，腓尼基人没有受到保护，希腊人受到自然保护，而迦太基人则自己保护自己。有一个短暂的时期出现了一个同时了解陆地价值和海洋价值的人，他凭借独有的洞察力，以及赋予他这种洞察力的天才征服了"世界"。那么，自然而然地，接下来的发展将会出现在伸入海洋的陆地之上，以及创造历史的诸多势力交锋的地区，实在是不足为奇。

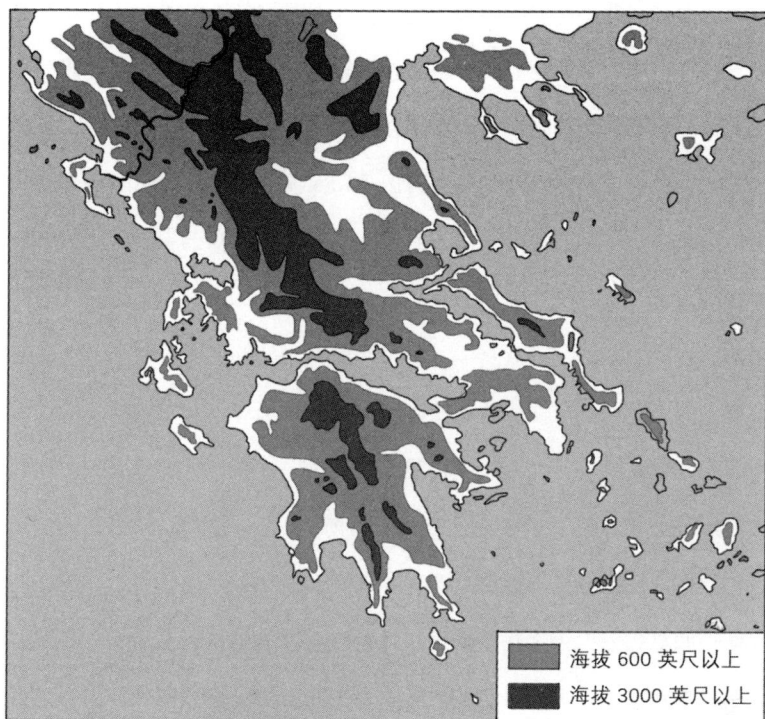

图 6-1　现代希腊地形图

图中显示了中央山脊及其支脉。

　　从意大利的形状和位置来看,它与古老的文明有联系,但又与之分离,在这里出现一个新的伟大的文明中心是很自然的;而且再思考一下其结构细节,会更清楚地看到这结果有多么自然。如果我们将意大利与希腊进行比较,其差异是显而易见的。在希腊,有一整片的山脉网络,中央的脊柱隆起,在海边陡然下降,将土地分割成许多小半岛、岛屿和海湾前端的海岸平原。而在意大利,有一片广袤的高地呈圆弧状弯曲走向，西南方向凹陷，东方隆起。高地外缘面对的是一个浅海，并向西北方向延伸，由山上的岩石废料填充抬高地势，形成了一个平原，即伦巴第平原。除了这个高地南面与海陡然相接的地方，意大利几乎没有半岛和岛屿，而且，高地弧线内虽然有山丘，但没有任何会严重阻碍交流或能作为防御的障碍。另外，南方有许多港口，北方则很少。因此，来自海外的人有充分的理由在南方找到立足之处，大陆上的人也有充分的理由从北方来到南方。而且可以预料，在他们相遇的区域的某个点上，会有受到两者刺激的文明崛起。事实上，这正是历史上所发生的。在意大利北部，史前时期开始就居住在那里的民族，在来自欧洲大陆的民族的推进压迫之下，其后裔被迫迁徙到了沿海地区，直到 20 世纪初仍是如此；而在南部，情况则相反，旧有人口生活在内陆。

很明显，南方人大体上属于长颅型，北方人则属于宽颅型。长颅型的人分布在沿海，而宽颅型的人分布在内陆；前者来自海外，后者来自大陆。

这些力量在罗马相遇，是罗马而非其他小城镇或城邦成为新文明的焦点，这也不是偶然。看一下地图就会发现，所谓的伊特鲁里亚亚平宁山脉比西北部的利古里亚亚平宁山脉或罗马与东面亚得里亚海之间的大面积高地要低得多。这个南部的高地在与海相接的地方陡然下降，如果沿着东部的海岸线前进会困难重重，而且如果要从北向南走，还需要跨越很多溪流，难度进一步加大。在北方登陆半岛的人几乎肯定是通过博洛尼亚和梅陶罗河之间的一条河谷穿过伊特鲁里亚亚平宁山脉的。他们这么做时，肯定会沿着意大利中部亚平宁山脉的西部边缘，顺着台伯

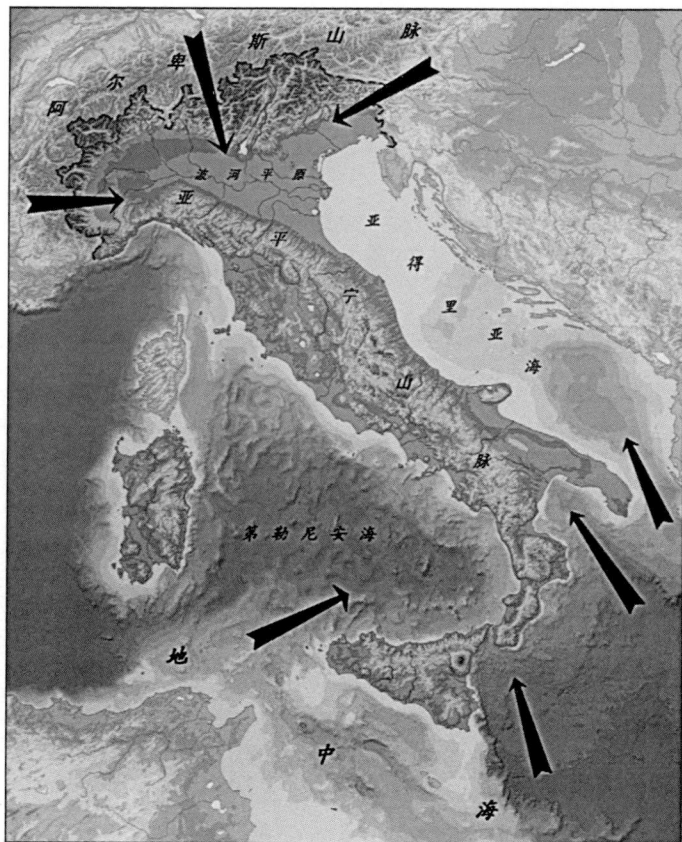

图 6-2　进入意大利的路径

北部通过陆路，南部通过海路。

河^①谷而行。即使他们到达台伯河以北，也很可能是沿着阿尔诺河上游的河谷及阿尔诺河与台伯河之间的河谷前进。无论是何种情况，陆地人几乎肯定会从海洋和高原之间来到罗马，到了罗马，他们肯定会接触到

_____

① 台伯河：即今天意大利的特韦雷河。

以意大利南部的半岛和港口为基地的海外势力。因而，由于地理条件，基于海洋的文明和基于陆地的力量在意大利相遇，在意大利中部的某个地方，在罗马或罗马附近相遇，是有充分理由的。

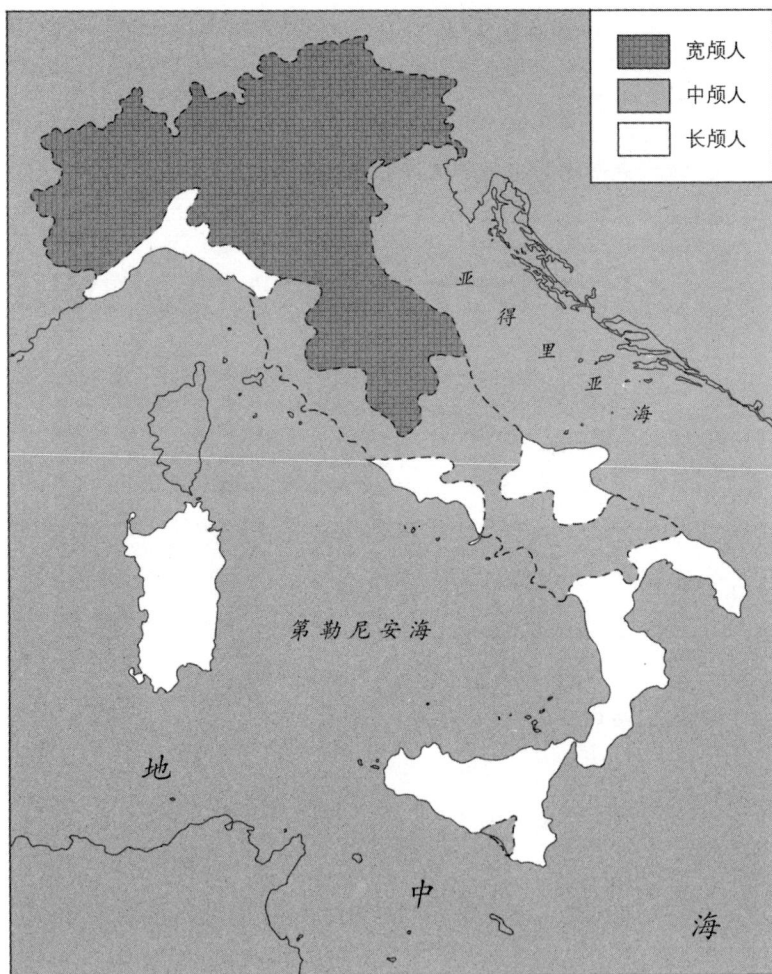

图 6-3　意大利人的颅骨类型及其分布

几乎没有必要更详细地考虑这个问题，但由于它们可以说明罗马帝国逐步发展的历史，有两点还是最好注意一下。如果说拉丁姆①平原有意大利其他地区没有的优势，那么罗马也拥有拉丁姆其他地方没有的优势。罗马坐落在台伯河上，虽然总是暴露在攻击之下，但又处于能够防御的位置，居民自然会不断地准备防御。他们可能会遭受到流窜的入侵者的攻击，但无论如何，他们的损失都很可能比南方的城镇要小。因此，相对而言，他们会变得比邻居强大，因而罗马会在拉丁姆平原占据领袖地位。另外，尽管早期的历史模糊不清，混乱难解，但鉴于当时的条件，我们所能期待的也只有这样的模糊和混乱。此外，几乎唯一可以掌握的事实是，罗马城的起源要归根为不同部落的人定居在了平原上的一些微微隆起的高地上。这些部落在面对共同的危险时，学会了放弃内部分歧。他们还领悟到最好的防御在于自己。由此，罗马居民学会了雅典居民所没有学会的东西：每个人都不是孤立的，而必须考虑到其他人的看法和性格。可能没有一个人清楚地理解这一点，但是，他们整体上按照这个原则行事，因为他们通过经验发现这样做是最有利的。

---

① 拉丁姆：意大利古国，于公元前 3 世纪被罗马征服。

图 6-4 罗马的位置

　　图中显示了罗马位于北方南下各通道的交会点上，而南方民族也可以在此建立防御。

当罗马城或镇开始将其影响扩大到周围的社区时，它一方面更有能力使它们服从，另一方面，它也不愿意实施不必要的专横压制。罗马无疑是台伯河以南的中央城镇，在这一点上，它比雅典更有优势。而且，居住在罗马周围的人的文明程度几乎和罗马居民一样。因此，他们比迦太基人接触到的那些低等民族更难征服，但他们屈服后，也得到了更多的平等对待。在我们眼中，早期的罗马人可能很残暴，但和其他民族相比，他们的残暴程度可能还要稍逊一筹。总的来说，他们所犯的残暴行为，不是为了给别人带来痛苦，而是一种经过计算的、为了良好的政府利益而决定的残暴——也就是说，从长远来看是为了节约能量。因此，罗马政府不仅比希腊的城邦政府更稳定，也比迦太基的政府更稳定。

我们已经看到这些重要的事实以及当地的自然条件，是如何促使罗马创生出一种前所未有的更高程度的文明的，尽管若是没有这些重要事实的存在，那里的自然条件也不会起任何作用。随着罗马力量的不断扩张，另一组控制的重要性渐趋凸显。在意大利存在着将影响历史的极为多样的地形和环境。我们已经看到意大利与另一个半岛——希腊——的不同之处。可以再对比一下它与其他半岛——伊比利亚和丹麦。西班牙主要是高地，丹麦主要是低地；而在意大利，高地和低地几乎各占一半。在意大利，由于陆地和海洋的不同条件，人们的生活观也有所不同。南部沿海地区与海相接，希腊人大规模地移居在此，并在此定居，因此这里有了"大希腊"之称。这些城市的居民都是商人，财富充盈。在北部地区，海洋所占的比重较小，这里的文明完全脱离海洋因素的影响。另外，在高地和山区主要分布着牧民和牧人社区，在低地则是农业人口，这些人之间又存在着差异。罗马北部是翁布里亚和伊特鲁里亚；南部是塔伦图姆和图里；但离台伯河下游的平原更近的是萨宾山和萨米尼亚的高地。因此，罗马在扩张成为国家时所面临的问题，与罗马城邦的问题具有同样的性质，因为罗马政体的教训已经在城邦阶段获得，这个国家的居民便能够设计出一种政府体制，在承认罗马具有至高权威的前提下，将各种社会力量的运用发挥到极致。

在地理条件的诱导下，新的政府理念从三个方面对历史产生了影响。

亚述帝国以"征服国家是为了榨取对方的贡奉"为理念。而在罗马，至少在早期，在政府的传统形成的过程中不是这样的。在罗马，人们的理念是将不同的单位罗马化，使它们成为一个整体，同时又承认彼此存在着差异。这个过程起初有些缓慢，但非常彻底，因为在意大利中部形成了一个坚实的核心，在感情上完全是罗马的。基于这一事实，罗马也成了它所统治的国家的名字。罗马国家的内部麻烦从来都不是因为反对罗马的叛乱，而是因为试图从政府那里获得更充分的好处。罗马与迦太基和亚述都非常不同。

罗马也不像希腊人和腓尼基人那样在行动上缺乏团结。罗马不只像推罗和西顿那样是同类城邦中的首领，也不仅仅如雅典那样充当联盟中的领袖。从某种意义上说，这些城市有共同的目标；而罗马还有别的东西。罗马人不得不保护自己。罗马没有得到地理上的保护，不过它的位置适合防御。这两种条件有很大的区别：一种条件会造就阳刚之气，而另一种则不会有这样的影响，正如我们在埃及和巴比伦所看到的那样。罗马政府可能认识到必须考虑到个人的特殊性，但这并不意味着要包容柔弱或逃避岗位职责的行为。罗马是至高无上的。它不仅要有一个共同的目标，而且要有一个中央政府。

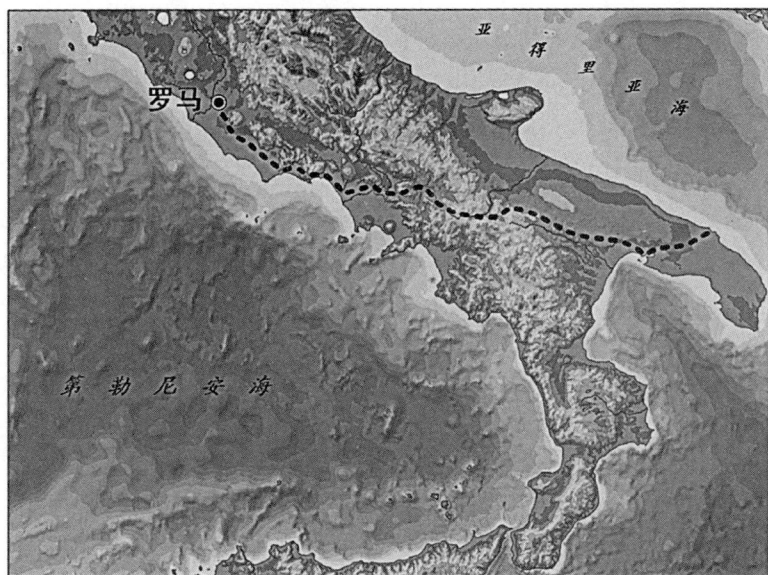

图 6-5　阿庇亚大道

该道路尽可能沿地势最低处建成。

　　罗马人在节省人力方面的伟大发明也是出于同样的心态。正如我们所能预料到的，罗马人修建道路最初是为了战略或商业的目的，罗马人阿庇乌斯·克劳狄应该是第一个拥有一条道路的人——阿庇亚大道，在从罗马向南的平原上。通过良好的中央集权政府来节约能量，意味着应该有一个中心，而且这个中心应该很容易从周围地区到达。道路是在陆地上实现这一目标的最简单的手段，但迄今为止，世界上还没有道路。

在过去漫长的迦勒底和埃及时代，人们通过"通道"从一个地方到另一个地方。人以及他们的动物一步一步地走完整个路程，所有携带的东西都载在动物的背上。然后，腓尼基人发现，走水路比走陆路更容易；在特定的能量消耗下，船桨和船帆能实现更好的效果。而罗马人的发现是，人和动物在光滑、平整、坚硬的表面上行动比在粗糙、不平、柔软的表面上更容易，而且使用车轮有更大的优势，这样动物可以牵引的东西比它们能够负载的要多。毫无疑问，道路和车轮早已为人所知，但关于大规模地使用它们的发现要归功于罗马人。地理条件是主要原因，可能是直接原因，也可能是间接原因。埃及和迦勒底的冲积层基本上不适合修建道路；特别是在迦勒底，由于缺少石头，几乎不可能修建道路。在沙漠上，无论是在埃及周围还是在埃及和迦勒底之间，运动方向是不受限制的。不存在修建道路的诱因，特别是由于充其量也只有很少的通行量，而且沙漠中的沙子可能很快就会湮灭道路。更重要的是，能量不够集中化，因此不值得修建道路。亚述的情况也是如此。腓尼基人，无论是腓尼基还是迦太基，都太看重海洋作为通道意义，而没有想过要在陆地上修建道路。在希腊，地理和政治上的不统一是希腊人不建造道路的充分理由。他们希望与邻邦分开，而不是紧密相连。而罗马的情况与这些地方都不同，这里没有像沙漠或海洋那样的自然通道，而且充足的石头又使造路在地理上成为可能，因此有了建造道路的诱因，或者说是刺激因素。

公元前 300 年后不久，罗马就将整个意大利半岛统一在它的统治之下。此后，它开始扩大帝国的边界，将邻近的土地和海洋纳为己有。罗马人过去前进的路线仍然是他们继续前进的路线。罗马权力的历史仍然来自海洋和陆地这两个地理控制的相互作用；但由于罗马政权虽然仍然以罗马为中心，但比以前更多了一些东西，所以这二者的影响也更加复杂。

（1）罗马国家超越了过去罗马作为一个城邦时的政权范畴，它已经主宰着整个半岛，意大利整体的情况与台伯河上的罗马城的情况不同，因此有了新的意义。罗马城的存在和发展主要归功于这样一个事实：罗马所在的地方是来自海洋和陆地的力量交汇的地方。当罗马的国家版图涵盖整个半岛时，这两种力量就有了新的重要性，因为那时在南方，罗马与海洋有了更直接的关系，海洋上的岛屿总是能为敌人提供海上的立足点；而在北方，罗马与陆地也有了更直接的关系，北方的入侵者开化程度较低，而且由于地域广袤之故，数量有可能相当庞大。罗马就和波斯一样，不得不装备一支舰队，与那些可能在意大利海岸附近维持敌对基地的人争夺海上控制权。这些都是新的情况。

（2）但由于罗马仍然是政治中心，由于罗马城人的传统在天平上会更重，所以当地的地理环境和历史动量①仍然有很大的影响。

①对罗马人来说，海并不像对波斯君主那样陌生。海在距离城市几英里远的地方冲刷着海岸，不仅被罗马纳入版图没多久的南方城市依赖海洋，而且在罗马早期时就有控制拉丁姆沿岸城市的传统。如果没有这种早期对海洋的持续熟悉，南方的半岛和岛屿的状况是否会按照已经发

---

① 历史动量：指历史的持续作用。

生的方式迅速地反应，是非常值得怀疑的。

②另一方面，意大利不是希腊。罗马是意大利其他地区都承认的至高无上的中心。罗马也不同于马其顿。整个统治不只是一两个人的工作，公民中有许多人被征召领导军队或统治国家。自然，不是所有人都能胜任这些任务，不过，在危机中，一般总是会出现一个能够应付紧急情况的人。由于类似的原因，甚至战斗机器本身也比马其顿的大规模方阵的效率高，而臣服的城邦政府也更稳定。这种状况主要是由于历史的惯性，即已经存在的条件继续存在的趋势。

③罗马公民在早期所拥有的理想也影响了他们后来的历史。罗马不是迦太基。人们渴望的不是贸易，而是罗马帝国统治下的和平与可以种植生活必需品的土地。这是地理条件的结果，它影响了这个大幅扩张的国家的历史。

请记住这些因素。因为迦太基和希腊与意大利南方的半岛和岛屿有联系，罗马先后与它们交恶。罗马的陆军优于马其顿和迦太基，舰队也最终证明比任何与其为敌的舰队都强大。公元前116年，迦太基被攻破，希腊也被迫承认罗马的最高地位。希腊和迦太基不再是独立的海权国家，此后没有国家再对海洋的主权提出异议，地中海沿岸的土地迅速落入了掌控着海洋指挥权的国家手中，但罗马人却几乎没有去尝试做贸易者。长期以来，位于腓尼基和希腊之间的罗得岛是一个商业团体的主要（甚至可能是唯一的）所在地，罗马人并不打算成为商人；他们不是商业上的竞争对手。由于缺乏对海洋的有效统治，无政府状态出现了。起初，罗马对此感受不深。军事远征从海上进行是最容易的，虽然已经有海盗兴起，但他们不会攻击军队。当罗马人开始从不属于他们自己的土地上获取补给时，才发现有必要清除这些海上强盗，此时这些强盗已经在东方的岛屿上找到了一个很好的基地。庞培在短短的四十天内就把海盗赶出了海洋，这说明海盗之所以能够增加，是由于政府缺乏对付它的意愿，而不是由于缺乏海上力量。罗马可以在想要去主宰海洋的时候就去主宰海洋。显然，它是一个规模远大于希腊或迦太基的海上强国。此后的许多个世纪，地中海完全是罗马的天下。战役，而且是著名的战役，都是在地中海上进行的，但这些战役是在争夺罗马国家内部最高地位的竞争者之间进行的，而不是罗马与外部敌人的战争。

在这种情况下，虽然罗马后期的很多领地都能经由海路到达，但也不是全都如此。而且，这些海外领地并不是单纯的沿海地带，还有大片的内陆疆土需要管辖，并与中央政府保持联系。因此，尽管海洋是罗马历史上的一个控制因素，但陆地也同样是。

我们现在必须考虑另一个巨大的地理控制。除了海洋与陆地之间的巨大差异外，还有一个就是高地与低地之间的巨大差异。注意这种差异并不是指丘陵和山谷之间，而是指高地和低地之间的差异。有些地区的地平面只比海平面高一点儿，而有些地区则高出半英里、一英里，甚至两英里。如果在水平尺度上，一两英里可以忽略不计，但在垂直方向上，这是十分巨大的，因为在高处有完全不同的生活条件。空气稀薄，热量低，水分少。低地的生活条件必然始终都与高地的生活条件不同，这甚至影响到人的身体。黑人无法长期生活在海拔四分之三英里的高地，这应该是由于空气量的区别，但这只是一个方面。种植的条件是不同的，通常来说，可以节约能量的条件也是不同的。因此，生活在高地上的民族必然有与低地民族不同的职业、习惯、食物、理想和思维方式。一片高地两边的两个低地民族不仅被高山分隔开，同时也被几乎所有方面都与他们截然不同的民族分隔开，这三个民族中的每一个都构成一个独立的单位。例如，阿尔卑斯山的最高处达到 3 英里，平均高度为 1 英里，但山脉宽度为 120 英里。也就是说，重要的事实并不在于阿尔卑斯山是一条山脉，而在于它是一片高地。瑞士、蒂罗尔和萨伏依都是阿尔卑斯山上的高地国家，无论是现在还是过去，其人民都与山两侧的人民不同。

前文已述，意大利是由一片片高地和一片片低地组成的。罗马所统治的民族之间的差异根源于高地和低地之间的差异，以及海洋和陆地之间的差异；而在意大利，这个较小的地区内形成了具备政府管理素质的人属于同一个种族，能够为被征服的不同地区输送统治者。在后来的罗马帝国中，有许多地方居民本来曾是天生的仇敌。

同样，他们也是被与用来统一意大利相同的方法统一起来的。由于不可能处处以海洋为通道，道路被开拓遍及整个南欧和西欧，以至于出现了一句谚语：条条大路通罗马。同样中央集权倾向也值得注意，因为所有的道路都通向或来自罗马，连接各个单位的交叉道路很少，这样就可以尽可能减少它们之间的交流，也减少了它们联合起来反对统治者的机会。这些道路沿着阻力最小的路线修建，它们被建造在能量消耗最少的地方，因此，意大利周围土地上高地和低地的分布也变得越来越重要。

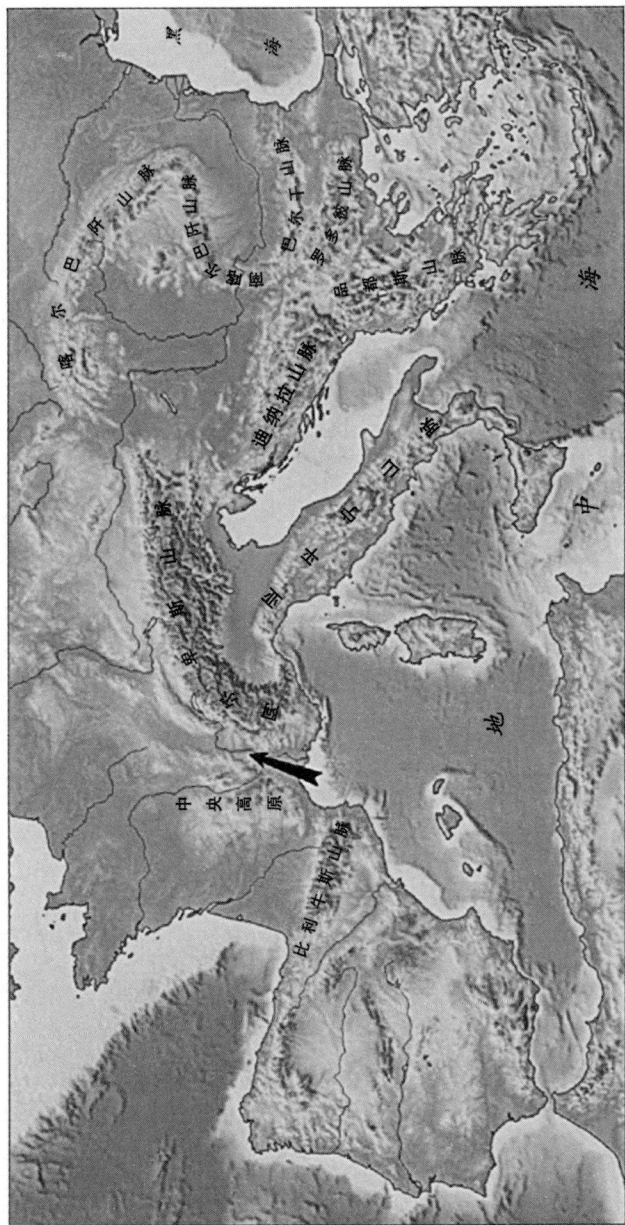

图 6-6 罗讷河构成的入口通道

黑海

地中海

喀尔巴阡山脉
比斯开巴阡山脉
品东干山脉
罗多彼山脉
迪纳拉山脉
巴尔干山脉
阿尔卑斯山脉
中央高原
比利牛斯山脉

只要看一眼欧洲地图就会发现，从黑海以西到罗讷河，一路都是高地，要到达平原地带，必须先到达相当高的高度。西班牙也是一块高地，是在阿尔卑斯山和比利牛斯山之间的一个孤立山体，面积很大，南侧的边缘十分陡峭。但这里并没有封闭入口。罗讷河谷是留给外面的土地的入口——这是从地中海向北的唯一便捷的陆路通道。因此，尽管阿尔卑斯山的高地被敌对的不同部落占据着，但这一可从海上进入的入口被罗马人轻易占领，现代法国所涵盖的整片地区都很快臣服于罗马的统治，也就不足为奇了。

后来，帝国向东北和东方扩张。到了基督教时代开始时，除了通过海洋力量获得的地中海周围的所有土地外，还增加了莱茵河和多瑙河以西和以南的土地；而在东方，小亚细亚和幼发拉底河以西的土地也都属于帝国的统治范围。这就是罗马帝国。在三四百年的时间里，这个罗马帝国统治下的和平时期，在差异极大、范围极广的土地上培育出了一种文明，这些地区没有自然的凝聚力，完全依赖罗马的权力和管理。他们的人民能够维持和平，不把能量花在战争上，而是将他们的位置所带来的优势转化为有用的东西。

这个帝国是由一个权力集中于罗马城的政权建立的。它的凝聚力主要归功于其人民的军事天才和行政天才，而这主要是地理控制的结果。因为拥有这种天才的是一个种族，而不是单个个人，所以罗马帝国并不像马其顿帝国那样只是历史的短暂插曲。它一直强大地存在着，直到公元 5 世纪。然后它被拜占庭帝国传承下去，直到 1453 年君士坦丁堡陷落才倾倒。而从名义上说，罗马帝国一直持续到另一个伟大的亚历山大——拿破仑扫除欧洲的古老传统时①。这也是惯性的力量所在。因为它曾经是如此，所以持续如此。

像其他对世界进行统治的大国一样，罗马帝国也走到了尽头，但它结束的过程几乎和它发展的过程一样缓慢，因为另一种形式的地理控制展现出了巨大的力量。

（1）地中海又长又窄。因此，罗马帝国以这个海的边缘的土地为基础，也是又长又窄，宽度大约是地中海的两倍。在南方，从外围的沙漠到海边充其量只是一个狭窄的边缘，所以，如果我们只考虑地中海北部的土地——这里是帝国的重要组成部分，就会看到长度和宽度更加不成比例。因此，每当维系整体的力量变得不那么有效时，就会有一种自然的趋势，那就是分成两部分。

（2）地中海的东端与西端是很不同的。因为东端距离大洋较为遥远，因为它包含埃及和美索不达米亚的绿洲土地，因为希腊及其岛屿也在这一地区，它在许多方面都与西部截然不同。东西方之间的差异一直都存在，甚至在罗马共和国成为罗马帝国之前，就已经存在这样的差异，而且差异还在历史上一直持续。亚克兴之战、勒班陀之战和纳瓦里诺之战②，这几次战役都发生在希腊西部，这并非偶然，因为西地中海的海上力量与东地中海的海上力量在此相遇。罗马帝国将这两个部分联系在一起，但随着联系的减弱，这两个部分又分离开来。

① 此处指神圣罗马帝国，它于 1806 年在拿破仑的胁迫之下灭亡。——译者注
② 指对欧洲历史进程有重要影响的亚克兴角战役（公元前 31 年）、勒班陀战役（1571 年 10 月 7 日）和纳瓦里诺战役（1827 年 10 月 20 日）。

（3）此外，在地中海南面有撒哈拉沙漠，因此无须担心来自那个方向的进攻；向西和向西北是大洋，早期也不可能有来自那里的进攻，但向东北和向东是巨大的欧亚大陆，罗马只统治大陆的一个边缘。这片土地上可能会有来自敌人的攻击，而且也确实有。政府中心自然应当向东转移，靠近需要防御的边境，以便更容易进行防御。因为罗马城曾经是中心，所以它继续是中心：只是因为它有历史，所以它不会一下子变成一个地方城镇。当君士坦丁在君士坦丁堡建都时，帝国内便出现了两个帝国城市：一个在东部，一个在西部，而这给了分裂的趋势额外的推动力。

（4）最后，罗马的存在归功于它的公民有能力进行防御，但是恰恰因为国家很大，他们距离帝国以外的人的攻击威胁十分遥远，后来的罗马人逐渐失去了他们的防御力量和政府权力。当攻击终于来临的时候，蛮人的队伍放过了较新的、更有活力的城市君士坦丁堡，而古老的罗马却在他们面前倒下。

因此，罗马帝国逐渐分裂为两个部分，其凝聚力越来越小。东部地区继承了经过修正的古老传统达一千年之久，但随着罗马本身的衰落，西部地区远离中央集权的政府，与东部帝国分裂，最终解体成为独立的、往往是彼此对立的诸多单元。

此后，地理条件以不同于以往的方式控制历史，因为要控制的东西是不同的。

之后的几百年中，意大利处于海陆强国之间，但自身已经不再具备强大的海陆力量，一直都是历史的猎物。时而在一个大国的股掌之中，时而又被东方帝国拜占庭夺回，有时候是全部夺回，有时候是夺回一部分，只要有航海者可以立足，有陆地人可以定居。意大利北方一直处于哥特人、伦巴第人和其他日耳曼人的撕扯之间，南方则被汪达尔人、撒拉逊人和拜占庭人争来抢去。没有统一的历史，这一点并不奇怪，因为高地和低地的多样性是它的优势所在，也始终诱发着瓦解的趋势，甚至在最近九十年中，被撕裂的各个部分也始终竞争敌对不断，这一直是意大利最值得注意的特点。

而帝国本身所包括的多样化的高地和低地也同样继续控制着历史。这些单元一直持续存在，中世纪的历史不过是这些单元的排列重组、再重组、再再重组的历史，这些单元一直都在努力实现类似现代欧洲这种差不多可以算是永久持续的平衡状态。罗马帝国或直接或间接地刺激了很多地理单元。它们被引导去面对世界；每个都被文明化了，但方式不同。而中世纪的历史之所以令人困惑，只是因为它主要是这些相互猜忌的小单元试图结合为稳定形式的历史。在西欧，这些单元恰好又小又多，因为低地和高地都是相对较小的地区，这些区域的居民又彼此猜忌。

但不能忘记历史惯性的重要性。因为历史与人的思想有关，思想一直是创造历史的一种力量。由于环境的原因，罗马成了一个帝国。罗马人的伟大发现是，良好的中央集权政府可以节约能量，帝国的理念和政府管理的方法成了一种完美典型留在了人们的思想中，在帮助松散的单位结合方面产生了非凡的效果。

因为另一个事实，这个理念重要性进一步凸显。由于罗马城的古老威望，以及这种帝国的理念，罗马主教所拥有的权力是其他城市所不能比拟的。当世俗政权被摧毁时，教会力量仍然存在，并且因为没有世俗政权与之冲突而愈加强大。甚至在地方行省完全消失时，与其统辖同领域的教会省份会继续存在。因此，基督教的传播是在罗马帝国西部的土地上，而不是在东部的土地上，而且这是从根本上属于罗马的特殊类型的基督教。

在不同的地理单元所导致的自然差异的基础之上，帝国与教会二者的理想联姻的交互作用，是造就罗马沦陷之后的历史的主因。

GEOGRAPHY

AND

WORLD
POWER

迄今为止的历史进程，其主要特点都可归结为两个地理因素对人类的控制和刺激，这两个因素便是沙漠和海洋，它们都对组织处于简单层级的社区起到了保护作用，也使这些社区最初没有任何强有力的联系。其他控制因素我们也有提及，但它们只是对这两项更大控制因素的作用的修正。在沙漠的周围恰好有肥沃的土地，在海洋的周围恰好有岛屿，早期文明都是基于这样的事实。其他社区与这些早期社区存在着联系，所以它们的出现也都或多或少地归功于同样的地理条件，而且由于它们靠近原始社区，所以必然也离沙漠和大海不远。

这些社区既不在几乎没有令人进步的刺激的赤道地区，也不在较冷的北方——那里的气候带来的困难，原始人单枪匹马是无法成功克服的。这些社区大部分是在地中海沿岸，在可以被人类占领的地方。不过，在地中海东面也有早期的社区，后来罗马帝国使欧洲西部直接接触到当时存在的最高文明。因此，欧洲，而且主要是南欧，几乎不可避免地成为世界历史中最重要的土地，因为这里只有一条沙漠带和一条点缀着岛屿并被半岛分割的海洋带。

我们假定水陆的分布、冷热的分布、雨旱的分布，在整个历史中都和现在一样。如果我们所说的历史时期是指我们所知道的历史时期，这样的假定应该是正确的，但我们有充分的理由认为，从人类开始存在于地球上，事情并不总是像现在这样，而且如果像我们在迦太基人和罗马人的案例中所看到的那样，过去的条件确实影响了后来的历史，那么很显然，史前的地理条件也必然对我们的历史起到了控制作用，即使这些影响已被较近的其他因素的作用所湮灭，但是它们对于了解我们所熟悉的地区在未知条件影响下的结果仍是有益的。

就目前的情况来看，欧洲与亚洲和非洲的关系远比它们任何一方与其他地区的关系都要直接，这一点非常重要。地球仪显示，欧洲、亚洲和非洲形成了一个巨大的平行四边形，欧洲位于亚洲的很大一部分与非洲的很大一部分之间，而我们所讨论过其历史的那些地区如一条对角线一般跨越了欧、亚、非的大片土地。

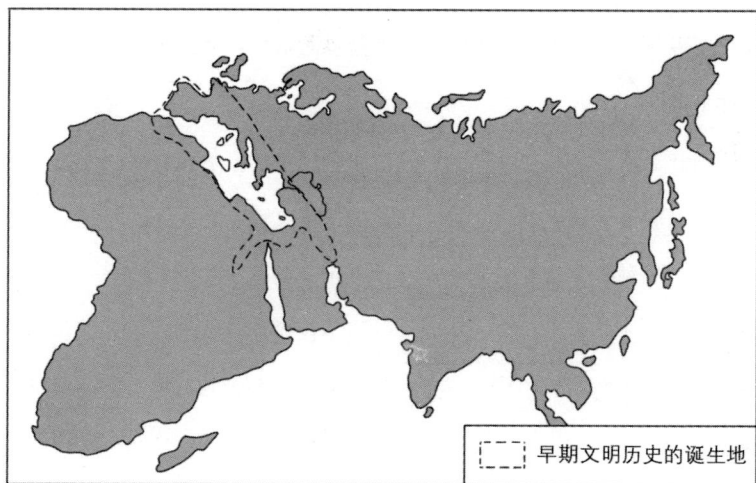

早期文明历史的诞生地

图 7-1　平行四边形的旧大陆

在大陆的斜对角线上以及亚洲和非洲之间，分布着早期文明历史的诞生地。

因此，早期的欧洲文明由于其位置的分布，会受到来自两个方向上的影响——一个来自南边的非洲，一个来自东边的亚洲。

在我们已知的所有历史时期，欧洲和非洲之间不仅有地中海，而且还有撒哈拉：分隔开白人和黑人的，并不是地中海，而是撒哈拉。即使是现在，在最有利的情况下，也需要三个月的时间才能穿越撒哈拉。而它作为一种保护措施所呈现的效果，大家注意以下事实便能意识到：虽然在撒哈拉以南，迁徙不定的部落的活动范围遍及了整个非洲大陆，而在欧亚大陆，也几乎每一寸土地都回响过外来之客的脚步声，他们在前行寻找新的家园时进行征服，但是穿越撒哈拉的，却只有和平时期的个人，而没有任何有影响力的团体势力穿越撒哈拉，无论是为了战争还是在和平期间。

因此，在整个历史时期，非洲对欧洲历史的影响相对较小。撒哈拉以南的民族由于缺乏刺激而处于自然的低等文明状态，无法跨越撒哈拉这个巨大的屏障，从而也无法产生他们唯一可以产生的影响——摧毁在撒哈拉北方已经成长起来的文明。沙漠不仅是埃及抵御攻击的保护，也为地中海文明的所有土地——腓尼基、希腊、迦太基和罗马——提供了保护。

至于亚洲，正如我们即将看到的那样，其情况有所不同，特别是在历史上。亚洲与欧洲之间没有不可逾越的屏障，亚洲的居民能够进入欧洲，当然不是没有困难，但这一壮举是可能的，而且已经完成了。

不过，在史前时代，在人类刚出现在地球上之后，情况很可能有些不同。可能欧洲北部比现在更冷，在大不列颠和爱尔兰、挪威和瑞典、俄罗斯和德国北部，以及这些地区之间的所有海域，长期覆盖着大量的冰层。在这个冰盖的南面和东面是一个巨大的海洋，里海和咸海现在是那个海的残余部分。南边的环境我们还不太清楚。撒哈拉沙漠很可能不像现在这样是一片完全的沙漠，而是拥有比较潮湿的气候。还有一些证据表明，当时在非洲和欧洲之间的地中海并不是如今这么严重的障碍，可能大陆连接的地方更多。因此，一方面，欧洲与非洲的直接联系更多，而与亚洲的直接联系则比现在少；另一方面，欧洲北部对早期人类来说甚至比后来的时代更不适合居住。

　　不管是什么原因，几乎可以肯定的是，在史前早期，同一种族的人在从热带非洲向北的所有土地上游荡，但他们与来自亚洲的人几乎没有任何关系。在北方，由于生活比较艰苦，游荡的人比较少。但是，关于这个时代，没有人类记录；没有历史，也几乎不可能去探寻。控制人的思想和行动并刺激着人去进步的因素是缺失的，进步的可能性在很大程度上也是缺乏的。① 在沙漠出现以前，还谈不上有真正的历史。

　　当现代气候条件开始出现时，居住在欧洲和非洲的这些大体属于同一人种的人类，就被三个障碍分隔开了，或许这三个障碍只是同一现象的不同表现形式：

---

① 这一点还需商榷。在漫长的史前时期里人类仍然有进步，在某些情况下，进步似乎都归因于在气候变坏的刺激下，人类只有尽力去适应新的情况。——原书注

（1）来自亚洲的通道不知不觉变得更加开阔，而生活在小亚细亚高原、巴尔干半岛和阿尔卑斯山高地的种族像楔子一样插在了两边的低地人中间。

（2）地中海造成的障碍变得比从前严重。

（3）撒哈拉的沙漠条件变得更加明显，而最大的障碍也因此确立。

这三道屏障将原始种族分为四组人，他们受到气候和其他地理因素的影响，为了适应环境他们逐渐改变，特征最终固定下来。

（1）北方是条顿人，起初人数相对较少，而且皮肤白皙，不会因为过度暴露于太阳光线下而变黑。

（2）阿尔卑斯山高地南部是一个种族，在蔚蓝的天空和美丽的自然环境影响下，这个种族形成了对形式和色彩的精致品位，因而与众不同。

（3）被锁在地中海和沙漠之间的是柏柏尔人和埃及人，柏柏尔人在艰苦的条件下几乎无法发展，而埃及人对每年河水涨落节奏的刺激有着积极的反应。

（4）撒哈拉以南是黑人，黑色皮肤，能够承受强大的太阳光线刺激。

关于撒哈拉沙漠以南的大片土地，我们将在后面讲到。关于撒哈拉和阿尔卑斯山之间的土地，前文已经讨论过。现在，我们必须看一看阿尔卑斯山以北的土地。

随着气候条件的变化，不仅非洲南部成为一块独立的土地，而且欧洲也向亚洲敞开，开始受到亚洲影响。

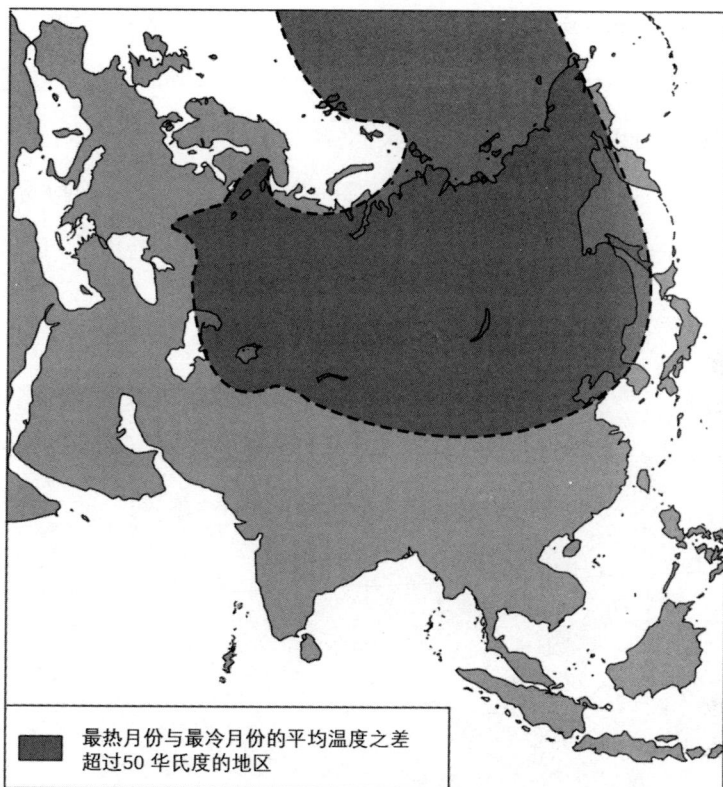

图 7-2 极端气温的地区

　　欧亚地图显示，沿其东部、南部和西部边界有一条巨大的带状高地。这一带状高地将海洋与陆地隔绝开。在高地带之内，除了冰冻的北方之外，是一个基本上呈三角形的大平原，几乎没有高于海平面 600 英尺的地方。这就是世界上最大的平原。前文我们讨论过高地和低地的本质区别，并看到在西欧，特征的多样性对历史产生了影响。这里需要注意的是，在这片广袤的地区，地理条件是相同的。请注意这些条件是什么。这片平原远离大海。不仅远离，而且有一条高地带相隔。因此，从海上吹来的风在到达这里之前就已经失去了大部分的水分，在这里的整个地区，降雨量都很少，除了草以外，其他植被几乎不可能生长，所以这里成了一片大草原。远离海洋还有另一个结果，空气中稀薄的水分既不足以在太阳照射时调节热量，也不能在太阳落下后保持热量，因此，整个地区的气候都是极端的。

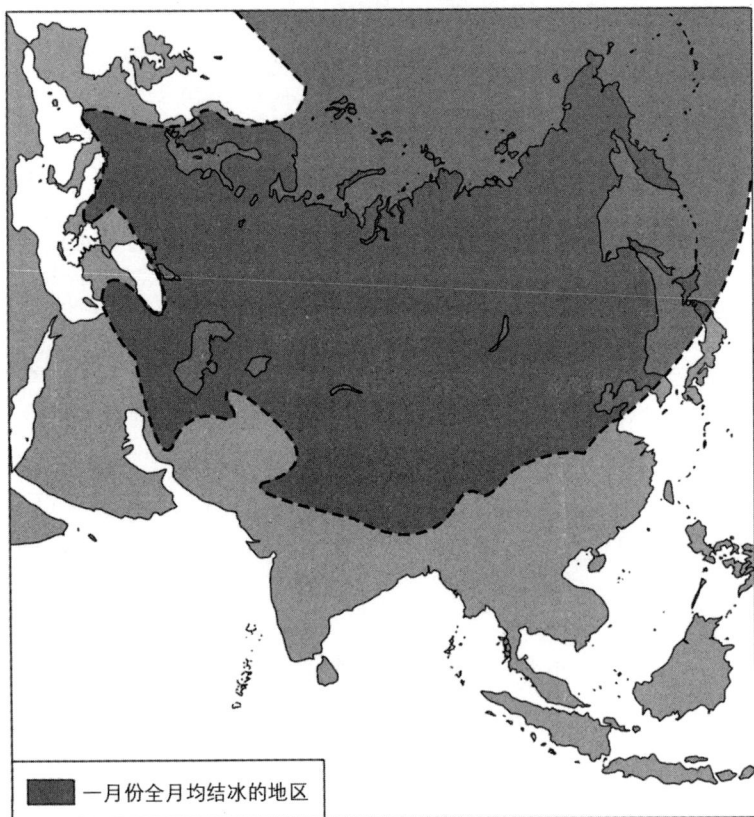

图7-3 寒冷地区

一月份全月均结冰的地区

这些条件从五个方面影响了平原上的居民。

（1）有规律的季节变化促生了一些能产生进步的刺激。由于炎热的夏天与寒冷的冬天交替，人要想生存下去，就不能像赤道平原上的人那种野蛮状态，他们必须坚韧、勇敢，必须有一定的身体耐力。

（2）由于土地面积广袤而平坦，既没有像沙漠给埃及人或沼泽给巴比伦人那样的天然防御，也没有像罗马人那样拥有便于防御的自然地理位置。这些人必须保护自己。气候条件很恶劣，如果任由个人或家庭自生自灭，几乎肯定会灭亡。为了抵御敌人和气候条件，必须有某种组织。因此，这些人在部落中生活，至今依然。

（3）由于草是主要作物，且在大多数地区是唯一能产出的植物，很明显，这些部落不能直接靠土地上生长的东西生活，他们必须能够以更集中的形式使用能量。他们必须以动物和动物生产的东西为生。因此，这些人过去是现在也仍然是牧羊人、牧牛人和牧马人，以黄油、牛奶和肉为生。

（4）因此，当一个地方稀疏的牧草被耗尽或被强风吹来的沙子破坏时，人们就不得不转移到另一个地方。在陆地上移动存在着天然的困难，主要是由摩擦力造成的困难，而这一困难被一种更大的力量克服了，这便是对生命的渴望。而且，某个地方的防御措施并不比其他地方更多，所以并没有诱因使人留在一个地方，而部落应该不断移动的理由则是非常充分的，因此，游牧精神，流浪精神，成为他们存在的一部分。

（5）同样，由于他们在早期只能依靠自己保护自己，没有其他的凭仗，所以他们不得不消灭所有被他们战胜的对手，因为他们确信，如果胜负是相反的，他们自己也会被消灭。因此，他们是一个残酷的种族。

不论是在日益干燥的环境的驱赶下，还是仅仅因为他们自身天生的躁动，这些居住在中央平原的人在所有的历史时期都对边缘地区或多或少的定居者产生了干扰，而且总是一次又一次地从山缘之外出现，推翻原有的文明，却不建立新文明，破坏原有的，而不创造新的。我们已经看到亚述帝国在北方部落的入侵下渐渐被削弱，不久后就彻底衰落。我们所能看到的这些来自山外的游牧民族进入东部土地的痕迹甚至时间比这更早，而早期的希腊文明也曾一度被来自北方的入侵者击垮。无论如何，可以肯定的是，当我们对世界历史中的真实事件了解得更为透彻时，这些迁徙的部落对历史的影响会变得越来越清晰。

正如我们所看到的，在史前时代，欧洲与亚洲在相当程度上是分离的。因此，平原并不是一个，而是两个。[①]

在那些遥远的时代，很难说居住在这两个区域的民族所处的自然条件，都有助于把他们塑造成草原民族，不过至少他们属于不同的种族。因此，来自平原的入侵者有两种——居住在欧洲北部长络腮胡的条顿人，以及居住在亚洲平原上没有络腮胡的鞑靼人和蒙古人。这种种族差异是与其他由地理原因造成的差异相对应的。事实是，欧洲那一部分平原上的人比东半部的人更容易接触到文明的影响。前文已述，由于自然条件的结果，欧洲南部是文明的，而由于我们稍后将讨论的原因，亚洲

---

① 指东欧平原和西西伯利亚平原。

南部并没有这样程度的文明。亚洲的高原地带比欧洲的高原地带要宽得多，对人或思想的流动构成了更大的障碍，因此，亚洲那一部分的平原与其他文明中心的隔绝更加严重。东部的气候条件也比西部更严苛。由于亚洲的面积比欧洲大得多，而且与大海的距离也远得多，所以其中心地区的温度更加极端。亚洲高原的宽度和高度也使到达中心平原的雨量很少，而且由于与海洋——特别是与西部海洋——的距离很远，这里的降雨量比欧洲小。

因此，欧洲平原居民虽然是野蛮人，但与亚洲的平原居民相比，他们的文明程度要高得多，或者说，不文明程度较低。后者有平原居民的特征，只是发展十分落后；他们对土地的依恋程度要更深一些，不太愿意到处迁徙。可以想象，我们知道的早期人类活动以欧洲人居多。但有可能，在大多数情况下，欧洲人发动的攻击更多是由于亚洲游牧民族在他们身后施加了干扰，而不是由于他们自己拥有不可控制的迁移的欲望。

这些游牧民族的部落人数都不多。虽然出于生存的考虑必须具有某种形式的组织，但是对于一个流动的部落来说，其组织形式也不大可能发展到能够容纳大量的个体而不产生混乱的程度。而较少的人口的一大优势就是赖以生活的牲畜群也比较小，因此更容易找到合适的牧场。但是，尽管所有部落人数可能都很少，通常也会比它所到达地点原有的定居者的人数要多，后者将被迫离开，反过来去压迫其他人，令对方在他们的攻击面前退却。因此，这些部落游牧的程度越高，他们对定居的民族及其组织所造成的破坏就越大，而他们在历史上留下的痕迹则越少。

他们像一阵旋风一样掠过这片土地，然后消失了。

记住所有这些地理条件所导致的结果，现在来看看历史的细节。

在罗马时代之前，这些民族对文明国家的历史所产生的影响，我们所知不多。我们确实听说过神秘的北方部落，古代所有的文明人，包括亚述人、波斯人和希腊人，都以恐惧的眼光看待这些北方部落。

罗马在鼎盛的几百年中，将野蛮人遏制在河流之外①，但当罗马分裂后，古老的罗马城让位于君士坦丁堡，北方部落侵入了所有效忠于罗马统治的土地，部分是迫于纯粹的野蛮人的压力，部分是受掳掠的野心所驱使。

自然而然，日耳曼人部落首先出现——卡蒂人和阿勒曼尼人、哥特人和汪达尔人②：正是这些部落的入侵最终瓦解了罗马在西部的力量。他们在罗马帝国的土地上建立起各自的王国，起初还在名义上效忠于罗马首脑，但是将帝国维系在一起的纽带却逐渐废弛了。

在3世纪，法兰克人部落到来，给意大利和西班牙带来了一段时间的动荡，但很快消失于诸多民族之中。这些先来的人是否受到了来自平原的巨大压力的影响，我们只能猜测，但可以确定，4世纪末，一个世纪前出现在多瑙河下游的哥特人开始困扰法兰克人、日耳曼人和

---

① 指作为罗马帝国北部疆界的莱茵河与多瑙河。

② 日耳曼人、凯尔特人和斯拉夫人被罗马人称作三大蛮族，日耳曼人这个叫法是非常笼统的，包括非常多部族，文中所提均为不同的日耳曼部族，此外，勃艮第人、法兰克人、条顿人、盎格鲁人、朱特人、维斯比人等在欧洲历史上影响很大的民族也都是日耳曼人或其后裔。——译者注

罗马人，然后他们自己又被更可怕的匈奴人所困扰。5世纪初，阿拉里克统治下的哥特人以维护法律和秩序的名义入侵意大利，罗马被洗劫一空。然而，阿拉里克死后，人们仍然敬畏罗马的权力，他的继任者便撤退到高卢南部和西班牙北部，建立了一个将持续三百年的王国，只要罗马这座帝王之城中依然有一丝半点的权威力量，他们就承认罗马的权威。

5世纪中叶，以"上帝之鞭"阿提拉为首领的匈人也从东方来了，并深入到远及现在法国中部的地方，然后在世界最伟大的战役之一——沙隆之战中被遏住脚步。

二十五年后，又有一拨哥特人从东方而来，在意大利罗马政权的废墟上建立了自己的王国。[①]

6世纪时，斯拉夫民族出现在东罗马帝国[②]的边界上，并分散居住在北及波罗的海的所有土地上。当阿瓦尔人——帝国领土上最危险的入侵者和掠夺者——从遥远的地方出现时，斯拉夫人已经不怎么活跃。多瑙河上的日耳曼人定居点受到阿瓦尔人的遏制，历史上被称为伦巴第人的部落也被赶出了家园。他们不得不入侵意大利，在那里建立了一个王国，并用自己民族的名字命名了阿尔卑斯山和亚平宁山脉北部之间的平原——伦巴第平原。阿瓦尔人还占领了匈牙利平原，占领匈牙利平原的阿瓦尔人也在那里建立了一个一直持续到9世纪的王国。像楔子一样

---

① 奥多亚塞王国名义上隶属于东罗马帝国，但实际上它是独立的。——原书注
② 本书中一般将拜占庭帝国称作东罗马帝国。——译者注

隔开了北方的斯拉夫人和南方的斯拉夫人。南方的斯拉夫人迁徙到多瑙河以南罗马境内，事实上成了帝国抵御更危险的敌人的一道防线。这是一系列斯拉夫人创立小国家的开始，这些国家在一个更强大的力量统治下，一直维系到今天，现在它们都是独立自由的国家。塞尔维亚、克罗地亚、卡林西亚、达尔马提亚，全都起源于斯拉夫人在 7 世纪时的定居点。

几乎在阿瓦尔人入侵的同时，还有另一个部落的入侵——保加利亚人，他们在多瑙河和希默斯山^①之间的土地上建立了一个王国，这块土地至今仍然叫作保加利亚。从那时起，这片土地上的人民一次次地主张他们的自由，并建立了持续多年的保加利亚王国。但保加利亚人和阿瓦尔人，就像征服英格兰的诺曼人一样，已经与他们最初征服的人融为一体。

在 9 世纪，又发生了一系列的迁徙，这些迁徙起源于遥远的亚洲大草原，对欧洲历史产生了相当大的影响。在 9 世纪末，来自东方的哈扎尔人将大约五十年前定居在伏尔加河地区的佩切涅格人赶走了。佩切涅格人反过来又把另一个东方民族马札尔人赶到更靠西的地方，西方世界再次受到入侵的干扰。像往常一样，这些马札尔人（也就是后来的匈牙利人）的到来是以奇袭为特征的，但在很短的时间内，他们便在喀尔巴阡山脉内的草原"岛屿"建立了一个有组织的政府——匈牙利，马札尔人至今仍在那里，这是一个东方血统的民族，但已经被纳入到旨在实现

---

① 希默斯山：巴尔干山脉的古称。

西方文明理想的民族圈之中。在俄罗斯南部，取代了马扎尔人的佩切涅格人和库曼人直到12世纪都是博斯普鲁斯海峡边的帝国[1]所要顾忌的力量，但现在早已消失了。

在13世纪，整个平原处于一个人的统治之下——伟大的成吉思汗——有三百年的时间，他的继承者都差不多控制着中亚地区，派出的军队去劫掠并征服草原边缘的国家，时间有长有短。13世纪，俄罗斯、波兰和匈牙利被大汗的一位将军击垮。后来，在与大汗几乎同样著名的忽必烈汗的带领下，美索不达米亚被征服了。14世纪，帖木儿统治了亚洲的大部分地区，16世纪，他的一个后代侵入印度，建立了大莫卧儿王国。

最后，突厥人登场，他们是通过小亚细亚的大草原，而不是从乌拉尔山和里海之间的通道到来的。[2] 到11世纪中叶，他们已经控制了整个地区，并在短短几年内，即征服者威廉的时代，在南方又增加了相当大的一片土地，耶路撒冷也被他们纳入版图。这导致十字军东征于此时开始。但在其他方面，直到很晚他们才影响到欧洲的政体。早期的统治者塞尔柱突厥人的力量，实际上在13世纪因为蒙古人对其东部前线的袭击而实力大减，奥斯曼土耳其人崛起，最初他们效命于塞尔柱人，对抗蒙古人，然后将整个权力据为己有，之后，土耳其人继续向欧洲推进。尽管到了14世纪中叶，土耳其在欧洲的大部分地区都落入了奥斯曼土

---

① 即拜占庭。——译者注

② 这次移动可能是由那些在造成马扎尔人入侵方面起过作用的可萨人引起的。——原书注

耳其的手中，但直到一个世纪后的 1453 年，君士坦丁堡才最终被占领，罗马帝国也最终走向了灭亡。在 16 世纪，甚至匈牙利也在土耳其的统治之下，直到 17 世纪末，才再次获得自由。

由此，我们看到，平原民族的出现扰乱边缘地区的定居者，这一现象不断重演，不仅在欧洲，而且在西亚、印度和中国都是。从史前时代到我们这个时代的这几百年，平原上的游牧民族对于平原边缘的民族的固定环境而言，充当的是一种溶剂的作用。用化学来比喻的话，可以说是一个结晶的过程被延缓了。已经开始成形的晶体被消解，但在一段时间后，又总能形成新的晶体，其规模比以前还要大。越来越多的地理单元被拥有固定政府的固定民族占据了。远离平原的埃及几乎没有受到游牧民族的影响。但正如我们所看到的，亚述、希腊和罗马，越来越多的地区都被迫恐惧地注视着北部边界的山脉，从这些山脉的隘口处会出现一些被山脉另一边的草原环境迫使着转移而来的民族。罗马帝国比早期其他国家更容易受到这些部落的入侵，因为罗马边界已经越过了欧洲南部的山脉，到了山脉北面和东面，所以它的边界比之前的帝国的边界更容易受到攻击。因此，罗马后来的历史与平原民族的历史有着更密切的联系，在西欧地区一些稳定的国家形成后的几百年里，东方依然是对来自草原的力量开放着的，东罗马帝国与西罗马帝国一样，最终被草原民族的入侵所推翻。

因此，这些民族对世界历史的影响是明显的。同样明显的是，多种地理条件促成了这种影响。我们现在要看看这些地区有没有过真正的进步，有没有过真正的对能量的节约。当然有一些能量是浪费的。罗马帝国伟大的"持续发展"在很大程度上被破坏了。是否有任何补偿性的好处呢？罗马帝国大部分地区的覆灭到底是绝对的浪费，还是对过时的旧机器必须进行的报废，以便让更好的新机器取而代之呢？

进步体现为三种形式。

（1）亚洲的野蛮人和西方的野蛮人都很勇敢坚忍。早期的大多数民族——埃及人、巴比伦人、希腊人、罗马人、腓尼基人——都生活在比较轻松的地理条件下，但恰恰因为平原地区艰苦的地理条件——艰苦是因为平原位于靠北的地方，自然能量较少——平原的民族比南方的民族在更大程度上拥有某些往往会带来更大进步的品质。要对抗日常的气候和贫瘠的土壤以及人类敌人，个人的勇气是必要的，总的来说，北方民族在勇敢方面远胜过 2 世纪以后意大利的统治者们。后者早就忘记了个人勇气对一个国家的稳定是多么重要。

（2）在条顿民族中，这种个人主义还表现在其他方面。个体的主动性是必要的，但它在一定程度上要服从于整体的利益。在后世，这两种思想的结合在封建制度的发展中得到了体现；而早期的地理条件有利于他们独有的精神态度的发展，这种精神态度既像希腊人那样渴望个人自由，又像罗马人那样有着有序的统治。这种个人主义也明显体现在其他能促使进步的道德品质上。对家庭的爱，以及由这种爱所产生的所有美德，在欧洲北部比在南部更盛行。

（3）亚洲野蛮人的入侵，尽管具有破坏性，但也产生了别的效果，带来了巨大的物质进步。他们使西方民族对世界有了更广泛的认识。这些入侵在西方国家的头脑中打下了这样的烙印：世界远远不仅地中海地区。事实上，旅行者们到达了中国，并回来讲述那里的传奇。世界事务变得非常重要，由此而来的是可以利用的能量也大为增加。而且，说入侵的部落扩大了西方的视野，非常显著地影响了一系列新条件的形成，从而最终引发了哥伦布及其追随者的发现，这种说法也并不过分。

GEOGRAPHY

AND

WORLD

POWER

第八章

绿洲：伊斯兰教

在上一章中，我们看到了大平原是如何影响历史进程的。还有另一片草原，没有那么大，但面积仍然很大。它也影响了历史的进程，但由于地理条件的不同，它对历史的影响和大平原不同。在大平原，只有相对很小的地区是沙漠，而相当多的地方条件比草原还好一些。而在阿拉伯，则是大片的沙漠，沙漠以外几乎都是草原。

阿拉伯的长度约为 1500 英里，相当于从伦敦到高加索的距离；宽度约为长度的一半。它不全是沙漠，有很大一部分是干燥的草原。在内部，有一片片的绿洲，基本上都很肥沃，不过这些地方已经逐渐变成了彻底的沙漠。

干燥的草原绿洲是真正的阿拉伯，是阿拉伯人的土地。由于地理条件，出现了几个结果。

由于这里是一片草原，其人民往往是游牧者，但是：

（1）这里比亚洲的草原更干燥，即使相同大小的地区能养活的人也会更少。

（2）由于其中有绿洲，所以一些人往往会定居于绿洲之中。

（3）如此，就出现两个不同的类别——游牧者和绿洲居民。后者的数量往往很少，不足以凭借自身力量产生任何影响，而权力往往落入主宰着绿洲之间的大草原的游牧者手中。而他们对某些绿洲有一些依赖，

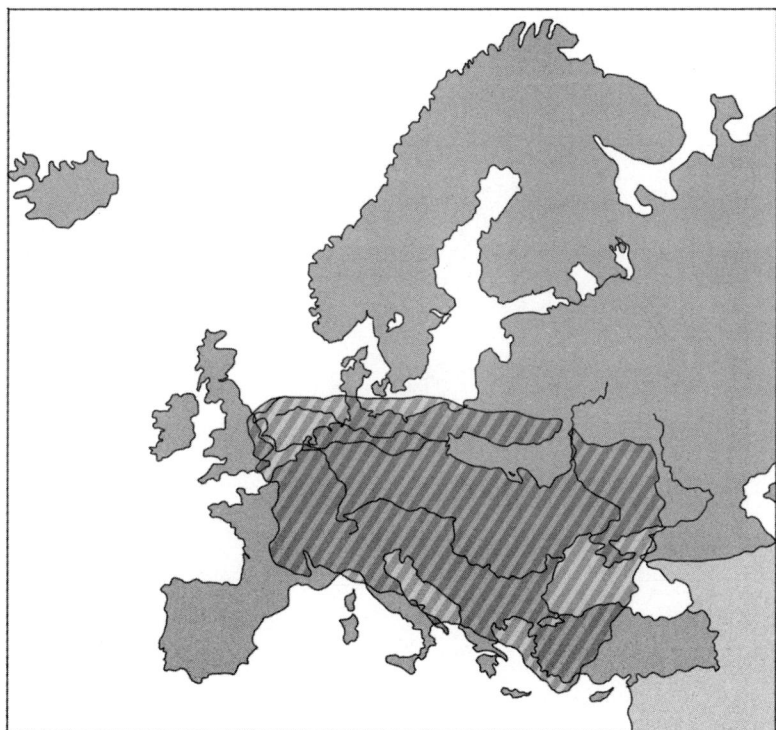

图 8-1 欧洲与阿拉伯地区的面积比较

所以，与纯粹的游牧民族相比，阿拉伯的草原居民更容易被束缚在一个地方。所以，在阿拉伯往往会出现一些短暂的小国势力，统治着几个绿洲和绿洲中间的大草原。

（4）此外，由于草原实际上是被沙漠和海洋包围着的，在初期，沙漠和海洋都是不可逾越的，因此，阿拉伯的居民形成了一个独立的民族。他们一方面受自然条件的保护，避免了被征服，另一方面又很少能

够对外部民族产生任何重大影响。他们更没有能力干涉外部事务，因为
兴起的草原势力都规模很小，也没有什么凝聚力。

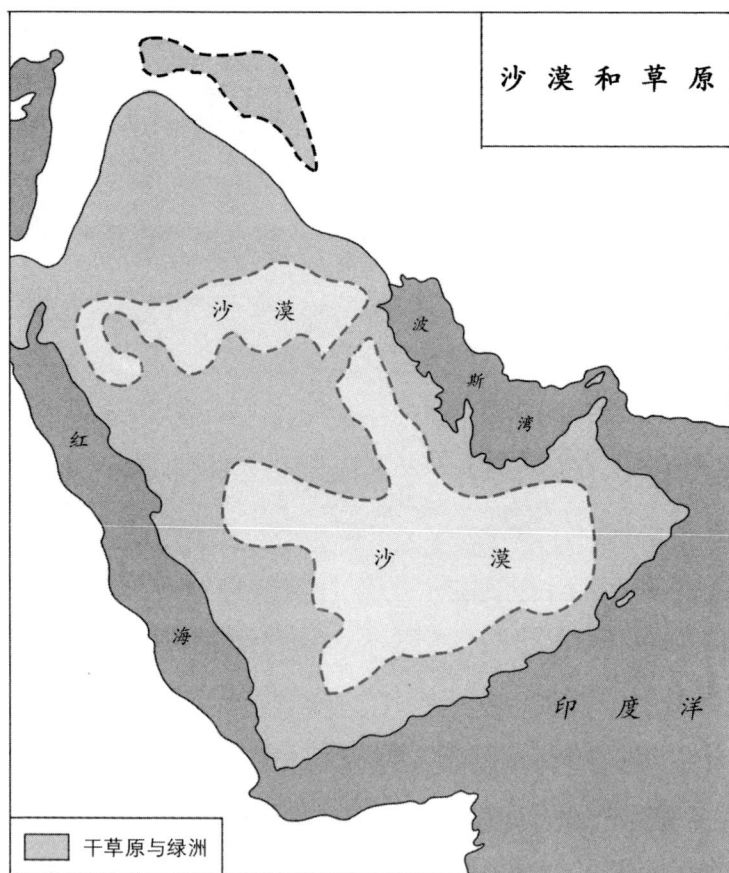

图 8-2　阿拉伯半岛的沙漠和草原

　　因此，虽然中央大平原的居民在许多个世纪都不断地发挥着影响，
但更靠近埃及和巴勒斯坦、巴比伦和希腊的阿拉伯居民却直到历史的后

期才对世界历史产生巨大的影响，这并不足为奇。虽然同样有向周围邻近土地蔓延的趋势，但这种迁移是不稳定的，而且也始终都不怎么值得注意。

不过，现在的问题来了："为什么阿拉伯人最终影响了历史呢？"要回答这个问题，我们必须考虑地理条件的另一种作用方式。我们已经看到，人们可能会进步，也可能会落后，这是由于影响人身体的地理条件对人的精神思想也产生了影响。我们已经看到，沙漠为古埃及人和巴比伦人的物质繁荣提供了保护，最终诱发了他们信任这种保护的精神状态。希腊人的地理条件，以及他们相互独立的城邦数量之多，对他们的思想也产生了影响，将他们塑造为政治家。

同样，物质条件也直接影响了阿拉伯人的思想。从一个绿洲到另一个绿洲，缓慢地穿过草原和沙漠，风景一成不变，走上很远很远都不会有任何吸引人眼球的东西，这促使人们去冥想。在沙漠面前，他们不约而同地不由自主地感受到自己的无能：绿洲可以被改善，在绿洲付出劳动，绿洲就会回应以更好的收获；但沙漠对任何劳动都没有反应，它无法被征服。在这里，人们感到有一个伟大的沉默的东西，比最伟大的东西还要伟大。整个生活环境的方方面面都在不同程度上迫使人们看到他们不能自由、随心所欲，各种人都有自己的宗教，通过这些宗教来试图去或多或少地模糊地解释他们无法理解的周围的世界，特别是他们自己存在于这个世界上的目的。大多数种族和部落会感到自己受到许多影响，他们有许多事物需要解释，许多事物看上去是没有联系的，因此他们有了许多的神。然而，在沙漠居民身上，沙漠的影响是压倒性的，即使他们也承认许多神灵，但几乎全体的趋势是承认一个最高的神。因此，十分自然，世界上最重要的三个一神教——犹太教、基督教、伊斯兰教——都来自阿拉伯地区或其附近地区，而其中一个宗教的独特教义可以被总结为"你应该"和"你不应该"。他们发现，在某些方向上，进步是不可能的；他们看到，有一些关键能解开生命的奥秘；他们看到，人的能量要以某些方式来管理，否则就会白白损失，而管理能量使用的头脑必然接受了这种人生观的教育。

我们不能认为所有人都强烈地坚持自己的宗教以至于想让其他人都皈依，那些因为害怕神灵而敬畏神灵的野蛮人并不会推广他们的宗教。但是，随着他们看到有些事情不应该做，因为它们是错误的——因为从长远来看，这些事情是浪费能量；随着他们看到有些事情应该做，因为它们是正确的——因为从长远来看，这些事情可以节约能量；随着他们渐渐意识到生命的意义，他们就越来越渴望使人皈依，使其他人接受他们的思想。这种观念在野蛮民族中几乎看不到，尽管他们打了无数场战争，但宗教战争却十分少见。然而，随着时代的推移，宗教战争和宗教纠纷也日益增多。这看起来像是一种倒退，但其实并非如此，因为事实上这是人类认识进步的一个过程（尽管这种认识本身是模糊不清的），这说明人生有了目标，而且运作能量比能量本身具有更大的价值。

那么，我们就会明白，为什么高级宗教会有很多人皈依，而低级宗教却很少，特别是，为什么阿拉伯人在穆罕默德的教导下意识到他们所知道的东西时，会想去让整个世界都皈依。

我们现在已经看到，为什么阿拉伯人是一个独立的民族，为什么他们会有一个一神论的宗教，为什么他们会因为传播这种宗教，并顺便但也是必然地传播他们自身世俗的力量而与众不同。这些都是地理条件作用的结果。我们现在必须确切地讨论一下他们在多大程度上实现了目标。

现在，必须注意到做出这一尝试的时间，以及做出这一尝试的世界形势。阿拉伯人未能使世界穆斯林化，部分原因是地理上的惯性——也就是地理导致的已经产生的固化条件，部分原因是始终存在的自然地理条件。我们已经看到，巴勒斯坦的重要性在于它在埃及和巴比伦之间的位置，因此，它自然具有一种可以被形容为"半东方"的特征。但是，由于它濒临海洋——当时人们心中的"大海"——自从它有了历史，它就一直既向东看，也向西看。在早期，腓尼基人带着巴勒斯坦的航海家到了遥远的西方，它进入了希腊的征服圈，当地人在很大程度上接受了希腊语言，当基督教出现时，不仅圣书是用希腊文写的，而且这块土地本身也是西方大帝国罗马的一部分。

因此，基督教如果要传播，自然是在罗马帝国内传播，这主要是因为在罗马帝国境内，罗马主教曾经是教会的公认领袖，事实上，其地位就相当于东罗马帝国在君士坦丁堡的牧首。不过，基督教的一支曾向东方和南方扩散，向东到达了美索不达米亚、波斯，甚至跨越平原到了中国，向南到阿比西尼亚、印度和锡兰①。在阿比西尼亚和马拉巴尔②，至

---

① 锡兰：斯里兰卡的旧称。

② 马拉巴尔：印度西南部沿海地区，囊括今喀拉拉邦的大部分以及卡纳塔克邦的沿海地区。

今仍有一种独特的基督教存在。但罗马帝国内部的基督教与其他地区的是有区别的。帝国内部的教会的管理效仿帝国本身的政府模式，在罗马国家只剩名义上的存在之后，罗马教会仍然保持着强大的力量。除了叙利亚和埃及等边境地区以外，那里对教会和国家的忠诚度比较低，帝国各地的基督教一直是一个统一的整体。帝国以外地区的基督教与帝国内的基督教是对立的，它在当地是异端，没有获得一个部落的所有成员的支持：它只是一个传教的教会，由于这个原因，以及由于环境的自然差异，教会不断分裂，发生改变，力量被削弱，整体上说它成了一个十分脆弱的东西。因此，曾经属于罗马的土地抵抗住了伊斯兰教的力量，其他土地则向它屈服。

在这一时期，地理惯性影响历史的还有另一种方式。基督教的存在可能在某种程度上影响了穆罕默德的思想，使他意识到生命的意义，他受此驱使，开始了他的使命。不过这其实只是点燃易燃物的火柴，不仅首领者如此，他的追随者同样。在漫长的岁月中，他们的思想受着沙漠的教导，这令他们准备好去接受穆罕默德教义的影响，如果不是这样的话，他们的接受程度便不会和历史上发生的一样。我们还必须注意到，阿拉伯——真正的阿拉伯——受到自然的严密保护，不受外界影响，以至于渗透到这里的基督教只有非常低劣的形式。就比方说，马拉巴尔的基督教之所以能持续很长时间，是因为尽管它可能被其新家园的条件改变了，但它比周围地区所有形式的宗教都要高级。穆罕默德创立的新宗教比起其他所有一开始可以与之相提并论的宗教都要优越。

现在，我们必须区分开伊斯兰教的传播和阿拉伯人的征服。阿拉伯人所征服的土地——尽管很大——比伊斯兰教所覆盖的范围要小。穆罕默德的教义去传播唯一真主的知识的渴望，要求生命一定要被用于最好的目的——穆罕默德的教义给阿拉伯人带来了动力，刺激他们征服。当阿拉伯人达到征服的最终极限后，伊斯兰教却仍在继续传播，甚至在那些反过来征服了阿拉伯人的人中间传播。我们首先要讨论的不是伊斯兰教的传播，而是阿拉伯人的征服。

南欧的居民顶住了阿拉伯人的征服，因为他们是有组织的基督徒；在东方，基督教没有组织，对阿拉伯人的进攻几乎没有抵抗力。这些结果是由以前的政治条件和地理惯性造成的。然而，在西南方向，阿拉伯人的征服是由一个纯粹的地理条件决定的，即沙漠的存在，没有人能够通过。阿拉伯人只在非洲的北部边缘获得了政治控制，他们在当地被称作撒拉逊人。

阿拉伯人征服了东方和西方两个方向，而且过程异常迅速。这些土地是草原，有的干燥，有的潮湿，阿拉伯人有条件像他们已习惯的那样移动。动物负载着阿拉伯人和他们的行李，包括食物，他们习惯草原的相似性，在草原上，一个地方和另一个地方没有什么区别，他们没有束缚，可以迅速移动。阿拉伯人最初占领的土地只受到地理条件和过去的历史的影响。

现在来看看历史事实。在 7 世纪的前三十年里，阿拉伯在穆罕默德的领导下实现了统一。在接下来的二十年里，撒拉逊人征服了埃及、叙利亚、美索不达米亚、波斯、图兰，甚至印度的一小部分地区，并使之皈依伊斯兰教。然后，出现了一个阻碍。与叙利亚不同，小亚细亚已被彻底基督教化，并在拜占庭帝国的控制之下，因此，撒拉逊人的统治从未能在托罗斯山脉西北站稳脚跟。此外，阿拉伯人基本上都是陆地居民，从陆路进攻非洲北部的国家或再深入非洲都是很困难的，特别是拜占庭帝国仍然有一支舰队，可以给其遥远的殖民地提供一些援助。然而，撒拉逊人已经控制了腓尼基和埃及，这里是航海者的培养基地，又过了五十年，在8世纪初，在海军远征的帮助下，北非海岸被纳入穆罕默德的继承者的权威之下。撒拉逊人甚至越过了直布罗陀海峡，并在几年内征服了整个西班牙——离罗马中央统治最远的土地，但有一个地方未被征服，基督教徒仍然坚守着西北部山区。

统治权是用了一百多年的时间建立起来的。阿拉伯是这片领土统治权的摇篮，但像其他摇篮一样，阿拉伯半岛的环境并不具备崛起的政权所需要的条件，大马士革和巴格达相继被选为统治中心。由于北边存在基督教国家而南面是撒哈拉沙漠，阿拉伯统治的这片地区又长又窄。所有又长又窄的国家都难以从一个中心进行治理，埃及和罗马帝国都是如此。如果统治地不在中心位置，困难就会更加多。因此，撒拉逊人的这一片领土自然而然地会分成两部分，由各自的哈里发 ① 领导，哈里发主张自己是穆罕默德的合法继承人和所有撒拉逊土地的统治者。这种分裂以8世纪中期西班牙正式与其他国家分裂为标志。大约在同一时间，出于同样的原因，非洲北岸的西半部柏柏里 ②，也因与统治中心相隔甚远，

---

① 哈里发是伊斯兰政治、宗教领袖的称谓。

② 柏柏里：北非地中海沿岸地区，范围从埃及延伸至大西洋。包括摩洛哥、阿尔及利亚、突尼斯和利比亚。

获得了实际上的独立，不过在宗教上仍然是信仰伊斯兰教的。在不到一百五十年后，阿拉伯与非洲的其他领地一起独立，形成了第三个哈里发，名义上也曾一度包括柏柏里海岸的国家。西班牙、柏柏里、埃及和其余地区的东方哈里发，四个独立的部分由此开始有了独立的历史，它们被联系在一起，与其说是因为它们都曾被撒拉逊人征服，还不如说是因为它们有同一种信仰。即使是征服他们的撒拉逊人也并非都是同一种族，而是包括许多在以前的征服中被卷进队伍的人。地理条件的自然差异加剧了冲突，并诱发了宗教认同所无法弥合的敌意。

在西班牙，西方哈里发国家的强大势力维持到 11 世纪初，然后分裂成无数的小王国，随着北方基督教国家不断向这里推进，哈里发渐渐失去了领地，只剩下南方山区中的格拉纳达王国。到了最后，15 世纪末，这个王国也被征服了，伊比利亚半岛完全处于基督教的统治之下。

在东方哈里发国家，巴格达低地上的撒拉逊统治者势力渐渐衰弱，对名义上在他们统治下的各种土地实施了各种不同的控制策略，公元800 年左右，他们不得不越来越依靠土耳其人的雇佣兵队伍来掌控不断叛乱的土地。于是，世俗权力自然而然地从撒拉逊人的手中转移到了土耳其人手中，虽然直到 13 世纪中叶，位于巴格达的撒拉逊哈里发才被蒙古人彻底消灭，但真正的控制权早就越来越多地由顶着不同官衔的土耳其总督行使，并且在伊朗高原上，已经建立起了独立的土耳其政权。前文交代过，这些土耳其人本来来自平原。他们是不信基督教的异教徒，顶多是信仰不被正统认可的异端基督教。接触到伊斯兰教后，他们接受了新的宗教。因此，撒拉逊统治的覆灭并不是伊斯兰教派势力的覆灭，而是一种延伸，因为从来不属于撒拉逊人的小亚细亚逐渐变成了土耳其人的，并信仰了伊斯兰教，而进入印度的土耳其势力在那里建立的伊斯兰教国家比撒拉逊人的国家维持的时间更久。

在地中海不再是罗马的内湖之后，信仰伊斯兰教的北非和阿拉伯的地区长期都与基督教国家隔绝，没有接触。它们不够强大，无法将世俗力量扩展到撒哈拉沙漠的另一边，但穆罕默德的宗教是沙漠居民的宗教，它逐渐从一个草原传到另一个草原，从一个绿洲传到另一个绿洲，最终跨越了撒哈拉沙漠这一巨大的自然困难。对基督教国家来说，这意味着敌对部落的增加，因为这些敌对部落奉持了敌对的宗教。

因此，地中海的功能发生了变化。在早期，它是一个屏障；后来，对腓尼基人来说，它变成了一条大通道，而对希腊人来说，它是一种防御。罗马人把它作为海上力量的基地，并征服了海边缘的所有土地。随着罗马的衰弱，海上力量也被削弱了。柏柏里国家和西班牙之所以成为撒拉逊人的国家，只是因为东罗马的海军力量不足以控制整个海洋，但撒拉逊人也无法获得最高的控制权。因此，情况与早期罗马和迦太基之间的冲突一样：地中海成了隔绝对手的护城河，不过双方都先后获得了一定程度的控制权。各个岛屿的控制权不断在撒拉逊人和基督徒之间易手。克里特岛和西西里岛被撒拉逊人占领了几个世纪，后来被基督教国家重新夺回。

在波斯湾和印度洋，出现了新的情况。在这里，阿拉伯人的海军力量没有任何竞争对手，他们早期的统治范围——从大西洋沿岸经地中海、波斯湾、红海和印度洋延伸到印度，并掌握着东西方海陆交通的关键——自然促使阿拉伯人成了贸易者，因此，锡兰，虽然从未在撒拉逊人的统治之下，但在 8 世纪却成为阿拉伯的贸易中心。

撒拉逊人势力的瓦解、哈里发国的分裂以及阿拉伯、埃及和柏柏里在实际上的独立，在很长一段时间内都没有影响阿拉伯的贸易。直到 11 世纪初，西哈里发国家越来越衰弱，在罗马帝国的遗迹上崛起了热那亚、比萨和威尼斯等新的城邦，它们开始争夺海上贸易与海上控制权，而在此之前，这些力量一直掌握在撒拉逊人手中。当撒拉逊人的统治被土耳其人更严厉的制度取代后，这些城邦的海上霸权让基督徒可以派遣远征军从海上东征进行圣战，以攻击巴勒斯坦的伊斯兰教政权。然而，即使在那时，阿尔及尔和摩洛哥的摩尔人仍然在一定程度上控制着西地中海，并作为海盗在那里盘踞好几百年。更重要的是，在更长的时间里，阿拉伯贸易在印度洋都没有对手，这主要是因为东西方之间有一道陆地屏障。事实上，直到我们这个时代，这个屏障才被突破①，才最终导致阿拉伯贸易的崩溃。

由此，我们看到了沙漠对历史的影响。因为自然气候条件形成的撒哈拉和阿拉伯的巨大沙漠带一直延伸到亚洲，始终都是伊斯兰教的来源和力量，直到现在依然是。在能量使用方面出现了新的进步，因为由于撒拉逊人的征服，同一势力控制了地中海和印度洋，西方人熟悉了从海上到东方的途径，就像从平原的入侵袭来时他们熟悉了从陆地到东方的途径一样；更多的能量变得可以获取。这是沙漠连同横跨欧、亚、非三

---

① 指苏伊士运河于 1869 年 11 月通航。

洲大陆的斜线水道的位置共同作用的结果。由于沙漠带与水道相交，并且由于陆地是连成一片的，而水不是，所以海上力量被阿拉伯人获得。此外，在许多时代，沙漠都对接触到它的人的思想产生了影响，并通过他们影响了其他沙漠以外的人。这些人都受到了刺激，以比过去更大的范围思考事物的起因，从而，后来的历史发展也就成了可能。

GEOGRAPHY

AND

第九章
海洋的发现：伊比利亚半岛

WORLD
POWER

地球的形状对历史的影响一直是很重要的，因为冷与热、雨与旱、森林与草原的分布，从根本上取决于地球绕其轴线旋转的方式及其绕太阳旋转的方式。我们接下来要讨论地球的形状在另一个方面的重要性。

迄今为止，对人类来说，世界是否是平的似乎并不重要，而且对几乎所有的人来说，世界就是平的。然而，有学问的人知道，世界是一个球。亚历山大的埃拉托色尼甚至计算出了它的大小，对于地球，他的认识远比哥伦布准确。这种计算之所以能实现，是因为埃及每年都有宝贵的土地洪水泛滥，需要仔细勘测，所以从赛伊尼（也就是阿斯旺）到亚历山大的距离是被准确掌握的。然而，在埃拉托色尼的时代，地球的形状并没有直接影响历史。这是一个科学事实，但这个知识对人们的生活没有实际影响。当人们能够利用地球是圆的这一知识为自身谋得好处后，地球的形状才开始以另一种方式控制历史。

但对地球形状的发现是很重要的，因为它的形状的发现与其他事实有关。正如前文所述，阿拉伯人的力量有一部分是依靠他们所拥有的对海洋的控制。罗马帝国的重要性也归功于同一事实。腓尼基人和希腊人的力量几乎完全建立在航海知识上。地中海是这种活动的主要场所，但确实有船只航行到了其他海岸边缘。腓尼基人的船只可能已经驶达过印度。阿拉伯商人肯定也到达了中国。阿格里科拉曾绕着苏格兰航行 [①]。维京人渡海到了英伦诸岛和冰岛，甚至可能到了格陵兰岛，在中世纪早期，他们在欧洲的整个西海岸都建立了差不多算是永久性的定居点。

海洋的发现对世界历史产生的影响是巨大的。前面已经说过，与陆上相比，水上的活动很方便，但这种活动的范围是有限制的。由于对未知的恐惧，早期的航海者将注意力局限在了内陆海域和海洋边缘沿着海岸的交通上。最重要的海是陆地中间的海。因此，陆地的分布产生了控制作用。由于人类知识的局限性，直到四百年前，人们都还是认为只有一片陆地，而有许多片海洋。欧、亚、非三大洲的巨大陆地向北延伸，其北部边缘没有不会结冰的水道。非洲向南延伸到极远，人们一直不敢去冒险，尽管许多古代地理学家都认为是可以绕过非洲的尽头的。事实上，有一种观点认为世界是被"海洋的水流"所包围的陆地，但没有人提出在海洋中可能还有其他大面积的陆地，而且出于纯粹实用的目的，人们认为是有两片海洋被一片陆地分隔着。

15 世纪末的成就不仅仅是发现了一条通往印度的航道，发现了美洲，麦哲伦绕过了合恩角。更重要的是，通过瓦斯科·达·伽马和麦哲伦的航行，人们发现大洋是相连的，哥伦布和麦哲伦发现大洋是可以安全渡过的。世界的形状和海洋的一体性被发现了。从此，沿海岸的运输成了远洋运输的附属品，政治上的海权让位于远洋海权。这些发现的结

---

① 阿格里科拉（40—93）：古罗马将领，公元 77 年出任执政官，公元 77 年末或公元 78 年到公元 85 年任不列颠总督。

果，有些是当时直接表现出来的，有些是直到当今才开始能感受到。

现在我们必须思考一下，为什么地球的形状和海洋的一体性开始控制历史的进程。我们已经看到世界逐渐扩大的过程，越来越广泛的陆地和海洋被纳入人类的认知中，不同地方的特殊产品已经被全世界使用。部落的入侵在很大程度上扩展了人们对世界的认识而阿拉伯人则在很大程度上传播了东方海洋的知识。这两种认知的进步都刺激了人们的思想，而关于去往东方的路有一部分可以通过海路完成的知识对历史进程产生了更大的直接影响，因为水路上的移动比陆路上更容易。马可·波罗通过陆路完成了令人难忘的东方之旅，但他返回时则是尽最大可能依靠海路。

必须记住，阿拉伯人——差不多都是穆斯林——的世俗权力，依靠的并不是强大的军事力量，而是控制了一个巨大的贸易区。这种控制之所以能够实现，是因为陆地是连续的，而海洋就当时的实际应用来说是不连续的。控制之所以有效，是因为阿拉伯人占据了那片始终都具有非凡意义的土地，那片土地的一边是地中海，另一边是波斯湾和红海。事实上，阿拉伯人拥有属于罗马人、亚述人、波斯人、中亚人以及非洲东北部的人的全部运输贸易。与现在的贸易相比，当时的贸易量肯定不算大，因为当时的运输比现在困难得多，但他们已将当时的世界贸易尽收囊中。贸易理念也在稳步扩展。人们开始依赖贸易的成果。人们发现，用一个地区生产的商品交换另一个地区生产的商品越来越有利可图；也就是说，人们发现，总的来说，即使真有可能在一个地方生产所有当地人需要的产品，但把一块土地上的产品运到另一块土地上要更节约能

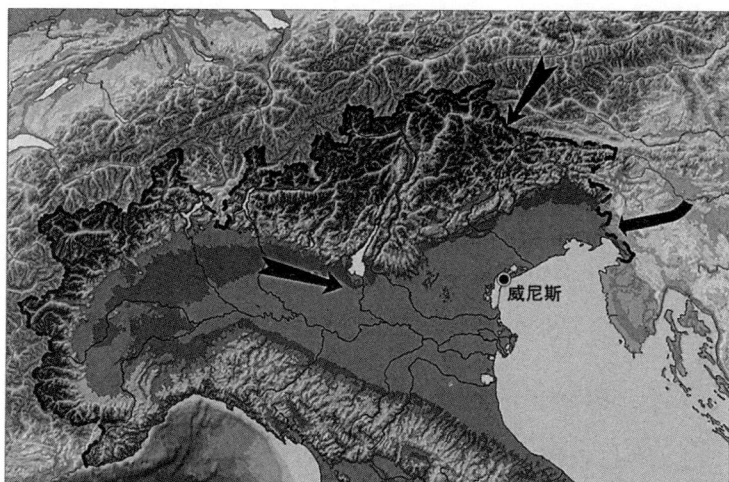

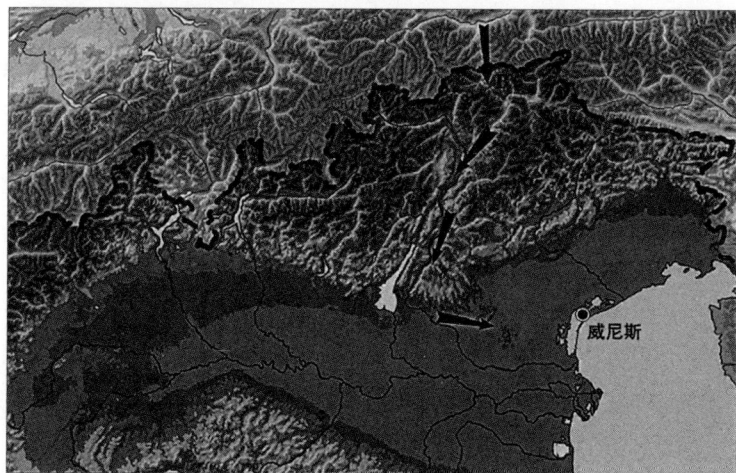

图 9-1　威尼斯的位置

（上图）威尼斯远离内陆，背靠伦巴第平原，通过绕行和穿越阿尔卑斯山脉的通道，可以前往北方的低地。

（下图）布伦纳山口（B 点）是穿越阿尔卑斯山脉地势最低的通道，经此可以抵达威尼斯。

量。特别是，人们开始习惯于这样的想法：有一条几乎完全由水路通往印度的通道。

此外，罗马帝国已经被文明化。统治者和他们的亲密依附者已经习惯了奢侈的生活，习惯了控制超量的能量为己所用，习惯了积累超过他们能够吸收的能量。尽管罗马在政治上渐渐衰微，但意大利仍有一些城市的居民已经习惯了奢侈，习惯了意大利本土无法供应的丰富多样的食物、衣服和家居装饰品。所有这些都是由阿拉伯贸易从天涯海角带来的。

此外，欧洲的文明也在不断进步。罗马帝国的旧址上逐渐出现了一些国家，这些国家在东方的游牧民族、南方的阿拉伯人和北方的半岛[①]上强壮的航海者或直接或间接的威胁之下逐渐成型。这些新国家的生活水平一直在逐步提高。人们发现，当冬季土地无法产出时，食用的咸肉如果用香料——特别是胡椒——调味，会更加可口；通过提高食欲和消化能力，可以更轻松地获取到食物的能量。因此，香料贸易开始变得重要起来。这种贸易也掌握在阿拉伯人手中。所有运载的商品，其价值都与它们的体积成正比；它们既禁得住水路运输，也禁得住陆路运输，还禁得住骆驼或马匹的陆路运输，这种有价值的贸易的利润主要由阿拉伯人获得。

但是，阿拉伯人并没有征服欧洲，在欧洲一些条件合宜的地区，出现了极具影响力的贸易城镇。这些条件合宜的地方自然是意大利北部，

---

① 北方的半岛指斯堪的纳维亚半岛。——译者注

那里是奢侈品的消费地，也是最容易进入欧洲北部土地的地方。被包围在沙质潟湖中的威尼斯享受着来自陆地和海洋的保护，已经拥有巨大的贸易量很多年，而热那亚和比萨也是重要的贸易城邦共和国。意大利北部的大量人口"需要大宗货物随时能触手可及，因此，船只无论如何都要向他们运送货物。通过热那亚和威尼斯运来的东方贵重货物比运到其他地方的要多很多"。因此，这些城镇发展成为相当重要的港口，尽管这样的城市数量很少，但是成功的经营却使它们获得了巨大的利润。

但是，由于只有非常高价的商品才会被从印度运来，人们自然就认为印度是富饶的土地，随着时间的推移，西方国家萌生了自己去往这些新土地的渴望，这样就不需要向阿拉伯人支付通行费就能把"财富"带回家。

现在要注意的是毗邻大洋的土地。用它们在现代的政体名称来称呼是：葡萄牙、西班牙、法国、荷兰、德国、丹麦、挪威和英国。这些国家都或直接或间接地从地中海的中心获得了走向文明的动力，但它们都一直属于世界的边缘地带，直至大洋一体性被发现利用。虽然罗马帝国灭亡了，但世界关注的中心仍然在地中海，路线在地中海上和地中海的东端交会，那里的贸易量是最大的。

乍一看，这些土地中的任何一个都可能发现大洋一体性。从某种意义上说，挪威人已经发现了。挪威的土地贫瘠，迫使人们靠捕鱼来维持生计。诸多岛屿形成了壁垒，保护着"内水道"，形成了一条"北方大通道"，无数的峡湾是通道的支线。这里是坚强的水手的培养所，人们不仅沿着海岸向南航行，也向西渡过大洋，在他们能找到立足点的地

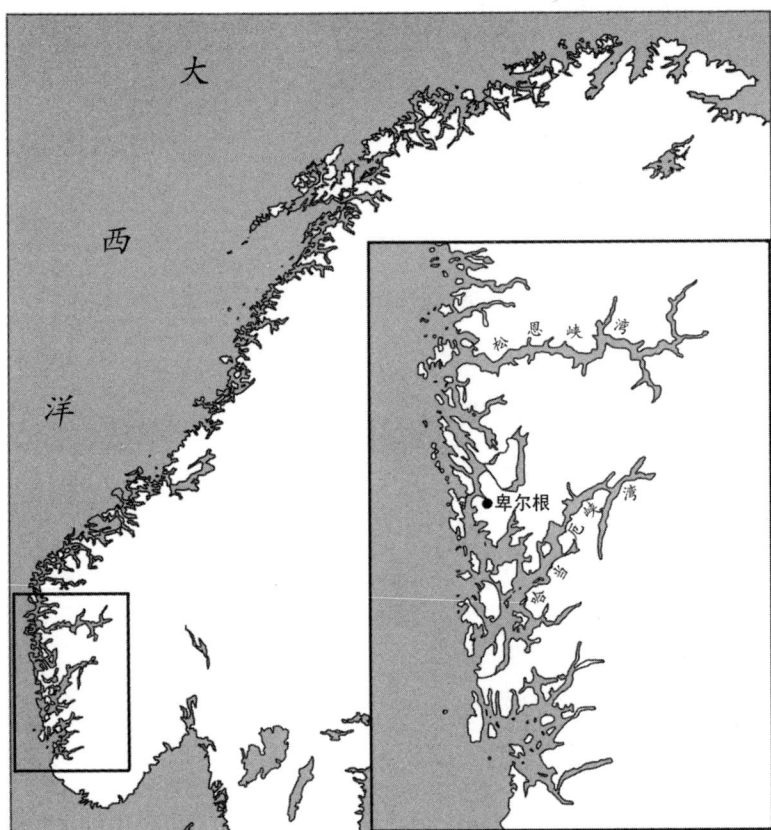

图 9-2 挪威的沿海通道

　　小图内是可供船舶航行的有岛屿护卫的水道，它构成了挪威的"大北路"。卑尔根位于这条主干道上，位置介于松恩峡湾和哈当厄峡湾两条大辅道之间。

方定居，成为庄稼人和渔民。丹麦人和撒克逊人并不是天生的水手，他们渡过北海不是因为天生喜欢海洋，而是因为背后的压力——来自东方的游牧民族的压力。在斯韦恩和克努特等国王的领导下，丹麦人一度建立起一个以北海为基地的海上帝国，但他们并没有因此发现海洋的一体性。这不过是一个与基于地中海的早期罗马帝国相同的帝国。在这个北方帝国中，人口较少，天然可用的能量也较少，它只持续了很短的时间。甚至是诺斯人——即古代挪威人——对美洲的发现也没有对历史进程产生影响。那里只不过是离世界更远的一块普通土地，寒冷，能提供的能量不多。无论当时还是后来，人们对是有一个海洋或两个海洋的问题都没有太大的兴趣，因为这并不影响他们的日常生活。

在毗邻海洋的其他的陆地海岸上，有渔民和驾驭小型船只的水手，他们驾驭船只从河口驶入内陆，但并没有通过海路与世界交通建立联系。阿拉伯人控制着直布罗陀海峡，交通都局限在本地。

从这样的地理事实角度看，海洋的发现落在伊比利亚地区是最自然而然的事情，而且伊比利亚应该是第一个从这一发现中获益的地方。前文讲过，几乎整个伊比利亚半岛都被穆罕默德的信徒占领了，然而当他们到达西部时，最初的屠杀狂热已经消退，原本的居民得以幸免，他们虽然处于被奴役的状态，但仍生存了下来。

在北方，在比利牛斯山脉和坎塔布里亚山脉的森林隐蔽之下，阿拉伯骑兵不容易追击，剩下少数未被征服的人，他们不仅保持了自由，而且还是基督徒。在坎塔布里亚山脉中崛起了小国莱昂，而在比利牛斯山脉与世隔绝的山谷中，纳瓦拉国开始崛起。这些势力逐渐在对抗伊斯兰教信徒的斗争中取得了进展，并收复了半岛，使其重新成为基督教地区。随着两国各自重要性的增加，低地人和高地人之间的自然差异凸显了出来。莱昂在西部的低地地区建立独立政权，并形成了葡萄牙的核心。纳瓦拉在扩张之后又再次分裂，东部的埃布罗河谷形成了阿拉贡，西部的高原形成卡斯蒂利亚，而仍被称为纳瓦拉的只剩下北部山区的一个残余部分。后来卡斯蒂利亚和莱昂联合起来形成了一个更大的卡斯蒂利亚。所以到了 14 世纪，伊比利亚有三个大的基督教国家，只有卡斯蒂利亚还与唯一幸存的伊斯兰教国家格拉纳达保持着联系。

葡萄牙已经完成了驱逐摩尔人的工作，但正因为葡萄牙是在以基督教国家的身份与异教徒摩尔人作战的过程中形成的，这个身份令国家存在，所以其趋势自然是继续这条身份路线。人们是基督徒，并习惯于为了信仰而与摩尔人作战，因此，作为基督徒继续与摩尔人作战是很自然的，即使这需要渡海到非洲。因此，到了 15 世纪中叶，非洲海岸上出现了一个"海外阿尔加维省"，而这时发现海洋的时机也成熟了。

大洋的发现进程可能因为一个人的智慧而加速了。正如所料，这个人是葡萄牙人，他的行动只是加速了事件的自然进程。"航海者"亨利亲王在成长过程中见识过阿拉伯人作为商人的力量，1418 年，亨利亲王在圣文森特角旁边萨格里什的岩石岬角上建造了一座瞭望台，并在随后的几年里派出一艘又一艘的船沿着非洲海岸向南航行，明确地表达了促进探索以发现通往印度的海路的目的。

起初，进展很缓慢。过了摩洛哥——摩尔人的土地，广袤的撒哈拉沙漠一直延伸到海洋边缘。在那里，吹向西南方的稳定信风已经损失了水分，无法形成降雨供植被生存。而且，从摩洛哥开始，非洲海岸呈西南走向，同样方向的信风十分稳定，来自欧洲的水手们不敢顺着风航向远方，因为没有风可以把他们带回来。胆子大的水手冒险走到了诺恩角，而这个海角似乎在对他们说"不"，不让他们继续前进[①]。因此，非洲始终都还没有被从西面绕过去，是有充足理由的。但亨利亲王的鼓励和从印度财富分一杯羹的渴望合起来，促使人们更进一步。1447 年，教皇向葡萄牙王室授予了一项许可，当时或未来任何时候从诺恩角到印度之间发现的所有土地都属于发现者。探索的目标由此公布于世，以便所有善良的基督徒都能知道。思考一下这项授权中表现出了多少历史惯性是很有意思的，所谓历史惯性，也就是我们已经讨论过的，来自被地理条件所控制的历史。

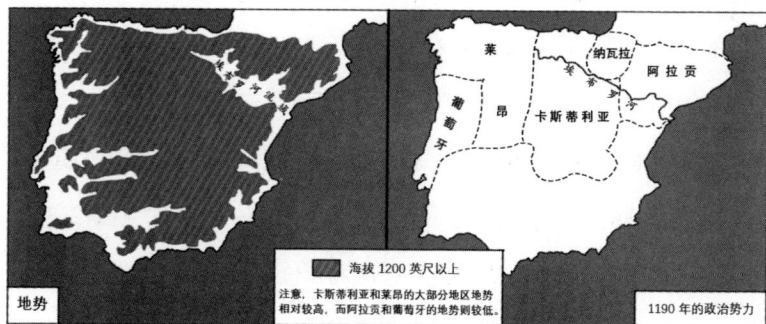

图 9-3　伊比利亚高地及其支配对分裂各邦的影响

---

① 诺恩角的原文 Cape Non，non 就是不的意思。——译者注

亨利亲王本人没能活着看到他的计划成功，但自葡萄牙控制萨格里什之后的八十年，葡萄牙水手向南航行，沿着非洲海岸探索出了一条路，迪亚士绕过了好望角，瓦斯科·达·伽马航行到了印度，并带着一袋袋的香料回来，表明他曾去过那里。从此，历史上不再有两个大洋，而是一个大洋，从此，世界贸易落到了远洋水手的手中，因为通过海路运输货物可以节约能量。文明的又一个巨大进步就这样产生了。达·伽马从印度回来后不到五年，过去运送香料的亚历山大和贝鲁特的大帆船进入威尼斯的港口时都已经无货可运。大约十年，对印度——东印度——的远征已经完成，阿拉伯人在阿拉伯海和马六甲被击败，葡萄牙势力在印度沿海一带立足。

　　由于葡萄牙所处的位置以及亨利亲王的促成，葡萄牙在发现方面处于领先地位。由于伊比利亚人都是基督徒，且是狂热的罗马天主教徒，教皇授予葡萄牙发现垄断权的诏书不可能被葡萄牙的竞争对手卡斯蒂利亚忽视；向南方的进军激发了人们的浓厚兴趣，尤其是当有船只抵达了几内亚海岸，并将那里的产品带回欧洲之后。

　　从那时起，也是直到那时，世界是圆的这一事实才变得重要起来。如果世界是圆的，那么就有另一条通往印度的路——向西。这条路对任何愿意走这条路的人都是开放的。伊比利亚位于地中海的西端，而到目前为止，所有从事世界贸易的水手都生活在地中海周围，因此，当葡萄牙开始海外征服世界的事业时，许多热那亚人、威尼斯人和比萨人的水手自然会受雇于葡萄牙当局，特别是在早期，葡萄牙人自己并没有多少理由去做水手。哥伦布——一个熟悉贸易情况的热那亚人，一个在世界贸易的想法盛行的葡萄牙居住多年的人，一个在公海上到达过马德拉、亚速尔甚至冰岛的水手，对地球形状的理论十分熟悉——会认为向西航行是值得一试的。

但葡萄牙并不感兴趣，它所有的精力都投入到了更直接明显的路线的探索上：向东走。意大利国家宁愿把地中海作为通往东方路线的一部分，也不愿意开辟任何新的路线。英国当时还没有意识到世界贸易意味着什么。哥伦布的想法在卡斯蒂利亚收获到了一些感情，不过，他自然也花了好几年的时间才打破了人们头脑中一直存在的对开阔大洋的怀疑。就像亨利亲王的情况一样，虽然伟大的工作是由一个人完成的，但如果不是由他完成，很可能用不了多久就会出现其他人来完成，他只是一个应地理条件而生的人。

哥伦布的发现被欧洲列强赋予了真正的价值，这一点可以从以下事实中看出。在 1493 年哥伦布返回后的七周内，教皇发布了一项圣谕，认定世界是圆的，并将西半球给了西班牙，如同将东方给了葡萄牙。哥伦布在试图到达印度的过程中发现的大陆，在当时并不重要。葡萄牙人在印度是把阿拉伯人用腿脚经营的贸易转移到了船上。在新大陆，没有贸易可以转移，那里没有香料。追随哥伦布路线的西班牙人越来越多，他们心怀三个想法：战斗、基督教化和占有金银。贸易并没有进入他们的视野。这也不足为奇。几个世纪以来，卡斯蒂利亚人一直习惯于战斗，习惯于为基督教而战，而他们自己的高原土地出产贵金属，不适合经营贸易。

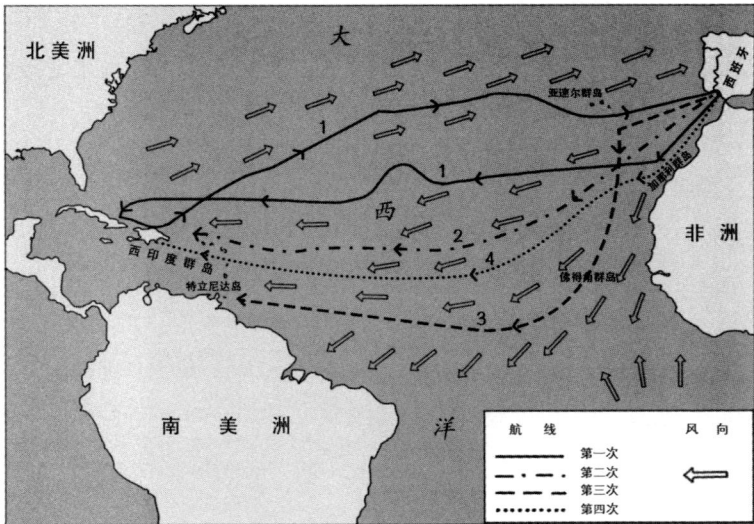

图 9-4　哥伦布的航行

　　图中只画出了第一次返航的路线。哥伦布在向美洲航行时聪明地利用了信风，返航时则借助了西风带。

　　但是，尽管西半球被交给了西班牙，西班牙人并没有征服其中的全部土地。成为他们势力范围的部分是由地理条件决定的。从一张显示大西洋风向的地图能看出，信风仍然是向西南方向吹的，因此，哥伦布没有直接向正西航行横跨大西洋，而是向西南偏西的方向走，结果他到达了现在被称为"西印度群岛"的岛屿。在后来的航行中，他到达了南美洲和中美洲。由于巴拿马地峡狭窄，他听说了太平洋的存在，在之后仅仅几年，西班牙人就穿越了地峡，到了太平洋海岸开始造船。但哥伦布从不曾知道北美洲的存在。西班牙的领地从西印度群岛扩展到墨西哥，并沿南美洲的太平洋海岸向南扩展，到达了可以开采贵金属的山区。原有的居民被杀死，或在刀剑的威逼下改变信仰，并被卖作奴隶，为新的主人做苦工，就这样，西班牙人征服的土地甚至都开始使用西班牙的语言。

墨西哥被征服时，麦哲伦正努力完成哥伦布的工作，向西航行到东印度群岛，以实现香料贸易。他是葡萄牙人，曾亲自到过东印度，也许最远曾到过摩鹿加群岛^①，并意识到香料贸易是巨大财富的来源。正如我们所看到的，葡萄牙人对通往印度的西行之路并不感兴趣，西班牙人对香料贸易也不太感兴趣，但与葡萄牙的竞争促使他们向麦哲伦提供资助，正如他们向哥伦布提供资助一样。

麦哲伦的任务与迪亚士和哥伦布一样。像迪亚士和其他先驱者一样，他必须找到一条从南方绕过将各大洋隔开的巨大陆地的通道，像哥伦布一样，他必须横渡过一个从未被渡过的巨大海洋。他要比迪亚士走得更远，要比哥伦布穿越更大的海洋。不过，类似的困难已经被克服过，这样的事实令人们认为成功的可能性增加了，水手们因此更愿意继续努力，尽管实际困难真的要大得多。

麦哲伦的尝试成功了，不过他在路上死了。东印度群岛最终到达，通过向西的路线，香料——丁香——被带回国。远东的土地变成了西班牙的，西班牙的占领留下了结果，菲律宾的国名根据西班牙国王腓力的名字命名^②，流传至今。之后的四百年，它们一直是西班牙的属地，其中

---

① 摩鹿加群岛：在印尼语中称作马鲁古群岛。

② 1542 年，西班牙航海家洛佩兹以当时的西班牙王储菲利普的名字将该群岛命名为菲律宾群岛。

三百多年里，它们使用的历法是根据西班牙向西航行的时间推算出的，而不是根据葡萄牙向东航行的时间推算的①。当西班牙人与摩尔人鏖战之时，教皇把一份有名无实的统治权赋予了他们，结果菲律宾直到今天仍然在承受这一恶果。

然而，西班牙通往印度的路线是失败的。西线比东线长得多，这条超长路线必须穿越广阔的海洋，绕地球大半圈（中国北部和南美洲南部正是对趾点）。在这广袤的水面上，没有陆地。在海洋上的运动的确更容易，如果有特定的目的，海上消耗的能量比在陆地上少，但只有在陆地上，人才能定居下来生产东西——使能量变得可用。在这片辽阔的海洋上，什么都生产不出来，在远方的印度群岛上，只有香料。无论葡萄牙人如何重视，西班牙人都不屑一顾，他们鄙视贸易，只想着金银。

因此，海洋一体性的发现的结果是葡萄牙人取代阿拉伯人掌握了世界贸易的关键，而地球形状的发现则令西班牙人得以将美洲的大部分地区置于他们的控制之下。不过在南美洲的巴西落入了葡萄牙之手，因为它被认为是位于葡萄牙的半个世界之内。

① 西班牙人从东向西绕地球航行，所经历的时间会多一天。——译者注

GEOGRAPHY

AND

WORLD
POWER

第十章

海洋：海洋强国——荷兰和法国

西班牙和葡萄牙暂时共享了因发现海洋而产生的优势。看起来，在教皇权威的支持下，它们应该一直持续共享这种权力。但教皇无法改变地理条件，也无法改变地理条件对人们思想的控制。

我们已经看到水路交通相比陆路交通的优势所在，前者可以比后者更廉价地进行长距离的货物运输。现在，伊比利亚面临着开阔的海洋，但很明显，伊比利亚半岛——几乎与欧洲其他地区隔绝——并不是一个适合运往欧洲大陆大部分货物的登陆点。在威尼斯的后方是伦巴第平原，这片土地上人口众多，部分因为这里本身富饶，部分因为我们之前讨论过的过去形成的条件。里斯本的后方没有大量的人口，那里没有像伦巴第平原那样的地方，而西班牙的主体是一片干旱的高原。因此，运往里斯本的大部分香料必须沿着可以更便宜地运送货物的途径进入大陆内部。

这里不适合详尽地谈论宗教改革的起因，也不适合谈论文艺复兴对于宗教改革的推动。两者的发生在很大程度上都是由于历史事件拓宽了人们的世界观，而我们已经看到，这些事件是由地理条件控制的。但需要注意的是，尽管文艺复兴影响了整个欧洲，但宗教改革影响最大的地区是最远离天主教会统治区的地方，就如同当初基督教在未受犹太教影响的土地上占据了最牢固的地位。天主教会教义的表达方式对这些地区

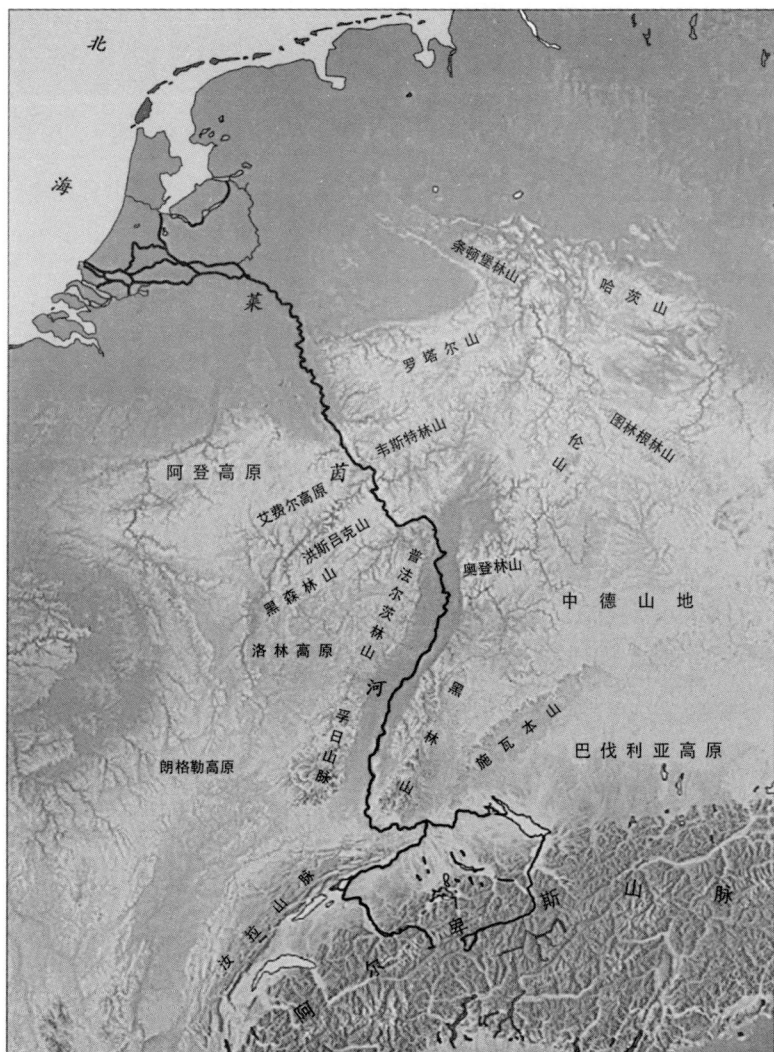

图 10-1　莱茵河河谷

莱茵河河谷平原的周围全是高地，与外界几乎呈隔绝状态。

居民的吸引力不及对那些长期生活在罗马权威下的人，而且他们所处的地理条件也有所不同。北欧的历史动量不同于南欧，天主教会这部机器与那里的环境不太适应，存在更多的摩擦。在这些北方的土地上，印刷术的发明极大地节约了能量，能量被释放出来，可以转用于其他用途。而且由于印刷术，新学说的传播要快得多。因此，在北欧和南欧之间潜藏着一定的对立，所以，当出现了一个让这种对立变得明显的巧合时，对立被利用是不足为奇的。信奉新教的荷兰人起义反抗信奉天主教的西班牙人。

他们解放自己的意愿和能力都取决于地理因素。在中世纪，渐趋文明的北欧和早就文明化的南欧之间是有必要去保持某种沟通的。直布罗陀海峡被摩尔人占领了，当时没有道路，所以河流是非常重要的。在向北流的河流中，只有莱茵河发源于欧洲南部的阿尔卑斯山中。而从西欧的地图上看，可以看到莱茵河河谷被夹在周围的高原中，高出海平面几百英尺。这条河谷相当于西北欧的主街，来自英国（中世纪时代的澳大利亚）的羊毛通过这条路线被送往意大利北部的制造业城市，如佛罗伦萨和比萨，因为这些城市的人口有能力花钱购买高级毛衣这样的奢侈品。羊毛是一种很占地方的物品，羊毛的贩运诱发了其他商品的贩运。大量羊毛运输从低地国家经过，随着时间的推移，这里建立起了毛纺厂。这些工厂城镇位于现在的比利时，但荷兰的重要性随着比利时的发展而提高。比利时人不是水手，荷兰人则一直都是航海者。他们居住在浅海岸边的岛屿上，以捕鱼勉强维持生计。随后，随着富裕的人口逐渐聚集在他们西面的土地上，荷兰人通过向这个社群供应鱼鲜获得了很多利润。渔业发展了，荷兰人的财富和渔民的数量也随之增加。由于这种交流，这些渔民也自然而然地被比利时商人雇用为海运的承担者。在西班牙和葡萄牙，人口中只有一小部分是水手，很少的船只就足够将所有香料或金银带来伊比利亚。然而，荷兰有很多船只，以至于当争取自由的斗争似乎无望时，有人非常认真地提出了一个主意：所有人都乘船离开，到海外去寻找家园。因此，在荷兰有许多商人和贸易者的社区，从这片土地向南有通往欧洲大陆中心的最好水路。比利时的安特卫普市自然地成了欧洲的主要商业中心，而且荷兰人还在他们本来的贸易中增加了香料的运输，并从中获得了很多利润。

比利时也是有出海口的，但其居民是商人和制造商，而不是海上运输者。印度的财富涌入这个国家，但他们的土地却不容易防守。而荷兰的第一个自由中心是莱茵河口最靠外的一个岛屿。被围困时，他们可以淹没陆地以淹没敌人，让自己的船只能靠近被围困的城市，而且他们确实是这样操作的。他们很快就掌握了海洋的控制权。比利时没有这些优势，它仍然在西班牙的统治之下，而荷兰不仅成为一个贸易者的国家，而且在一段时间内成了世界海洋霸主。

而在此时，西班牙人犯了一个基本错误。金、银和所谓的宝石本身并不是财富。按照约定俗成，它们能代表大量的能量，但它们本身不是能量。西班牙对任何土地的征服都没有节约能量，而且这种征服也没有给西班牙带来什么真正的财富。低地国家这片小小的领土给西班牙国库带来的收入是墨西哥和秘鲁所有土地的四倍。在这块土地上，能量被节约下来，有很多剩余；而在另一块土地上，能量没有节约，也没有剩余。西班牙人的海洋力量依靠的只是黄金，荷兰人的海洋力量依靠的则是他们利用自己的能量令更多的能量变得可用，他们的手里积累了越来越多的能量，因此，西班牙人从西印度获得的黄金有很大一部分最终流向了荷兰。仅仅是对一块土地的军事征服并不会带来能量的节约。

和荷兰相比，在地利方面，葡萄牙与欧洲其他地区的贸易并不是那么便利，但它通过控制香料贸易而积累起了能量。而西班牙不仅征服了大洋彼岸的土地，还一度将葡萄牙纳入控制，并摧毁了其力量。荷兰抓住了这个机会。到1578年，荷兰在"沉默者"威廉的领导下，已经摆脱了西班牙的所有有效控制。荷兰人与西班牙为敌，不承认教皇的诏书，在海上横行，从敌人手中抢夺任何可能进行贸易的土地。这些土地大部分曾经属于葡萄牙，但现在，无论是属于西班牙还是葡萄牙，对荷兰人来说都没有区别。没用五十年，荷兰人的船只就已经在全世界航行。几年后，力量达到顶峰时，他们在东印度称霸，在巴西和圭亚那都建立了定居点，发现并绕过了合恩角——合恩角是根据荷兰的一个小渔村命名的。他们在几内亚海岸有贸易站，在开普敦有定居点，那里正在去往印度的路上，毛里求斯（根据他们的莫里斯亲王的名字命名）和锡兰是他们的，他们掌握着进入北美的关键门户新阿姆斯特丹①。此外，他们还掌握着欧洲大部分的运输贸易，甚至还掌控着美洲与法国和西班牙之间的货物运输。正如他们自己所标榜的，他们是海上的马车夫。葡萄牙和西班牙所拥有的海洋力量完全不复存在，尽管西班牙仍然保留着曾

① 纽约的前身。——译者注

经征服的地区。

但由于地理原因，一个持久的荷兰海洋势力是不可能实现的，就如同西班牙或葡萄牙的持久统治不可能实现一样。人们在节约能量方面取得了进步，远方的产品可以更便宜地获得，但还有一些东西是必需的。

任何发动机都需要"包装"和保护，必须尽可能地防止机器的能量自行消耗而不做功，而且必须防止不利影响对其造成伤害。要做到这一点，则必须以适当的方式消耗能量，但这样消耗的能量越少越好。荷兰自然无法提供足够的能量来保护自己。莱茵河三角洲太小了，不能支持太多人口。因此拥有共同利益和情感的群体的人数必然不多。西班牙并不是真正的海洋国家，而荷兰却是，当二者之间发生竞争时，制海权便会落到海洋国家的手中。但是，当竞争发生在荷兰与其他海洋国家之间时，就会出现其他需要考虑的因素。

此外，尽管三角洲的沼泽地和河道——就像威尼斯的潟湖和巴比伦的沼泽地一样——对水手国家起了很大的保护作用，尽管正是由于它们，荷兰才摆脱西班牙获得了独立，并在之后的一百年中抵挡住了法国，但国家边界需要防御这一事实表明，同样因为有这些沼泽和水道，荷兰才能够与法国对抗，但也正因为荷兰的边境需要防卫，本来就十分缺乏的人力还要预留一部分来进行防御，因此当它受到来自陆地和海上的双向夹击时，就只有屈服认命了。

我们现在必须来讨论另一个国家了，这个国家在致使荷兰衰落的同时，也在努力争取世界性的海洋权力——这个国家就是法国。

前文讲过罗马帝国是如何扩展到整个西欧、伊比利亚、高卢和不列颠南部的。在罗马帝国的统治下，这些土地开始在历史上占据重要地位。我们还讲过罗马的权力被帝国以外的部落推翻的过程。最终，在从未承认罗马统治的北方日耳曼部落中，形成了一个被罗马教皇承认的势力，并且因为这个势力被教皇承认是代表了历史上的罗马帝国，所以它也被称为帝国，是罗马的继承者。[1] 这个帝国的领土范围包括现在的法国和德国。它不包括伊比利亚，正如我们已经看到的，这时的伊比利亚是穆罕默德教徒摩尔人的。这个帝国很自然地分裂成了三个部分：西边部分为罗马人所有，东边部分则为非罗马人占据，中间部分则有待商榷。前两个地区自然比第三个更重要，有争议的土地被两方势力争来抢去，渐渐兼并。就这样，法国逐渐从西部崛起，但必须注意，罗马时代没有法国，查理曼大帝的早期帝国也没有法国。在罗马帝国和条顿人的帝国的统治下，现在被称为法国的土地实现了文明化，但当时尚不存在法兰西国家。现在有必要注意一下这片被称为法国的土地的自然单位。我们已经看到了马赛——也就是罗讷河谷河口——在罗马时代的重要性。在罗马人征服伦巴第平原之前，他们在这里统治了一片土地，这是他们的第一个省份。这里有一片低地，位于海岸平原、罗讷－索恩河谷和比利牛斯山脉与南部高地之间的空隙。南部高地位于阿尔卑斯山和比利牛斯山之间。它具有高地的经济条件，因此与两侧的低地截然不同。塞文山脉形成了高地东南面的陡峭边缘。从塞文山脉中部的最高处，有一条高大的分水岭延伸向布列塔尼方向。奥弗涅高地就在这条分水岭上。分

---

[1] 即查理曼帝国。

水岭的两边都是平原，阿基坦平原和法国北部平原，其土壤中包含各种岩石的碎屑，因此非常肥沃。卢瓦尔河和加龙河河谷中原本的岩层风化，随河流进入普瓦捷的门户，产生了肥沃的土壤，两片平原之间也因河流而有了方便的交通路径。

图 10-2　法国的自然地势

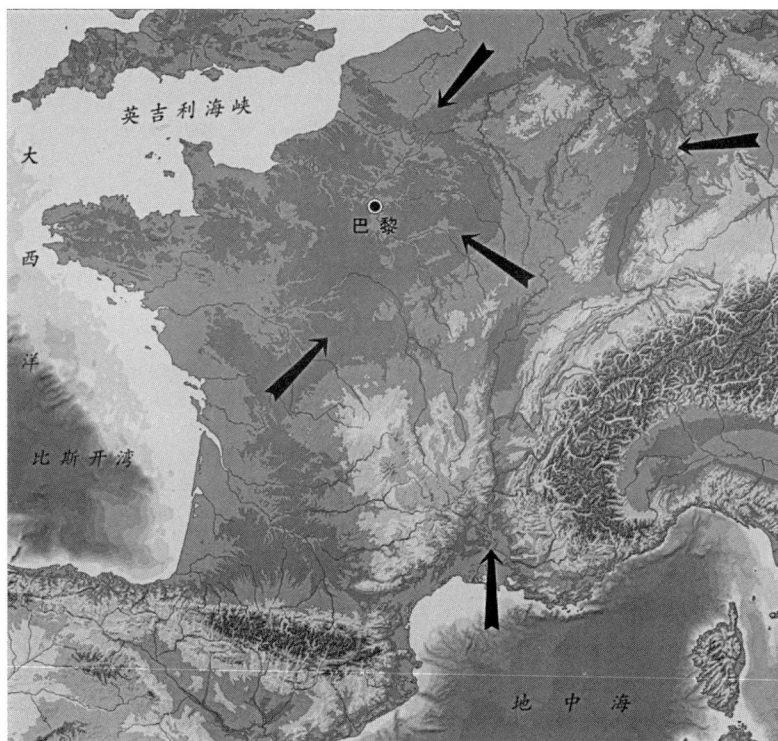

图 10-3　巴黎的位置

法国的天然道路均指向巴黎。

中世纪没有道路，因为罗马的道路已经年久失修，废弃不用。那时的交通主要是沿河而行，甚至是沿我们现在不会用的河流。在北部平原，水路的影响是至高无上的。塞纳河及其支流几乎从其源头就可以通航，来自东北的瓦兹河在巴黎之南与塞纳河汇合，来自东部的马恩河就在巴黎北面，约讷河从南方发源。因此，在巴黎有一个水路的汇合点。但这还不是全部，卢瓦尔河以奥尔良为端点分成两段河道，实际也都是指向巴黎的。靠北的河段从阿基坦通向巴黎，靠南的河段从南部高地中的南方河谷高地通向巴黎。此外，长长的罗纳－索恩河谷是进入朗格多克南部平原的入口，也是翻越科多尔陡坡①的便捷之途，所以，甚至这个地区也能与巴黎发生接触。

因此，就像罗马帝国围绕罗马城发展一样，法国是围绕着巴黎发展的。当意大利南部受到来自北方的陆地居民袭击时，罗马变得重要起来；而当维京人沿着欧洲海岸航行，进入塞纳河并向上游航行，最终来到河中的一个小岛上时，巴黎第一次变得重要起来。因为这个小岛是一个方便的渡河点，所以就架起了一座桥，但桥阻碍了船只的通行，来自北方的水手的入侵在这里受到了限制。巴黎经受住了诺斯人的攻击，并因此获得了重要地位。

然后，这些北方居民——又被称作诺曼人——的统治者不仅征服了英格兰，还成为现在法国西部各个地区的统治者。对普通人来说，谁统治他们并不重要，但总的来说，英格兰的统治者，仅仅因为他是英格兰的统治者，与巴黎的统治者相比就更不被信任，最终所有的地区都承认巴黎的统治者拥有最高权力。由于英格兰国王及其大臣不自觉地把英吉利海峡以南的土地看成是外国的，例如，黑王子②从波尔多向南肆虐，唯一的目的就是劫掠，这种无情侵略实际上加速了法国的统一。

---

① 科多尔陡坡：法国勃艮第地区著名的石灰岩陡坡，科多尔省即由此而得名。
② 黑王子爱德华（1330—1376）：英国爱德华三世国王的长子，他死得比父亲早，未能继承国王之位。——译者注

图 10-4　法国北部平原的水道

这些水道均汇聚于巴黎。

到此时，法国是一片以巴黎为中心的土地，法国的实际边界不那么重要，但在北部和西部以及南部部分地区的边界线是海岸线，十分清楚。在南部的西半部，有一个高地地区，即比利牛斯山脉，也相当明确地标明了法国在该方向的界线。只有东部没有这样明确的边界。

由于有这些明确的界线，法国历史上有很大一部分时间都投入在民族统一体的发展上。法国人几乎完全从事农业。法国气候宜人，夏无酷暑，冬无严寒，降雨量充足，大部分地区土壤肥沃，能生产足够多的粮食供养自己的人民。基本没有什么东西可以诱惑或迫使他们出海。除了向东以外，也没有什么土地可以诱惑他们越出界线。法国的确有陆军和海军，但存在的目的是防御。法国人中没有多少水手，因为在海上也不会有什么收获。

这就是法国，东南部在地中海早期文明的影响范围之内，因此马赛是一座希腊城市，普罗旺斯是意大利半岛以外的第一个罗马省份，当地语言是拉丁语的一种方言。法国位于西班牙和荷兰之间，面对开放的大西洋，有机会获得海洋力量，但东部边界存疑，在诱使它去进行陆地扩张，但如果法国愿意的话，又能够自给自足。

法国稍晚期的历史，有一段时期以这种自给自足的自信为主导，有一段时期被扩张土地的尝试支配，在第三个时期被获得海洋霸权的愿望支配。由于巴黎的中央集权政府，使得法国的每一项政策都能得到系统化的集中。

因此，法国是使荷兰人的海洋力量衰落的因素，但由于其自身的利益是分裂的，自己并未能获得对海洋力量的控制权。

到 15 世纪中叶，围绕巴黎的法国统一已经完成，到该世纪末，普罗旺斯、布列塔尼和勃艮第公国也已被纳入法国版图。普罗旺斯和布列塔尼两个地区距离巴黎的中心化影响最远，勃艮第公国地区则在那片没有明确自然边界的主权有争议的中间地带。这导致了其与东面的陆上势力的纷争。之后的五十年里，法国对外的历史基本上主要就是努力守住这条新的东部边界的故事，而内部历史则向我们展示了在巴黎这一现代欧洲最好的城市，其绝对君主统治下的统一的法国。

再之后的五十年里，法国这个统一的中央集权国家不得不努力解决宗教改革下的教义给整个北方带来的宗教争端。到 1600 年，这些问题已经找到了解决办法，统一的法国仍然是天主教国家。

这时，荷兰人已经开始了他们的海外事业。法国统治者的目标开始受到这些新情况的影响，但东部边界不确定这一事实仍然决定了政策的分裂性。黎塞留[①]立志要发展强大的海上力量，以增加王国的财富，但他也想将法国的边界向东扩张，以便将更多的农业用地纳入法国的统治之下。由于这种双向努力，法国摧毁了荷兰的力量，削弱了现在控制着法国边境以外土地的奥地利的力量，但最终也令法国自身的力量被严重削弱。不过，这主要还是由最新崛起的北方的海洋力量造成的。现在，我们必须来讨论英国的地理条件了，因为它开始影响历史的进程了。

---

① 黎塞留（1585—1642）：法国红衣主教，法王路易十三时期的政治家。

GEOGRAPHY

AND

第十一章

海洋：海洋帝国——英国

WORLD
POWER

前文已经讨论过英国与其他国家的一个明显区别，是英国是一个岛屿，或者说是两个岛，面积够大，能够养活相当多的人口。然而，我们必须要先思考它其他的地理条件，才能理解它在历史上发挥的特殊作用。

1. 气候。——英国与其他海洋国家一样，拥有温和的气候。由于盛行的西风，西北欧的海岸线上积聚了半英里深的高于同纬度地区正常温度的海水。这在冬天可以防止土壤、河流和岸边的水结冰。英国还处在相当靠北的位置，夏季并不炎热，只能说是温暖，而且仍然受到海洋的影响。因此，在英国，一年四季都可以在陆地上和海洋上劳作。冬天的冷可以令人绷紧精神，但不会把人冻得麻木；夏天有热度，但不会令人无精打采。能量在任何时候都可以被节约。此外，西风带来了旋风风暴，令雨水落在陆地上，草在任何季节都可以生长，夏季出现干旱的可能性也不高。

2. 地貌。——大不列颠岛有两块低地，东南部较大的一块是英格兰的主体，福斯河和克莱德河之间较小的一块是苏格兰的主体。① 在爱尔兰岛上，一块低地东西方向贯穿岛的中部。因此，在这些低地上便有了

---

① 这些只是低地，不是平原。——原书注

进行大范围农业生产的可能性。这些自然单位相当大。英格兰的低地与法国的低地面积相当，虽然在小政体并存的时代可能不太稳定，但是当文明发展到足以让一个政府控制整个低地时，这个政府可以相当单一和稳定。

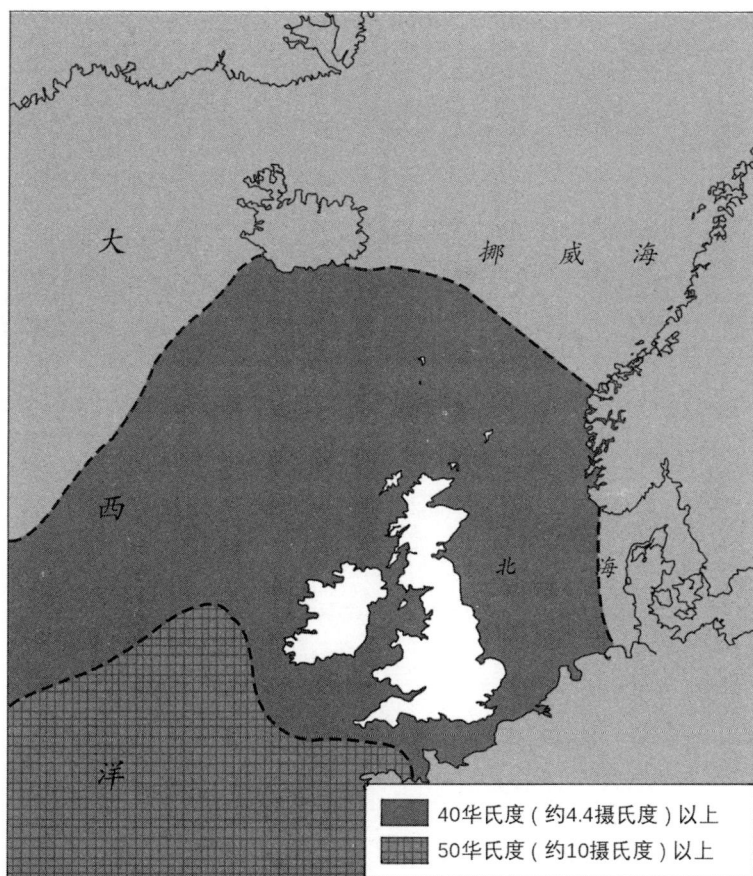

图 11-1　一月份英国周围海洋的温度

3. 潮汐。——现在，如果我们看一下显示海的深度的西北欧地图，看一下海平面以下的地形，就会注意到，不列颠岛位于一个刚刚被水覆盖的岩架上，如果陆地抬高约 600 英尺，就将与欧洲大陆相连，不仅通过多佛尔海峡相连，而且整个北海和英吉利海峡都是连在一起的。这产生了非常重要的影响。在南大洋中产生的潮汐，其水流完全环绕地球，高速席卷印度洋、大西洋和太平洋，但只造成一英尺左右的上升和下降。当这种波浪接近浅滩时，速度会被抑制，但海浪的高度会增加。如果这个浅滩有很大的宽度，潮汐涨落的高度差就会变得相当大；但如果波浪接近一个海岸陡然下降很深的大陆，其高度几乎不会增加，就不会有潮汐。由于这个原因，挪威和西班牙的海岸上并没有成规模的潮汐。显然，在波罗的海和地中海这样的封闭海域没有潮汐[1]，因为大洋的潮汐无法进入这些海域。

只有在英国的海岸，以及对岸欧洲大陆上从汉堡到比斯开湾的北端，每天有两次潮涨潮落，能令河口没有淤泥，并能在任何时候载着船只进出大海，绕过帆船难以通过甚至无法通过的弯道。因此，英国与法国北部和德国西部一样，拥有可以从公海进入河口的优势。货物可以被带入内陆，这样做可以节约能量，特别是在中世纪，那时人们已经忘记了如何修路，而轨道运输还完全没有影子。

---

① 这需要限定说明一下，当地有局部潮汐，但可以忽略不计。——原书注

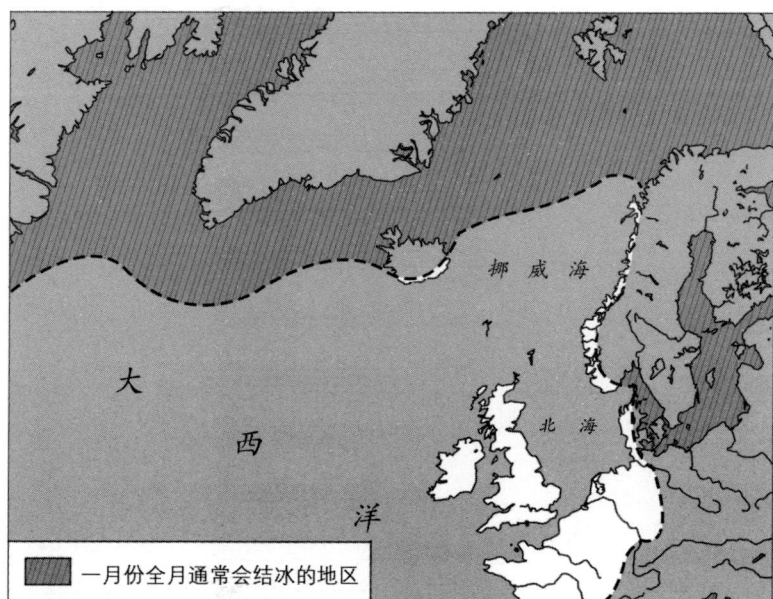

图 11-2　温暖的海湾

图中显示了英国特殊的气候位置。

4. 与旧大陆的地缘关系。——英国与欧洲西北部的其他国家一样，在美洲被发现之前，都处于整个世界的外围位置。英国处于最末端，在路的尽头。无论是来自东方的草原人，还是来自南方的伊斯兰教徒，都没有到过英国海岸，摩尔人最远到达普瓦捷，保加利亚人跨越了莱茵河。因此，英国是完全孤立的。它不像西西里岛，西西里岛表面上看似乎应该有自己的历史，但它处于东西方之间，南北方之间，希腊和腓尼基之间，罗马和迦太基之间，基督教和伊斯兰教之间，诺曼人和撒拉逊人之间，土耳其人和西班牙人之间，所以西西里岛的历史只是西西里岛上相遇的不同势力之间纷争的历史，西西里岛是环地中海的古代世界和中世纪世界的一部分。在葡萄牙人和西班牙人的发现使海洋变得重要之前，英国在很大程度上是一块独立的土地，即使是现在，英国的重要性也完全不是因为它在大片陆地中心。如果考虑船舶进出英国的路线，就会发现，几乎有半圈的区域——从西边向北再到东北——实际上没有任何交通到达英国。向北面是一条死路，哪里都去不了，正北方向至今仍然没有地方可以来往，因此攻击也不大可能来自这个方向。

所有这些条件都控制了英国的历史，有时是一起发挥作用，有时是单独。

英国位于世界的尽头，长期以来一直是许多部落最后的避难所，他们从多佛的大陆角进入，在后来的移民的挤兑下向岛屿内部越走越远，深入西北方。从欧洲大陆上就能眺望到英国的海岸，是什么力量迫使这些人越海过来，我们无法确切知道，不过我们可以猜测。每一波后来的移民似乎都有比前一波更高的文明，他们在战争中或和平时代使用能量的能力更高。毫无疑问，他们是从其他人那里学到了使用能量和节约能量的方法，但由于他们只是模仿者，所以在历史上几乎算不上什么。后来，英格兰低地终于成为罗马帝国的一部分，不列颠岛被带入了世界。

随着罗马人的离开，英国是一个岛屿这一情况继续产生影响。当时英国内部没有中央组织，所以英国是一个岛屿这一情况实际上导致了从北海来的航海者从各个方向发动攻击，并且成功了。撒克逊人、朱特人、盎格鲁人、丹麦人和维京人从东南西北各个方向进攻，建立了一些小国，并将一些习俗和生活方式带到岛上，影响至今。甚至有几年时

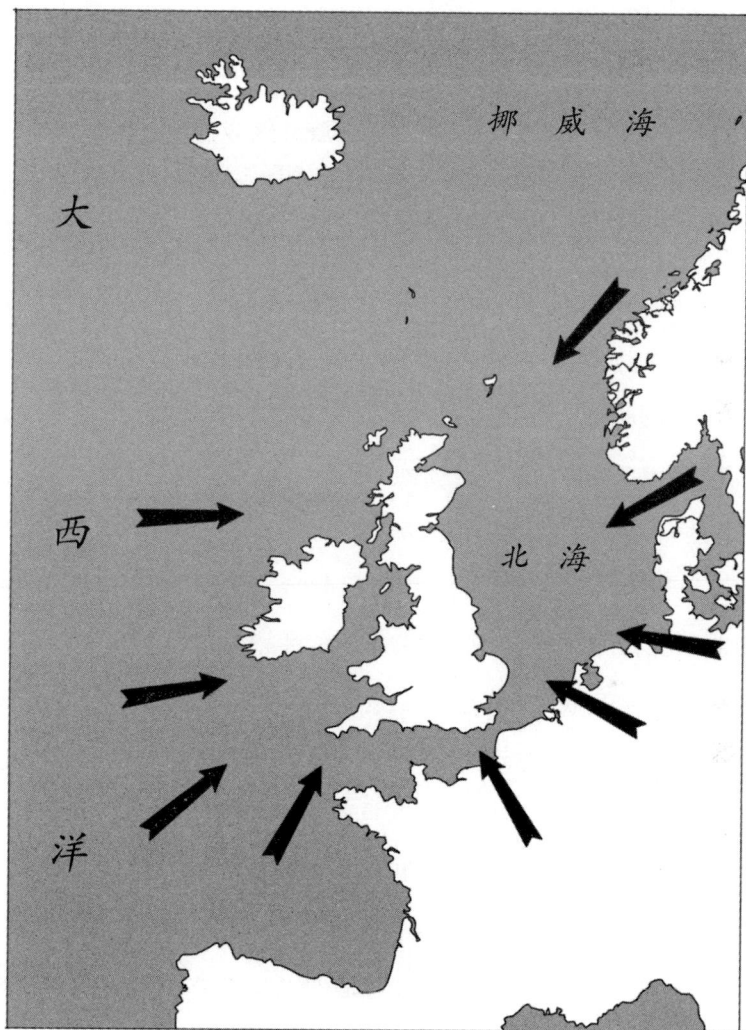

图 11-3　进入英国的通道

　　此图显示，在围绕英国的大半个圆周上都有进入的通道，挪威北部的通道只能算是其中不起眼的一条。

间，有一个以北海为基地的帝国几乎控制了英格兰的所有低地。

最后，诺曼人再次渡过英吉利海峡，英格兰的低地被威廉和他的儿子们从内部实施了强有力的统治。这种统治自然以伦敦为中心——靠近感潮段的一端，处于河北岸沼泽地中最近的一块坚实的土地上，是泰晤士河谷下游道路汇聚的交叉点，也是船只可以到达的地方。从唐斯山到奇尔特恩丘陵之间，都没有能与伦敦竞争的对手，仅有的另一处有可能形成中心的位置在温彻斯特，位于可由南安普敦河口进入的另一个盆地中。有一段时间，法国北部和西部的平原也在英国中心的统治之下：安茹王朝从切维厄特丘陵①一直延伸到比利牛斯山脉。然后，英国是一个岛屿这一事实开始以其他方式支配历史。法国人对讲外来语的人天生的戒备心开始冒头，对讲法语的巴黎统治者的厌恶自然不及对来自海峡对面讲英语的伦敦统治者的厌恶强烈，最终法国人以巴黎为中心联合起来形成了法兰西民族。然而海峡群岛从来未曾属于过法国，在诺曼人征服英格兰之前，它们就被诺曼人占据着，并一直提醒人们，在英国历史中的好几百年里，海洋不是一种保护，而是航海者到来的通道。

然后，英格兰低地的中央集权政府逐渐控制了低地以外的地区。长期以来，具有不同特点的威尔士高地都是一片独立的土地；长期以来，拥有自己的中央政府的苏格兰低地也是独立的，它被广阔的沼泽地保护着，只有偷牛贼居住，这些偷牛贼遍布英格兰的北部和苏格兰南部。无论是在罗马时代还是在此后的一千多年里，大不列颠都没有形成一个整

---

① 切维厄特丘陵是英格兰与苏格兰的天然边界。——译者注

体，这里的高地也和其他高地一样会产生不同的经济条件，从而促生不同的政治条件。但最终，整个岛屿成了一个中央集权的政治单位，由海洋保护着，也积极地利用海洋作为防御。

在这个政治单位内，尽管各个低地依然彼此分离，但总能量已经开始积累。以牧草为食的绵羊出产羊毛，而牧草一年四季都能生长；强大的政府能够抵御入侵的威胁，并防止出现无政府状态，使养羊业的发展得以不受影响。羊毛被卖给了海外商人。贸易渐趋形成，因为人们可以全年劳作，而船只可以将货物运送到深入内陆的地方，并在内陆装满货舱，所以通过这种贸易，更多的能量被积累。这种进步之所以能够实现，不仅是因为岛屿周围都有海洋的保护，而且还因为有了一个中央政府。事实上，英国是近代欧洲第一个中央集权的国家。

而在这段时间里，英国一直处于世界的尽头。随着海洋和美洲的发现，英国受到了两方面的影响。

（1）人们发现，英国与葡萄牙、西班牙、荷兰和法国一样，都是向海洋开放的。从英国出发，就像从这些地方出发一样，人们可以很容易地航行到世界各地，而且确实成功了。英国甚至也尝试去寻找印度群岛。比哥伦布航行还要早十二年，布里斯托尔的商人们就曾派船到大西洋上试图发现一些能够充当通往东方香料之乡踏脚石的岛屿。

（2）当通往印度和美洲的远洋交通发展起来后，英国的南部海岸密切地参与其中，而西北部仍然远离所有交通和攻击。

然后，正如我们已经了解到的，英国从前的历史和地理条件控制了接下来的历史。英国被周边的海域保护着，因为它的政府是中央集权政府，也因为国家是安全的，它节约了能量，所以英国在中世纪出现的国家中获得了领先地位。英国的许多居民都是水手，它的商人为国家不断增加财富，也就是不断积累能量，他们深知自己的财富来自海外的商业。海洋并不是一个未知的事物。但起初，英国并没有从印度的发现中得到很大的好处。将大部分原本属于意大利共和城邦的贸易份额抢夺过来的，最开始是葡萄牙，然后是荷兰，西班牙则控制着贵金属的产地。西班牙人以"无敌舰队"攻击英国，而实际上，英国的水手比西班牙的士兵更有优势，因为西班牙人并不熟悉海洋。英国船虽然比西班牙船小，但更容易操纵，因为它们基本上是商船，为海建造，由水手操纵；而西班牙船则更像是浮动的城堡，它们是为在海上作战的士兵建造的，适合按照陆地战争的方式作战。雷利和德雷克等英国航海者确实试图从西印度西班牙的领地上带回宝藏，但英国的统治者与西班牙统治者不同，他们还不习惯征服的想法，所以当时并不急于占有远隔重洋的遥远土地，即使是雷利建立的弗吉尼亚殖民地也没有什么结果，他在那里寻找黄金，但没有找到，他开辟的这个殖民地只是激发了后世的人漂洋过海去开垦土地的想法。

英国的繁荣也没有像葡萄牙和荷兰那样，一下子就受到了贸易理念的影响。起初，在宗教改革之前，葡萄牙根据教皇的法令拥有垄断权。后来，荷兰人掌握了印度群岛产品进入北欧主要路线的关键，他们自然受到刺激，成了"海上马车夫"，并积累了足够的能量摆脱西班牙统治赢得独立，他们发展比英国更快，因为没有明显的贸易路线通过英国的土地。但英国离荷兰非常近，英国商人很快就尝试开始将遥远土地上的产品更廉价地供应给本土，由此他们发现自己与荷兰人处于竞争和对立的状态。敌意自然产生了。英国与荷兰、法国都发生了冲突。英国用了一个多世纪，不仅变成了一个海上强国，而且成为唯一的海上强国，堪称海洋帝国。

这场斗争从 16 世纪末一直持续到 18 世纪初，不过前半段时间是处于名义上的和平期。从 1600 年，荷兰人将胡椒的价格从每磅 3 先令①提高到 6 先令，英国为了自保，成立了英国东印度公司，英国的商业不断扩大，与荷兰的商业冲突越来越多，但在 1651 年《克伦威尔航海法案》颁布之前双方没有发生真正的战争。需要注意的是，正是在这个日益紧张的时期，黎塞留也曾（1628 年—1642 年期间）试图发展法国的海洋力量，但这一尝试没有扎根于人民的自然行为，政策也没有坚持下去，因此，结果并不如预期的那般好。

《航海法案》规定，所有进入英国或其殖民地的进口产品（正在逐渐增多）必须完全由属于英国自己的船只或由所运产品生长或制造的国家的船只来运输。这是对荷兰的挑衅，与荷兰的战争自然随之而来。争夺海洋霸权的斗争持续了六十年，可明确分为四个阶段。

①英国与荷兰作战。

②英国与荷兰、法国联军作战。

③英国与法国联合，与荷兰作战。

④英国与荷兰联合，与法国作战。

---

① 先令：英国的旧辅币单位，1 英镑等于 20 先令。

（1）第一个阶段从 1652 年到 1665 年。在英联邦统治下的第一次战争中，英国如果说有什么优势的话，那也是微乎其微的。在查理国王统治时期的第二次战争中，英国获得全面胜利。但其真正实力只是偶然灵光一现，在 1665 年秋天，尽管海军取得了成功，却因为鼠疫而无法出海。然后，荷兰和英国的地理位置的差异明显地突显出来，英国用其积累的能量雇用了雇佣兵，在陆地上攻击荷兰。

（2）这便进入了第二阶段的较量，荷兰人立即寻求法国人的援助，以守住陆地边界。但这一阶段并没有持续很久，仅仅在 1666 年至 1667 年间，因为尽管英国再次领先于荷兰，但双方都看到法国正从它们的贸易损失中获利。和平被修补起来，甚至形成了一个维持了几年的联盟。

（3）法国在柯尔贝尔[①]主政期间，成为海洋强国的间歇性努力又进行了一次尝试。在法国特有的中央集权方式的组织下，国内商品的生产、船舶的建造和殖民地的建立都运作协调，并得到了强烈刺激，法国完全有机会成为海洋强国中的领先者，但历史惯性和地理条件再次发挥了作用。一方面，法国人民习惯于自己的生活方式，无法迅速利用政府机构提供的便利；另一方面，地理条件再次诱使政府考虑扩张东部边境，支持航海的政府服务还没来得及产生很大效果就被撤销了。而在东部的陆地边界上，出了法国向东北方向最便捷的路径上，是荷兰等低地国家。西班牙势力变弱，一直属于西班牙统治的诸多低地国家马上就落

---

① 柯尔贝尔（1619—1683）：法国政治家。在路易十四时代曾担任财政大臣和海军国务大臣。

入了法国的手中，荷兰面临直接威胁。这正中英国下怀，尤其是法国的舰队虽然强大了一些，但在商业上并不是英国的对手。英国主张要求越来越多的海上权威，经过一段紧张的时期，在 1672 年，英国和法国联合起来向荷兰宣战。在这一过程中，荷兰由于从其商业利润中获得了补贴，又得到了盟友的帮助，这些盟友帮助荷兰转移了陆地边界的压力，而荷兰舰队的力量能够防止来自海上的直接入侵。但是，商业利润补贴是不足的，因为荷兰很小，陆地边界是对一个巨大的中央集权的陆地强国敞开的，而在海上，其实力在那个没有陆地边境需要防御的海洋强国面前只能甘拜下风，因为后者可以通过其收益来支持战争。当英国在 1674 年退出战争时，其霸主地位得到了从西班牙的菲尼斯特雷角[1]到挪威广大地区的承认。英国的优势地位到这里还没有结束，在英国退出战争后，荷兰和法国的战争持续至 1678 年，而英国成了一个中立国，荷兰的运输贸易被转移到英国的船上，因为荷兰的船只仍然受到法国私掠者的威胁，英国的船只渡海时更安全。

法国经过深思熟虑后选择将重点投向陆地而不是海洋，这实际上让英国得以在海上自由行动。甚至早在詹姆斯一世时期，英国就主张拥有在海上凌驾于法国之上的霸权，并且确实得到了。但如果柯尔贝尔的计划能够顺利进行，莱布尼茨的建议能被采纳[2]，法国便能够凭借所拥有的

---

[1] 菲尼斯特雷角：西班牙西北海岸的一个岬角。

[2] 1672 年，莱布尼茨受美茵茨选帝侯大主教舍恩博恩的约翰·腓力的派遣，出使巴黎，劝说法国放弃入侵荷兰及其他西欧日耳曼邻国，将精力转投于埃及，开拓海外。但建议未被采纳。——译者注

地理优势缔造出一个海上帝国，荷兰不可能抵挡，英国也难以战胜。如果法国利用其处在地中海北岸的地理位置，控制当时没有海上强国的地中海，支配埃及，就可以控制印度和黎凡特的大部分贸易，就会在埃及的两边都占领驻地，就会成为比荷兰更重要的海上力量，并逐渐取代本土的弱小盟友，加强在欧洲的地位，成为英国的劲敌。

（4）这样我们就进入了第四阶段。英国以荷兰为盟友，而荷兰比英国弱得多，英国无须顾忌它。英国破坏了法国的海军和航运。这一阶段从1688年持续到1713年，在此期间，法国还参与了奥格斯堡同盟战争和西班牙继承战争等大陆战争。需要注意的是，一支最高军事水平的海军本身并不能带来海上力量。在这个时期之初，法国的海军在数量和装备上都优于英国和荷兰的联合海军，它所缺乏的是积累能量的海上贸易。英国的不足很快就得到了弥补，而法国的资源却在不断流失，导致其船只甚至无法得到补给，而这些资源之所以流失，是因为它们被耗费在陆地边界上的战争中。英国向法国的对手提供资助，维持战争继续下去。因此，尽管在第一年里没有重要的海战，尽管英国似乎与大陆上的事件关系不大，但这一时期是英国历史上最值得注意的时期之一，而英国日益增强的海上力量所施加的无声压力是整个斗争中的重要因素。英国的商业在一定程度上受到了法国私掠者的影响，但这种损失因商业的巨大增长而得到了弥补，利用商业利润，也就是积累的能量，英国能够支持大陆战争而没有过度沉重的负担，直到法国被耗尽。

在这场斗争中，荷兰也不再是一个海上强国了。它无法像英国那样弥补海军的损失，因为其资源像法国一样被陆地战争耗尽了，它在海上越来越依赖英国。它在《乌得勒支和约》中没有得到任何好处，运输贸易和海军都没有了。英国得到了这场斗争的所有好处。商业得到了极大的发展，这是最突出的收获。它获得了原本属于葡萄牙的贸易控制权，而地中海上的直布罗陀和马翁港由西班牙割让给英国，大西洋对岸的纽芬兰和新斯科舍由法国割让给英国，英国由此拥有了扩展和保护其贸易的新基地。

由于地理条件以及对地理条件的主动利用，英国的商业还出现了另一个结果。它的船只可以比其竞争对手的船只更安全地运输商品，全世界的运输贸易都逐渐落入了英国手中，而且由于英国本土比其他国家都更加安全，对贸易的管理便比其他所有地方都更加节约能量。

金属货币取代了易货贸易，这是文明的一个巨大进步。要交换的东西很笨重，难以携带，而且很容易发生这样的情况：尽管一个人有更多的剩余产品，但他却找不到另一个有他想要的东西同时又需要他的产品的人。金属货币为许多人接受，这促进了交换，也就是说生产出的能量的可利用性更高了。

接着，在所有文明国家，特别是在英国，又取得了一项进步。除了小规模的零售交易外，几乎不会出现货币转手。国家的所有商业活动都被银行的账目系统简化了，这个系统将个人或企业所拥有的财富和所完成的工作价值——也就是所花费的能量——都记录下来。想购买任何东西时，他开出一张支票便能将资产转让给其他人，而后者可以将收到的资产再次转让。所有这一切要想实现，国家必须安全，人们必须相互信任，而不必要的能量消耗是很少的。英格兰银行是这座信用大厦的基石，它成立于17世纪末，这并不是偶然的，全世界只有伦敦有把握用一张表明欠钱的纸换取到黄金[1]，这也并非偶然。

就这样，大约在18世纪初，商业开始大规模地组织起来，因为当时英国已经成为海上强国。1720年"南海泡沫"事件[2]发生时的情况表明，一方面，英国有大量的剩余能量，即资本，另一方面，人们开始更大规模地组织运作资本，这之所以可能，是因为安全性很高。南海公司成立于1711年，那是在战争结束之前，它的成立是由于政府希望降低政府所借钱的利率。1719年，政府又一次尝试，进一步降低了利率，这使人们看到了通过使用货币来增加货币的方法。泡沫破裂并不是因为安全性不高——南海公司的100英镑股票的价值从未跌至175英镑之下，而是因为安全性中的信任因素——这由对海洋的控制决定——很自然但不合理地扩展到了与海洋控制无关的事情上。

在18世纪，英国贸易和海洋控制权的至高无上的地位一次又一次地受到挑战，但英国总是从斗争中胜出，扩大统治权和贸易，只是在美国独立战争中遭受了严重损失。

由于英国贸易的扩张，法国和西班牙从1739年至1748年，以及1756年至1763年，均与英国发生了战争，既有直接战争，也有间接冲

---

[1] 在某种意义上，黄金比纸币更有价值，因为它的人为价值得到了更广泛的承认，而不是因为它真的更有价值：黄金和纸币都不是能量，它们都只是代币。——原书注

[2] 1720年，英国南海公司因接收了政府国债而股价暴涨，全英民众都陷入了投资狂热，其他股份公司的股票也都成了投机对象，但有许多股价是被故意哄抬的，最终大量投资者损失惨重。这一事件被称作"南海泡沫"。——译者注

突。这两个国家每次都还同时卷入了大陆战争，而英国每次都以商业利润来支持他们的对手，因此他们的资源被陆上战争耗尽，而那些已经兴起的商业却越来越多地落入英国手中。在法国东印度公司的运作下，法国的商业在印度不断发展壮大，在加拿大和西印度群岛也发展良好，但它完全没有得到海军的支持，这些地方要么迅速完全成为英国的土地，要么被英国控制，贸易变得对英国有利。

　　到此时为止，英国在不列颠岛以外的属地大多只是贸易站或海军的停靠点。其理想是腓尼基式的，而不是罗马式的；是贸易，而不是征服。但是，真正的殖民地也在逐渐成长起来，英国出生的人到了那里定居下来，并不打算返回祖国。在面向海洋的北美东部海岸，气候确实比英国更极端，但比东海岸其他地方要温和一些，移居至此的英国人他们建立起一个新英格兰，通过征服又扩充出新苏格兰，也已经有人定居，而纽约的雏形、古老的弗吉尼亚殖民地和较新的卡罗莱纳和佐治亚殖民地开始向南和向西延伸。这些地方已经有了 200 万人口，需要扩张的空间，于是与法国人的冲突自然而来。法国人是通过南方的圣劳伦斯河和密西西比河的大河系统进入北美大陆的，虽然他们的人数还不到英国人的二十分之一，但正力图控制畅通的水道容易到达的整个广阔地区。加拿大被英国的海军切断了与法国本土的联系，成为英国的一个领地。

　　在印度，英法除了贸易方面的竞争外，还出现了陆地征服方面的竞争，但由于法国没有舰队的支持，目标全都成了泡影。七年战争结束后，法国确实被允许保留贸易站，但征服权却落到了英国手中，甚至贸易站也变得不那么重要了，因为大量的贸易自然而然地流向了邻近的英国港口。因此，1763年，部分以建立殖民地定居的和平方式，部分以征服的方式，大片土地都在英国的统治之下，大不列颠王国实际上已经成为大英帝国，而英国的贸易仍在增长。

但是，正如在"南海泡沫"事件中突然扩大贸易时所犯的错误一样，英国在殖民地政府管理方面也犯了错误。理所当然地，这些土地对英国的需求多于他们能向英国输送的东西，因此贸易对他们是不利的。换句话说，能量被消耗掉了。这需要通过其他方式来弥补。弥补的办法是通过与南方的西班牙殖民地进行非法贸易，并向他们提供他们无法种植却急需的产品。英国干预了这一行为，直接禁止非法贸易，并派出舰队阻止，又通过法令间接要求殖民地向英国国库缴纳他们无法负担的税款，这些举动引起了殖民地人们的不满。虽然这些税款的征收最终成了最关键的问题，但停止贸易才是麻烦的开始。

此时，法国已经意识到，它的陆地扩张计划总是被英国的海上力量挫败，所以现在，英国的资源消耗在美洲大陆的陆地战争之时，似乎再次挑战这一力量的时机到来了；而且，法国认识到英国的力量在海上，于是法国努力避免被卷入英国力图挑起的欧洲战争。因此，英国陷入了不利地位。而且在和平年代，任何一点钱如果没有花在明显的商业追求上就会被视作浪费，英国的海军军费削减，实力削弱，而当宣战时，法国和西班牙的盟军舰队便更有优势。然而，即使如此，英国也只是失去了美洲殖民地[①]，因为由地理控制的过去的历史发挥了作用。英国海军有

---

① 这存在一些争议，有一些是被交换掉的。——原书注

着海洋传统，这在很大程度上是一个胜利的传统，而法西盟军的海军对海上并不熟悉。虽然双方都犯了错误，但影响更深远的错误是由法兰西盟军犯下的。在1783年的和谈中，英国获得了非常有利的条款，因为法国又一次遭受了财政上的枯竭。

英国海军不仅有海上传统，而且在海上使用和节约能量方面的能力始终领先。英国海员学到的海战技巧远多于他们的对手。在早期，近身交手的肉搏战是进行战争的唯一方法，在海上作战与在陆地作战基本相同。对立的船队直接扬帆或划桨冲向对方，就像紧凑的希腊方阵冲破对方的军队一样，靠近的船只将许多人聚集在一起，攻击已经陷入混乱的敌人。熟悉大海和海上的情况，以及驾驭船只的能力，是在海上作战的人需要具备的主要条件。只要是水手与陆地人之间的较量，那么海上的优势就归于水手，主要是因为他们了解海洋，能够驾驭船只。正如我们所看到的，西班牙人根本就不是真正的水手，他们在海上被荷兰人和英国人打败了。而在1653年之后的六十年里，由于当时的条件，出现了新的海战原则，从当时情况看，那些最经济地使用其战斗力的人获得了优势。

一艘船的长度比宽度要长很多，当船只开始装备大量小炮后，从船的两侧可以瞄准的炮比从船头或船尾瞄准的大炮多得多，因此船只从侧面攻击是最高效的，而为了使整个舰队发挥最大效力，敌我双方之间决不能有友舰。因此，参加战斗的船只必须排成一条线，移动方向与战斗方向呈直角。为了使这条战线在各点上都有同样的实力，只有具备相当实力的船只才能加入其中。这些船只就是战线船只。这样一来，战斗就不再是直接冲向敌人了。风力条件需要考虑，甚至比以前还要重要。迎风的舰队有选择是否发动攻击的优势，但如果它真的进攻，就会处于一定的劣势，因为它需要直接驶向敌人，在这种情况下，能够使用的炮便少了，或者舰队分批逐渐投入战斗，而第一批次的战舰会受到重大损害。如果被打败了，它就没有什么机会逃跑。顺风的舰队没有攻击的选择，但有更好的逃跑机会，而且在被攻击时可以削弱敌人的力量。而在美国独立战争中，当法国进攻英国时，英国舰队也习惯性地选择迎风的位置，法国则选择顺风的位置，这一点是值得注意的。

这种行动上的差异并不是偶然的，部分因为拥有更多的经验，英国水手更了解海战和海战原则。在陆地上交战要选择重要的军事阵地，因为它们的位置对防御或攻击都是有利的。有些地方，如埃及和迦勒底，天然有沙漠或沼泽的防御，像罗马或巴黎这样的城市处于最容易击退攻击的位置。但在海上，所有地方的防守难易程度都是相同的。就军事意义而言，没有"阵地"。英国水手们因为有更多的海上作战经验，对这一点十分了解。他们也或自觉或不自觉地了解到由于这一点，最好的防御是攻击，不是攻击敌人的海岸，而是攻击敌人的舰队，只要发现它就发动攻击，因为如果英国被入侵，那舰队便是实现入侵的唯一方式。他们已经知道一开始投入得多，但从长远来看可以节约更多。而法国人本能地倾向于采取更谨慎的政策，他们在没有实际需要的时候把舰队留在港口，除非有必胜的把握，否则不会进攻。一方努力通过消耗来增加储存的能量，另一方则是囤积和保存已经储存的能量。英国发现，前者在商业和战争中会实现更好的结果。

而他们更丰富的经验也使他们更有机会发现可以通过攻击获得最佳效果的方法：如何通过利用风的优势或船只运动时的惯性来以少胜多。

因此，美国独立战争结束了，主要是因为法国的资源——储存的能量——被耗尽了。这并不是什么新鲜事，因为我们已经看到，一个世纪以来，法国的资源一直在不断流失，而没有任何相应的补充。巴黎的集权政府能够从分散的耕种者那里强行获得必要的补给来维持局面，但这只会使他们变得更穷，更无法从土地中获得最好的产出，城镇中的贫困阶层自然也会因缺乏食物而受苦。

这种状况最终引发了革命，虽然君主制被推翻了，虽然君主立宪制议会变成了国民议会，失去了它表面上有保障的权力，但是巴黎的集权——也就是原来属于国王的集权的基础——引起的政府的改变，导致在整个法国没有任何起义有机会成功。每一次起义，无论是在罗讷河谷，在波尔多，在旺代，还是在布列塔尼，无论是反对共和主义，还是反对当时执政的某个特定形式，都是孤立的，无法与其他起义势力联合，并且很容易受到巴黎的攻击和镇压。

而且，法国在东部的陆地边界也控制着对外政策。新政府的愿望起初并不主要是统治土地，而更多是为了传播自由、平等和博爱的新思想；但目标越来越多地迷失在方法之中，因此，土地扩张，起初是实现思想的方法，最终却成了目标本身。政府称："法国的制度将扩展到所有被她的军队所占领的国家。"但在试图用军队占领这些国家的过程中，扩展法国制度的想法已经消失了。在这次尝试中，旧的条件控制了问题，因为最容易占领的国家在法国的东部边界之外。

起初在全体法国人民的推动下，后来在近代最伟大的将军①的辉煌领导下，法国叫嚣着要完全征服欧洲大陆，如果没有海上力量强国，几乎可以肯定，法国会统治世界很多年，但英国的海洋力量一如既往地遏制了法国。英国凭借舰队和用商业积累的资金资助盟友与法国开战的老方法，阻止了法国的扩张，而逐渐掌控指挥权的拿破仑清楚地看到，英国和英国的商业是他真正的敌人。

　　在接下来的斗争中，同样有四个明显的阶段，在每一个阶段，英国的海洋商业的重要性，海洋力量的影响，都是显而易见的。

　　（1）拿破仑起初认为，印度是英国商业霸权的来源，是其财富和抵抗力的来源。因此，在1795年至1797年间，他以精湛的外交技巧和战争技巧，分别征服了意大利和亚得里亚海沿岸的许多小国，并建立了法国模式的小共和国，然后在1798年南下埃及，当时法国还有一些战舰在他的掌控中。他彻底征服并重新规划了那片古老的土地，甚至还试图到达并征服另一片古老的土地——迦勒底。通过这些征服，拿破仑希望建立起向印度进军的垫脚石。而在这个过程中，由于法国在欧洲南岸的征服，表面上看——而且在某种程度上确实是——英国损失惨重，它的舰队被切断了与基地的联系。然而英国派出了一支由纳尔逊率领的舰队，在对拿破仑的计划和行动一无所知的情况下，在整个东地中海用了六个星期的时间搜寻，最后在阿布基尔湾发现了法国舰队，然后只用了一两个小时，就有效地切断了拿破仑与欧洲的联系。从1798年9月9

―――――――――――

① 指拿破仑·波拿巴。

日到 1799 年 2 月 5 日，拿破仑甚至没有收到过一封邮件。拿破仑向东征服的计划没有结果，因为他不能让自己的后方存在一个未被征服的阿卡城①，而这座城市仅仅依靠两艘战舰的帮助便抵挡住了他的攻击。他自己悄悄地逃走了，但他的军队却被封锁住无法进行任何军事行动，直到 1801 年临时和谈之前才被允许离开。

（2）然后，拿破仑试图打击英国在欧洲北部的商业。当然，在此之前，英国与荷兰和莱茵河的贸易已经受到遏制，但在更靠东的地区，威悉河、易北河和波罗的海仍然开放，因为使用这些水道的国家远离法国，并保持中立。作为中立国，它们的船只是安全的，因此各国都倾向于用这些国家的船只进行贸易，但为了阻止法国积累任何资源，英国主张中立国不应该帮助法国的贸易，也不应该把有助于法国重建海军的东西运到法国，这些东西，如木材和麻，大多来自波罗的海。这种主张引发了这些国家的不满，因此拿破仑从埃及回来后，以高超的策略击败了中欧反对他的军队后，便开始利用这种不满情绪，使欧洲北部的这些势力——普鲁士、丹麦、俄罗斯和瑞典——于 1800 年 12 月联合了起来，实行武装中立，在必要时将以武力反对英国的主张。这样，英国在欧洲便孤立无援，要独自面对法国了。但是，丹麦舰队在哥本哈根被摧毁，俄罗斯沙皇因限制俄国贸易而被刺杀，武装中立的联盟被打破。每个国家都看到，在这种情况下，尽管英国提出了各种限制，但同意英国的主张并继续进行贸易能更好地满足自身利益，也就是说，能积累更多能

---

① 阿卡城：以色列西北部港口城市，当时为奥斯曼土耳其帝国领地。

量。因此，到 1801 年底，英国又与除法国以外的所有欧洲国家建立了友好关系。

拿破仑再次将部队推进到意大利南部，再次试图到达埃及，但这一尝试又是徒劳无功的，因为英国仍然拥有海上控制权。甚至拿破仑也渴望和平。1801 年 10 月双方签署了初步协议，1802 年 3 月签署了《亚眠条约》，但拿破仑仍然认为，"英国仅凭自身是无法与法国抗衡的"，他明显蓄意无视和约条款，导致战争于 1803 年重新爆发。

（3）由于对埃及和英国在欧洲北部的贸易的攻击都不成功，拿破仑决心直接打击英国的心脏。这实际上是唯一可以选择的攻击，但问题在于是否可以实现。在为这次入侵做准备的同时，法国还尝试了原本的攻击方法。部队再次被推进到意大利南部。这是徒劳的，因为英国仍然控制着海洋。汉诺威被法军占领，埃姆斯河、威悉河和易北河的河口被关闭。甚至库克斯港也被军队占领，以阻止英国与易北河的贸易。这样做并没有得到过境国家的同意。拿破仑现在知道，他的死敌是英国，其他国家其实并不重要，而英国的力量恰恰在于，拿破仑要想触及英国就不得不与其他这些国家的人民为敌。

为了发动入侵，一支 10 万人的大军将被运往英国。为此，普通的运输工具是不可能的。整个法国都没有足够的运输工具，法国的商业已经被摧毁。它也无法建造运输船，因为木材等材料的供应被切断了。如果船只建好，它的港口空间也不够，如果船只可以投入使用，部队也只能在英国一侧非常缓慢地上岸。计划中的入侵必须用大量的小船来进行，这些小船可以迅速靠岸，使规模足够的部队能够同时迅速登陆，战胜任何可能来对付他们的军队。小船可以在大雾或风平浪静的时候穿越海峡，而战舰在这种情况下却无法移动——拿破仑小心翼翼地强调了这一事实——不过，如果法国人能够控制住海峡，哪怕几个小时，那么成功的可能性就更大了，而且在他自己心中，他认为有必要得到一支装备充足的舰队的支持。

但这次对英国的打击也是徒劳的，法国虽然费了很大功夫在不同的被保护的港口建造出来了舰队的分部，却并没有机会联合成一个足够强大的协作紧密的机构，去保护经历重重困难在布洛涅聚集起来的小船船队。因为此时的英国在海战知识方面已经取得了又一步的进步，并且发现保护自己的海岸和贸易的最佳方法——即最便宜的方法——是阻止法国舰队离开港口。法国倾向于采取"节约"路线，所以总是将船停在港口内，这令法国人无法熟悉海洋，而英国水手会好几年都不下船——纳尔逊整整两年都没有离开过他的旗舰——这使他们在管理船只方面得到了磨砺和训练，当要在战斗中操纵船只时，英国很容易胜出。

因此，从1803年战争一开始，法国的港口就被封锁了。一些编队确实逃了出来，但这些逃亡的时机并不是能由自己决定的，所以他们无法形成足够的规模联合起来控制住海峡，也无法以足够的隐蔽性躲避紧紧追击在后方的英国船只。不过，整个局势的关键在布雷斯特，拿破仑的主力舰队被康沃利斯封锁在那里，他始终都没有给它一丝一毫逃跑的机会。从战略角度看，能这样封锁港口的优势在于当时存在于海洋和陆地之间的另一个差异。在陆地上，除了无法穿越的沙漠之外，几乎到处都有人，一支军队不可能在不为人知的情况下移动；而在海上，特别是在大洋上，舰队可以航行很远的距离而没有人能够发现其动向。曾有过这样的例子，这个例子甚至还是发生在地中海，就是在拿破仑驶向埃及的时候。最初，拿破仑选定大洋对岸的西印度群岛作为法国舰队各分队集结的地点，但各分队被困在各自的港口内，迫使拿破仑试图在比斯开湾集结船只，然而这里的集结行动就会被人发现，便于英国船只进行合适的部署。事实上，维尔纳夫确实带着一个中队逃离了土伦，并到达了西印度群岛，但他没有得到其他分队的支援。相反，他马上就被纳尔逊追上了，纳尔逊非常清楚这样的追击会有什么效果，他不仅预见到维尔纳夫会马上回欧洲，甚至还预见到了他回来的路线。纳尔逊选择了另一条路线，利用西风取得了更大的优势，他带着舰队在欧洲水域等待法国人的到来。维尔纳夫又最后尝试了一次与布雷斯特舰队会合，但他的心脏发了病，之后他向南航行到加的斯。拿破仑看到入侵英国已经无望，于是将在布洛涅等船等了已久的部队调走了。

直到入侵的危险基本结束后三个月，特拉法尔加之战才打响。这场战役之所以打起来，是因为维尔纳夫的无能。他被取代了，他的继任者要率领舰队再次去往地中海，他在继任者到来接手之前得知了这一变动，决定不惜冒一切风险，亲自带着舰队通过直布罗陀海峡。但纳尔逊一直在等待着，一举摧毁了法国舰队的大部分力量，阻止了入侵威胁的再次发生。

因此，熟悉海洋的人把海洋作为一种防御手段，用来对付那些像维尔纳夫那样清楚自己不够熟悉海洋的人，或者对付那些像拿破仑那样无法理解海战的特殊情况的人。之后一百年中英国都没有过被入侵的威胁。

（4）就这样，拿破仑无法把军队运到英吉利海峡的另一边，而不得不试图通过陆地征服海洋。为了做到这一点，世界上所有有点分量的国家都必须联合起来对抗英国，而拿破仑努力使欧洲服从于他的意志。在特拉法尔加之战发生前，他的军队就已经深入到欧洲的中心地带，接着只用了几天，奥地利就臣服在他脚下。普鲁士在1806年底屈服。

这场斗争最后的关键取决于资源，也就是积累的能量。拿破仑试图将英国排除在欧洲大陆市场的所有利润之外，甚至从英国出发的非英国船只也要被扣押。英国试图将法国及其征服地区排除在所有海上交通之外，只有从英国港口出发并已向英国缴纳关税的船只除外。在1807年，英国的谋划成功至极，因为拿破仑正致力于使俄国加入被征服国家的阵列，也臣服于他脚下，无法抽出士兵来推行法国的法令；而丹麦和葡萄牙的舰队在英国的劝说下，在本国被法国军队控制之前就已经撤离。

当拿破仑终于控制了除瑞典和土耳其以外的所有欧洲国家时，英国的处境似乎更加无望了，但它只是宣布所有外国贸易都必须通过英国，而且必须缴纳税费，并利用舰队来强制执行这一规定。因此，英国不仅从所有欧洲对外贸易中抽成从而加强了自己的实力，而且还在两个方面削弱了拿破仑。首先，即使英国有种种限制，与英国进行贸易也至少符合北欧国家人民的利益；交易确实发生了，而拿破仑用军队阻止这种非法贸易，却疏远了这些国家人民的感情。其次，是拿破仑感到需要阻止英国与北欧的贸易，在这种需求的驱使下，他把他最好的士兵分布在北欧50英里宽的海岸带上，这令他无法派出足够的力量来击退英国对伊比利亚半岛的军事进攻。

拿破仑处于两难的境地中。如果他从北欧撤军，去西班牙抗击英国，那么英国就会继续通过北方的贸易来更新补充自己的资源。如果他把军队留在北方——事实上，他确实这样做了——那么他就没有足够的人手把英国人赶出葡萄牙。他的人力资源很分散，能发挥的效能很低。法国越来越穷，所有的商品，越接近法国，就越昂贵，因为如果离法国越远，货物就更容易进口，因此也更便宜。

甚至拿破仑最终的失败，也与他面对以下事实所被迫采取的策略直接相关，这个事实就是，英国是一个受海洋保护的岛国。由于与法国相距遥远，俄罗斯虽然同意拒绝接纳英国的商船，却不愿拒绝由其他国家的商船运来的英国货物。这对拿破仑的计划是致命的，因此法俄有了争议，然后拿破仑发动了对俄罗斯的灾难性远征。普鲁士和奥地利的政府在全体人民的支持下再次鼓起勇气。拿破仑不断丢失阵地，因为他的能量无论是人力还是物力，都已耗尽，最后盟军进入巴黎，角逐结束。事实证明，海洋力量太强大了。

GEOGRAPHY

AND

第十二章
森林

WORLD
POWER

（一）俄罗斯

在之前两章中，我们看到了海洋的发现对居住在欧洲外围的人的思想产生了怎样的刺激，以及这些人如何利用这一发现所带来的优势，从而使毗邻海洋的自然单位的重要性突显出来。这种刺激要么开启了这些单位的成形过程，要么大大加快了这一过程并强化了其结果。西方国家对海洋的发现以及发现带来的一切，都是与平原部落的接触、与阿拉伯人和被阿拉伯人影响而皈依伊斯兰教的人的接触的自然结果。

不过，在继续往下讲之前，我们必须回顾并思考一下欧洲的其他国家是如何跻身于强国之列的。要理解这一点，我们必须注意另一个重要的地理控制，即"森林"及其特质。森林有很多种不同类型，但它们在几个方面都是一样的。（1）它们不容易被穿越；小队或单个人比大队更容易穿越，步行的人比骑马的人更容易穿越；因此，它们与草原有本质的区别。在草原上，所有方向的移动都很容易，而且在草原上，以一定规模的人群生活和移动是占据一定优势的。（2）森林可以被部分清除并建立定居点，周围森林能提供保护，但在原始条件下很难迅速建立大型定居点；如果森林能提供自然野生的果实，就没有什么理由建立定居点，也没有理由诱导人们去积累财产。（3）在上述定居点中，人们从事的是农业，而不是牧业；森林的存在意味着全年没有大的干旱期，因此可以种植庄稼，土地的产出比干旱的草原高。（4）因此，定居点的人口会很少，而且非常分散，而这种农业社区往往更信奉宗族主义，对陌生人不信任。

因此，森林中的生活条件与我们之前所讨论过的所有地方都不同。在早期文明蓬勃发展的土地上，没有一个地方有大量的雨水，也没有一个地方是树木密集到会影响移动，或足以为空地上的定居点提供保护。

而前述的那个世界上的大平原，虽然在表示地貌的地图上看起来是一个整体，但实际上是两个部分，区分根据是森林的存在与否。平原的北部和西北部受到西风的影响，比南部和东部潮湿。夏季比较凉爽，蒸发量也比较小。因此，南部和东部地区只能长草，但北部和西部却是一片林地。在那些冬季干燥寒冷的地区覆盖着松树林，而在位于波罗的海的南面和西南面的更温和的西部地区，则以落叶树种为主。所以，这里是一片面积很大但难以穿越、难以管理、难以统一为一个有凝聚力的整体的地区，它的重要性到了历史相对较晚的时期才显现出来。

前文讲过，在西罗马帝国崩溃时，有一些部落的活动变得明显起来，这些部落是斯拉夫人的。他们的迁移，就像日耳曼人部落的迁移一样，是由于来自更远的东方的压力，而不是由于他们自己有迁移的愿望，也不是被周围环境刺激。另外，他们不可能迁移很远。不管怎么说，他们最终定居在北边的波罗的海和南边的巴尔干半岛之间的地区，一部分在平原上，一部分在丘陵地带。后来来自东方的游牧民族侵入，并盘桓在中部的草原上，将斯拉夫人切断成两部分。我们已经谈过了留在山丘上的南部斯拉夫人，在这里要关注的是森林中的北部斯拉夫人。

在北部斯拉夫人的这片林地中，游牧民族遇到了他们不熟悉的环境，他们不知道如何应对。阿瓦尔人和其他游牧民族从未到过这里，而北斯拉夫人在松树间相对容易清理出来的空地上找到了某种程度的保护。然而，他们是彼此分离的孤立社区，位于遥远的北方，接触不到地中海周围发展起来的刺激性影响，他们自然要很晚才会在文明世界中占据一席之地。而第一个刺激——也许大家可以预料到——来自海洋。

大约在 800 年，由于我们稍后将要介绍的伟大的大德意志帝国①的扩张，现在的丹麦和斯堪的纳维亚地区的居民被刺激得活跃了起来。查理曼大帝对撒克逊人的征服，迫使这些北方民族的注意力向南转移。一些人的思想被掠夺的欲望点燃，另一些人对北方的王国产生了幻想，那里只有小型社区，而且是孤立的，因为在任何一个地方都无法获得相当数量的食物，年轻人早就对离开父母独立生活的观念习以为常，他们都对从海上或陆地上获得生活必需品的危险和艰辛习以为常。他们习以为常的还有为自己打算，为自己行动，而且依靠自己来思考和行动，或与少数支持者合作，很多人都能担当领导工作，但相对来说很少有人可以被领导。于是，有两百年的时间，这些诺斯人（也就是诺曼人）向各个方向涌去，他们探索、战斗、定居，在英格兰和其他国家建立了多个王朝。

---

① 此处指西罗马帝国崩溃之后，由日耳曼民族建立的法兰克王国（其中的东法兰克王国后来发展成为神圣罗马帝国）。

最初他们对所有古老土地的文明都是破坏性的，但对居住着北方斯拉夫人文明程度较低的地区的影响，从一开始就是建设性的。诺夫哥罗德是这些海上民族最容易到达的中心，在所有其他的森林定居点中占据了领先地位，效忠于诺夫哥罗德统治者的地区逐渐扩大，一直向南延伸到森林边缘的稀树地带。它没有进一步延伸，但在这里，它已经可以接触到拜占庭文明和希腊教会，因此，人们受到了这两者的影响。

森林地区交通困难，内部的分裂造成了国家在 11 世纪的分裂，处于首领地位的有时是某个小国，有时是另一个小国，但正如我们可能料想到的那样，连接它们的纽带是很微弱的。后来，它们都或多或少地处于蒙古人的控制之下。然而，即使是可怕的蒙古人，因为骑着马，也没能渗透到古老的中心地区诺夫哥罗德。这片森林始终是俄罗斯的核心，就像西班牙的核心在比利牛斯山，在骑马的穆罕默德信徒不熟悉的环境之中。随着蒙古统治的衰落，在北方未被征服的俄罗斯的刺激下，在森林的边界附近，但仍然在森林内，以莫斯科为中心的莫斯科公国逐渐发展起来，它充当了森林外的蒙古人和森林内迫于外部压力联合起来的俄罗斯人之间的中间人。最终，在 15 世纪末，莫斯科公国摆脱了蒙古人统治的枷锁，成为真正独立的中央集权化的俄罗斯的中心。强大的中央政府建立起来之后，人们很快就意识到草原人的力量在于他们的联合和流动性，但他们的流动性恰恰也可能是弱点的根源，因为他们没有明确的中心。如果一个中央集权化的定居的势力能够组织一支机动部队来对付这些游牧民族，至少可以将他们控制住。俄罗斯做到了这一点，没用五十年，现在俄罗斯南部的大部分草原地区都被组织在俄罗斯的统治之下，到17世纪末，这种统治已经扩展到中亚的广袤平原，在此之前，中亚一直是平原边缘地区所有文明的威胁。在整个历史过程中对文明造成干扰的元素被最终清除，而且，这些元素被组织了起来，成为能量的来源，而不是破坏能量的手段。

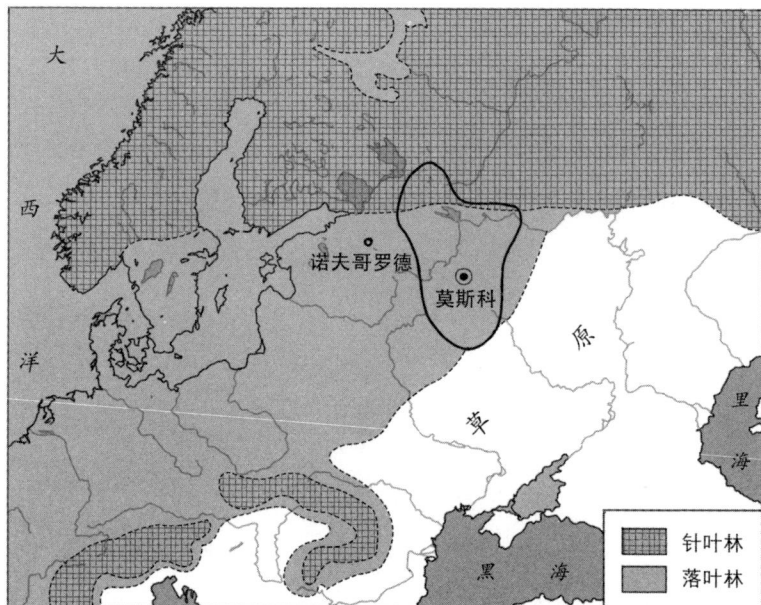

图 12-1 莫斯科公国的位置和范围

图中显示了14世纪时莫斯科公国的位置和范围，及其与森林地区的关系。

就这样，俄罗斯把从森林地带到北方的整个平原都组织了起来。此后，昔日曾被游牧民族扫荡得一干二净的地方得以逐步有人定居；在牧民只能找到少量草料的地方，利用灌溉使土地得到耕种；在没有石头因而不可能修建公路的土地上修建铁路；将莫斯科——而不是彼得格勒（圣彼得堡）——建造成汇集了许多不同民族的全部生活的中心。

除了无用的冰冻的北方，占据着欧亚大陆中部地区的俄罗斯是没有地方靠海的，所以有两百年的时间，俄罗斯的对外政策都包含去接近海洋的尝试，有时是通过芬兰湾穿过波罗的海，有时是通过博斯普鲁斯海峡和地中海，有时是穿过阿富汗或波斯，有时从远东的边界向南到太平洋。但直到现在也没有取得很大的成功，因为西面的国家较早地形成了稳定的形式，而南面和东面则是巨大的、几乎无法逾越的山脉屏障。但是，俄罗斯拥有能够养活大量人口但仍万里无踪的广袤地区，其领土已经组织起来，几乎可以自给自足，这里占据着旧大陆的心脏地带，并培育出了必须勇敢坚韧才能经受住其气候的人，而俄罗斯还没有达到资源的极限，而且显然它在现代世界中也是不可忽视的大国势力。

（二）德国

我们还没有讨论欧洲这个半岛状的大陆的中北部地区，也就是大致上现在的德国地区。这里的地理条件最为复杂，历史条件自然也不简单。

（1）最明显的地理事实是，这片地区是中心地带，这个中心的意义不仅仅是类似大平原所处的那种中心。事实上，除北面外，这片地区所有方向都是陆地，广阔的高原地区将它与东面和西面所有重要的土地都隔绝开了，因此，尽管平原地区的部落不时地渗透到这些边缘地区，但在俄罗斯从西部森林中兴起之前，实际上没有出现过反方向的行动。即使是俄罗斯，在其历史的大部分时间里也只受到三个外部刺激的影响：来自西北的诺曼人，来自西南的拜占庭文明和教会，以及来自东南的部落。北欧的这个中心地带则受到了来自不同方向的许多刺激的影响。①从罗马帝国时期开始，它便受到了起源于南方和西方文明地区的所有不同刺激的影响。②它受到来自北方海洋和海洋以外的大洋的刺激影响，不是一次，而是很多次，方式也多种多样。③它受到来自东方的刺激影响，不仅仅是来自平原的部落，还有来自小亚细亚的蛮人。这些刺激因素不是像对俄罗斯那样仅仅作用一次或两次，而是从罗马时代开始就几乎不断地作用，而且作用的形式不断发生变化。

（2）地貌是非常复杂的。平原的西端正好毗邻公海。在这块条状平原的南部，地势升高，但有相当多的地区低于地势平均水平，包括一些相对狭窄的山谷，还有一些可称为平原的地区，如从巴塞尔延伸到法兰克福北部的地区，莱茵河流经其中大部分地区。与之相对的，还有一些或大或小的高地，海拔也都相差很多，如黑森林或环绕波希米亚的高地。这些地貌单位在大小上差别很大。它们并不都像希腊的地貌单位那样小，但无论大小，这样复杂的地貌都造成了生活方式的多样性，因而不适合统一为一体。

（3）这种生活方式的多样性并不是全部。意大利也有多样性，但意大利半岛的高地和低地构成很有条理性，罗马形成了一个天然的中心。

在北欧的中心地带，没有一个中心可以与意大利半岛上的罗马相提并论，更不用说与巴黎或伦敦相比了。罗马可能不是现代意大利的理想中心，但没有其他中心可以与之相比。而在德国，有许多中心，但没有一个能在各个方面都胜过其他中心。在不同的条件下受到不同的刺激，形成了多个中心，有时这个中心的重要性最明显，有时是另一个，但无论哪个都没有领先到拥有最多的历史惯性，在新的条件下仍然确保能保持中心地位。西北部的法兰克福，西南部的慕尼黑，东南部的维也纳，东北部的柏林，都曾在一段时间内担当过算是合格的中心。

（4）俄罗斯兴起的森林在早期也曾覆盖了北部平原和南部相当一部分高地。这片森林的存在有助于将各个社区分隔开，而且像前面提到的所有其他地理条件一样，它助长了分裂的趋势。这片森林的东部保持自然状态的时间远长于西部地区，其结果是西部形成系统组织的时间比东部早了相当长的时间。

（5）总的来说，这块土地的冬天要比除了中央平原以外的其他所有地方都要冷得多。所有其他国家也都对寒冷有所了解，但持续的寒冷是很特殊的。在德国，特别是在东部，土地有相当长的时间都是冰冻的。

因此，没有明确的中心，被所有重要的民族包围着，许多地方有许多各自不同的特点，人们的生活观各不相同，受到来自各个方向的外部刺激，而这些刺激对每个单位都有不同的作用方式，这个欧洲半岛的心脏地带只在政府非常强大的时候才会成为一个整体。

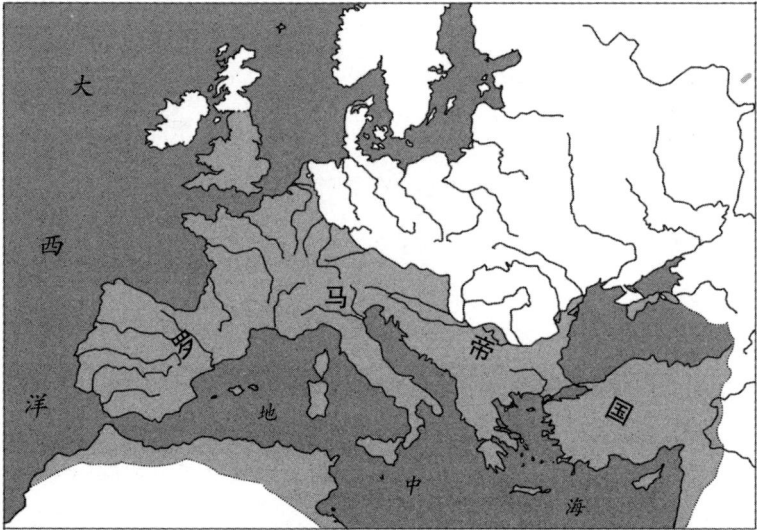

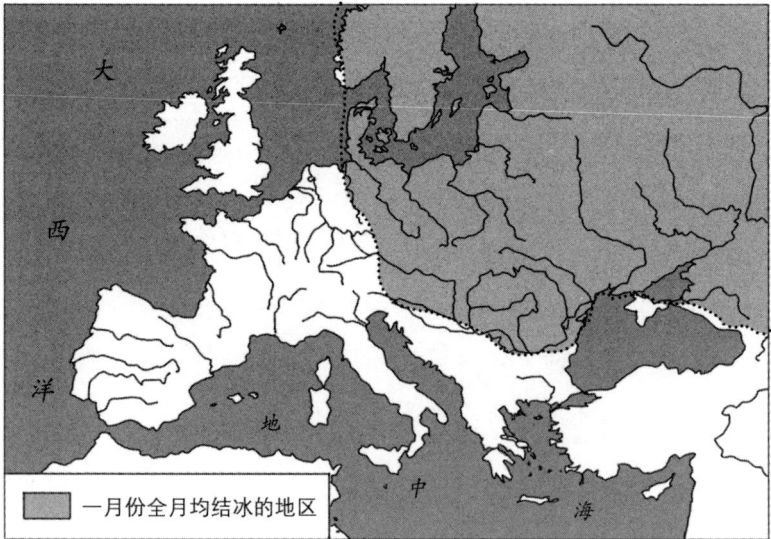

图 12-2 罗马帝国与寒冬

罗马人避开了过于寒冷的地区。

图 12-3　法兰克福的位置

汇聚于法兰克福的四条主要路线。

　　它被留在罗马帝国之外，部分原因是森林难以进入，难以治理，部分原因是该地冬季比南欧人习惯的地方寒冷。因此，各个社群——西部的条顿人和东部的斯拉夫人——在各自的森林空地上过着基本独立的生活，但在几个世纪里，他们还是受到了罗马帝国的影响，从那里渗透来各种思想——特别是中央政府的思想——以及服装和武器等有形的文明产品。

随着罗马势力的衰微和来自平原地区部落的压力，条顿人首先在利诱和威逼的双重作用下进入了那些承认罗马主权的土地，并且因为罗马帝国的和平环境得以积累财富，变得相对富裕。撒克逊人漂洋过海到了英国；一部分法兰克人离开了他们位于今天法兰克福一带的故土，在高卢建立政权；勃艮第人迁移到罗讷河谷；而哥特人、汪达尔人和伦巴第人则占领了地中海沿岸的不同地区。后面这几个部落虽然一度征服了其他民族，但最终被自己征服的民族吸收同化，只是时间有早有晚。但法兰克人并没有完全离开他们的老家和他们所熟悉的环境，他们因接近罗马帝国而获得了很多好处，同时还能保留许多旧有的生活方式和习俗。请注意法兰克人故乡的位置：它位于美因茨和法兰克福周围的莱茵河谷中。这里是一片肥沃的土地，而且气候相对温暖，便于活动的低地向四个方向延伸——向西北沿着莱茵河峡谷延伸到下莱茵和三角洲的开阔平原，向东北通过韦特劳到达现在的汉诺威，也就是当时的撒克逊，向东通过美因河谷，到达多瑙河流域和巴伐利亚，向南沿着莱茵河谷到达斯瓦比亚。因此，这些法兰克人，一部分在罗马帝国内，一部分在帝国外，是条顿民族中最早开始对那片实际上还不重要的土地进行组织管理的人。法兰克人首先经过下莱茵向高卢方向的罗马文明扩散，然后将势力向其他方向扩展，战胜了周边没有像他们那样处于中心地位的其他条顿民族。独立的东部法兰克人两次都建立起一个部分在高卢、部分在德国的国家，一次是在克洛维时期在罗马政权的旧址上[①]，后来当第一个国

---

① 指墨洛温王朝（481—751）。

家变得颓废时，丕平、查理·马特、丕平二世和查理曼大帝，再次在他们东部的故乡，在空前强大的基础上重新建立了国家①。法兰克人被罗马教会影响而基督教化，在查理·马特的带领下打败了撒拉逊人对西欧的进攻，成为基督教世界的捍卫者；而且，由于得到了继承罗马权威的教皇的认可，他们建立了另一个帝国，帝国势力的很大一部分要归功于这种认可。查理曼大大加强了帝国实力，并向南扩展，将比利牛斯山脉和伦巴第平原纳入其中，同时也向东和向东南扩张。但这些扩张也是衰弱的根源。首先，扩张使法兰克人的力量与斯堪的纳维亚人发生了接触，刺激了斯堪的纳维亚人的外向运动，不信基督教的诺曼人对欧洲半岛所有海岸都发动了攻击，因此有一段时间，基督教世界的各个方向都有敌人。而且，只要莱茵河谷的法兰克地区是西方的罗马帝国之外唯一重要的地区，强壮有活力的法兰克人几乎肯定会占据领先地位，但当其他土地因各自不同的条件被带入文明世界时，小国的形成获得了额外的推动力。甚至在查理曼大帝时代之前，高卢和法兰克人的土地之间的自然分裂趋势就已经显示出来了；在查理曼大帝活着的时候，以及在他死后的短时间内，法兰克帝国保持着整体状态，但没用几年就分崩离析了，最初是分成三部分，然后又分成了四部分，其中两部分对应现代的法国和德国，但并不是完全重合；另外两部分是勃艮第地区和意大利北部，意大利北部的核心部分是伦巴第。在后来的神圣罗马帝国时代，勃艮第和伦巴第再次与德国地区合并，但勃艮第的重要地区——索恩－罗讷河

---

① 指加洛林王朝（751—987）。

谷——最终被并入法国，而意大利北部则长期留在帝国内，并因中央集权的衰落无力而遭受了很多磨难。

地理条件不同因而历史条件也不同的地区，所表现出的自然分离趋势在德国地区表现得更为突出，该地区保留了帝国的称号，因为日耳曼人——也就是法兰克人——曾经的政府中心在这片地区。

（1）在加洛林王朝绝嗣后，没有一个势力能够继承法兰克人的地位统治其他势力。最终达成了一个妥协：皇帝的选择权交给了选帝侯们。德国组织形成一个整体的进程被大大延缓了，因为分裂的趋势——部分是因为地理条件，部分是因为历史条件——促生了令选帝侯制度产生的条件；因为这种制度一方面是承认了统一的缺失，另一方面则保证了有组织的分裂继续下去。皇帝是由其他国家的统治者出于善意选举出来的，而这些国家要么与帝国实力相当，要么比帝国还更重要，这样的皇帝只是由于他人的宽容才能存在，中央权力被削弱，帝国在大多数情况下都只能是一个名义上的帝国而已。一个人或一个家族能够在一段时间内支配其他家族，从而赢得选举并进行强有力的统治；但这种统治能力与其说是依靠他的皇帝身份，不如说是依靠他作为独立统治者的权力，以及他通过选举显示出来的权力。选举团持续存在了好几百年，有一些选举人是教会的，代表着新条件下的旧势力，有一些选举人是世俗的人，代表着某类更大的自然单位。不同单位瓜分了实际上的权力，只给帝国留下了名义上的权力的空架子。

法兰克人的后继者是撒克逊人，然后霍亨斯陶芬家族，也就是施瓦本王朝。然后，经历了一段间隔期，其中有部分时间根本没有选举出皇帝，再之后，15世纪上半叶，哈布斯堡家族，也就是奥地利王室，开始占主导地位，并保持这种主导地位直到一百年前。普鲁士最终取得了领先地位。每位皇帝都在自己的原籍进行统治。我们已经看到，在德国没有可以与伦敦或巴黎相比的自然中心。因此，皇帝们并不像英国国王那样被迫从一个特定的中心进行统治。在英国和法国有不同的王朝，但自从温彻斯特让位于伦敦，拉昂让位于巴黎之后，政府的中心就一直是确定的。詹姆斯从苏格兰一路到伦敦称王。伦敦和巴黎背后都有传统。在德国，不仅没有天然的交会之所，而且从不同的中心进行统治的事实本身就意味着，在任何一个中心都没有连续的传统，但有好几个中心都曾主张自己应该被视为德国的统治中心。

（2）而且，皇帝使自己的统治有效的方法，是由存在的分裂倾向决定的，但反过来又进一步强化了这样的倾向。确保皇帝的命令在帝国内外都得到服从需要军队，但没有帝国税收来供养军队。取而代之的是这里的封建制度比其他地方的发展程度更高，而这种制度的成功运作依赖于一种分封再分封的方法。从理论上讲，大地主——皇帝选举人就来自其中——有义务为皇帝提供军队的给养，而实际上他们学会的是调动军队为自己所用，甚至有时还用来反对皇帝。因此，这一制度并没有给软弱的皇位增加任何力量。

（3）名义上的支持者，之所以支持统治者只是因为他软弱好操纵，他们在关键时刻肯定会辜负他。但受影响的不仅仅是皇帝。大领主反过来依赖对他们效忠的小领主来养军队，正如大领主没有履行对皇帝的责任一样，小领主有时也没有履行对其上级的责任。这种分封的有效程度取决于特定的时间和地点，以及统治者的性格，但最终的结果是，中世纪的帝国是由很多事实上独立的国家组成的，这些国家大小不一，小的只是一个单独的城镇，大的则是一个真正强大的领主统治的幅员广阔的领土。

一开始，从 10 世纪到 13 世纪中叶，分裂的趋势并不太明显，在坚定的萨克森人的皇帝和霍亨斯陶芬的皇帝的统治下，帝国很强大。能够维系强大有一个原因是还存在着另一个条件，这个条件起初有助于统一，但后来则助长了分裂的倾向。这就是教皇和教会的权威。我们已经说过，主要是由于教皇承认法兰克国王是基督教世界的捍卫者，他们才成为皇帝；主要是因为教皇继续承认这些皇帝，这些皇帝才能保留他们的权力，无论他们是法兰克人、萨克森人还是斯瓦比亚人。每当萨克森的亨利和霍亨斯陶芬的腓特烈胆敢违抗教皇时，他们的权力就会消失，因为人民相信教皇，教皇不承认的人不可能有权威。后来当其他导致解体的力量变得更加强大时，宗教改革最终将帝国撕成碎片。这里与英国和法国不同，德意志地区没有一个有效的能决定最终结果的中央权力机构，所以它一部分信仰了路德新教，一部分依然信奉罗马天主教，这种状况再次加剧了已经存在的分歧和分裂的趋势。

（4）造成分裂的第四个原因是帝国形成的方法。由个人或国家在帝国之外扩展的领土通常并没有扩大帝国本身的边界，那些领土实际上是被那些国家和个人纳入了自己囊中。条顿骑士团缔造了东普鲁士，但东普鲁士仍然在帝国之外，只与勃兰登堡有关系，给勃兰登堡的选帝侯增加分量。匈牙利被奥地利公爵从土耳其人手中夺回，他成为匈牙利国

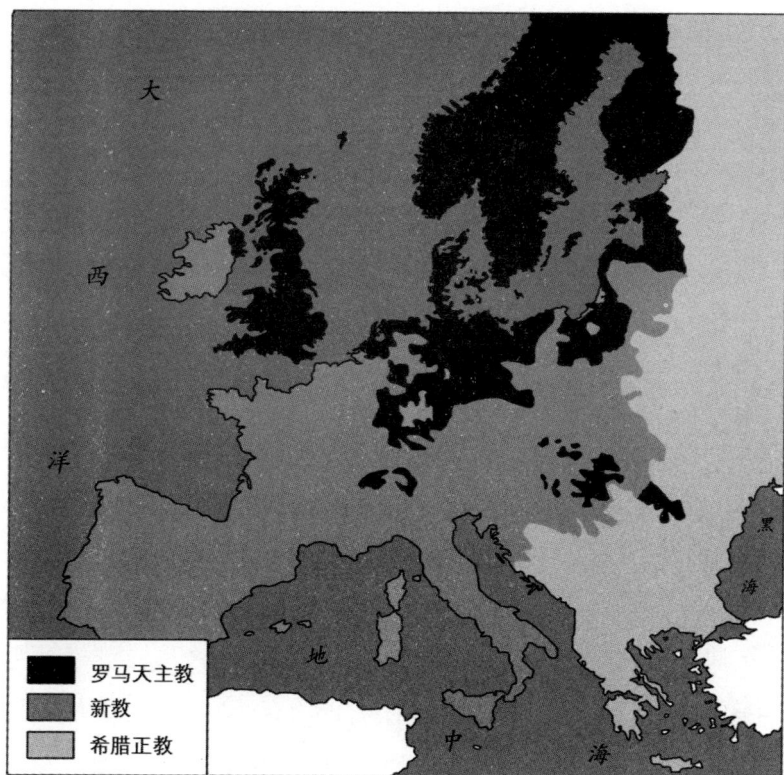

图 12-4 欧洲的宗教

德意志北部和西部为新教，南部和东部为罗马天主教。

王，但作为匈牙利国王，他未向皇帝效忠。后来，汉诺威的选帝侯成为英国国王，但英国并没有成为帝国的一部分。由于这种对帝国外领土的获取，这些统治者获得了完全独立于皇帝的权力，而且一开始就明显有分裂的倾向。不过坦白说，德国目前能达到统一，也全是因此才能实现。

由于缺乏有效的政府，本身又有地理条件的原因，能量必然有一定的损失，但另一方面，节约能量方面还是有进步的。从条顿人的土地开始被文明化的法兰克时代开始，这种进步就非常明显；用之前经常使用的一个说法来说，大面积的领土被纳入了重要的土地范围；边界土地成为国家，并形成基地，令越来越靠东的土地的能量变得可以利用。只要法兰克人还是明显领先的，那么法兰克人的政府管理就会相对容易。萨克森人和斯瓦比亚人也处于某种类似的几乎无可争议的地位，但是，当边界土地越来越独立，政府权力下放到地方的趋势自然会越来越大，因为地方上包含了更多的人口，这些人口不再像以前那样分散和孤立，形成的国家渐渐变得能与将他们文明化的西方国家分庭抗礼。因此，政府权力下放的趋势不断增加其实也部分是进步的结果。

此外，还存在着一种强烈而真挚的团结统一的感情。部分是因为拥有共同的语言，部分是因为帝国理念的持续存在，部分是因为在最初几百年里有共同的教会。仅凭后两个原因，统一的感情就会蔓延到帝国的边界之外，并渗透到整个基督教世界，而基督教世界正身处在穆罕默德信徒和异教徒诺斯人的夹击之下，事实上，诺斯人的攻击使这种感情更加强烈了。这种感情表现为对十字军东征的热情支持，以及许多大学的建立发展及其彼此间的友好关系①。更加纯粹的日耳曼人的团结意识表现为贸易城市的兴起和联合。分裂是政府层面的，领土被统治者的儿子们分割，而男性继承人与女性继承人的婚姻会将领土合并。由于缺乏强

---

① 最初的大学是教会的附属机构，主要作用是培养教会所需要的人才。——译者注

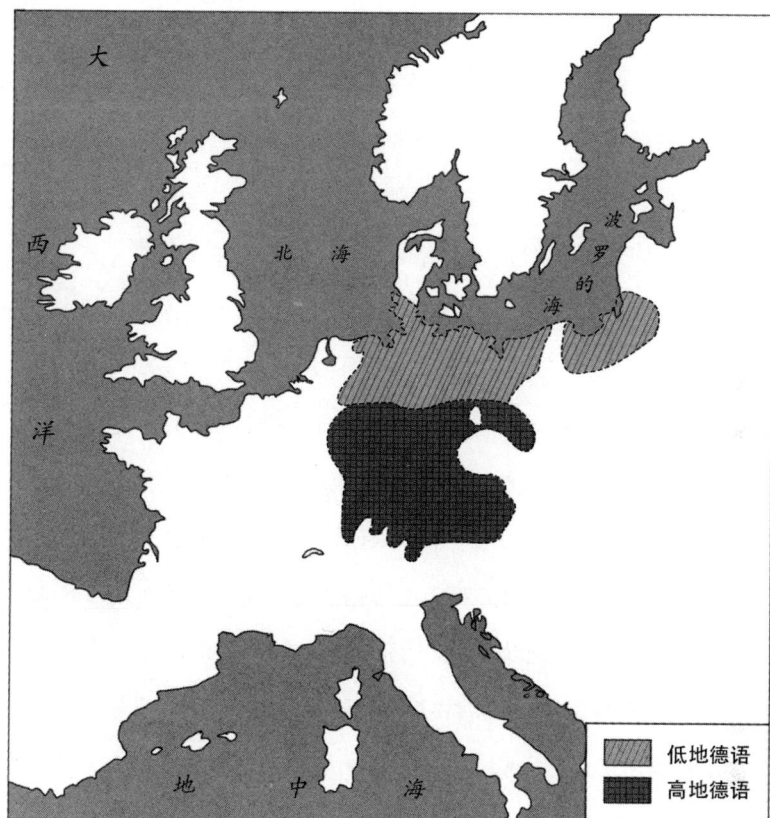

图 12-5　德意志的语言

整个德意志都讲同样的语言，但在南方和北方之间也存在差异。

有力的政府实施安全保障，所以存在着能量的浪费现象，但并没有出现无政府状态；人们逐渐学会了如何最大限度地利用自己，而且能量也在不断积累。值得注意的是北部平原的分裂倾向，这里远离名义上的政府中心，汉萨同盟①的城镇本来应该各自独立发展，像内陆的不伦瑞克和马格德堡，或像沿海的港口城市汉堡、吕贝克和什切青，甚至像海外的前哨工厂维斯比和卑尔根；但是非常明显的是，人们认识到了团结的好处，这些城镇组成了一个联盟。而如果没有能量、没有节约下来的能量或根本不节约能量，贸易根本无法进行，这就是进步的证据。

现在让我们来研究一下德国是如何通过在政治上的有效组织而取得进一步的发展并节约了更多能量的。由于按照帝国的管理方式，没有对帝国军队的供养，帝国扩大边界的机会微乎其微，而且越来越渺茫。新的领土很难在国家中占据一席之地，但在帝国成形后，基督教持续传播，向东南在那些从遥远的亚洲草原迁移来的异教徒中传播，向东在森林居民中传播；但波罗的海南岸是点缀着很多湖泊的冰碛土地，很难接近，这些地方几个世纪以来一直是不信基督教的。因此，在西方的罗马和罗马天主教帝国与东方的拜占庭和希腊教会文明之间有三个截然不同的区域：匈牙利，位于喀尔巴阡山高地中，人口是威胁欧洲的所有草原民族融合产生的混血儿后裔，但接受了罗马的基督教，并因此融入了西方文明；波兰，以华沙为中心，但没有天然边界，人口是森林中的斯拉夫人部落，他们遭受过来自西方的攻击，在此刺激下团结了起来，又受到西方教会传教士的影响而皈依信教；最后是波美拉尼亚和立陶宛，是位于北部和东部的异教徒区域。

---

① 中世纪晚期由德意志北部城市和德意志海外贸易集团创立的组织，其宗旨是维护相互间的商业利益。

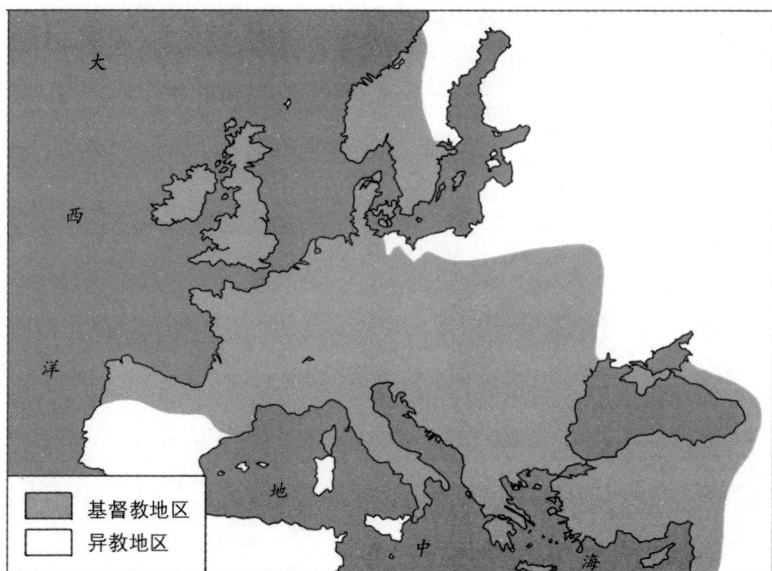

图 12-6　公元 1000 年左右基督教传播的范围

整个波罗的海南岸仍为异教区域。

　　这些地区在帝国之外存在的时间越长，将其纳入帝国就越困难。波希米亚是一个易于从布拉格治理的自然区域，居住着斯拉夫人，它被纳入了帝国的版图。而波兰却更靠东，不容易触及，它自身形成了组织管理，刚好来得及阻止它被帝国兼并，不过几个世纪以来确实一直有人主张只将波兰当作一个封地，而且第一个建立起来的波兰国家的西部地区几乎立即成为德国的附庸。

图 12-7 神圣罗马帝国东部的三个自然区域

因此，一方面，这些领土总是多多少少地对帝国的东部边境构成威胁；另一方面，由于它们不是被帝国征服的，而是被帝国内部的国家征服的，因而有了扩张的机会。因此，德国早期的中心在西部，而后来的势力则以东部为中心，这并非偶然。东面的威胁阻止了帝国分裂，也可能是促使它在共同的危险面前实现了联合；而与此同时，扩张的机会又被各国家抓住了，它们向东扩张，将原本在帝国以外的土地纳入自己的版图，并不断壮大。特别是普鲁士和奥地利这两个国家，它们分别以北部平原和南部高地为基础，逐渐在各国中占据支配地位。奥地利先发展起来，查理五世本想凭借哈布斯堡家族的势力来统一欧洲半岛的这片心脏地带，但并未成功。普鲁士的发展用了更多时间，但在普鲁士的领导下，德国终于实现了此前都没有出现过的统一。不过即便是到了现在，奥地利仍然独立于政治组织之外。

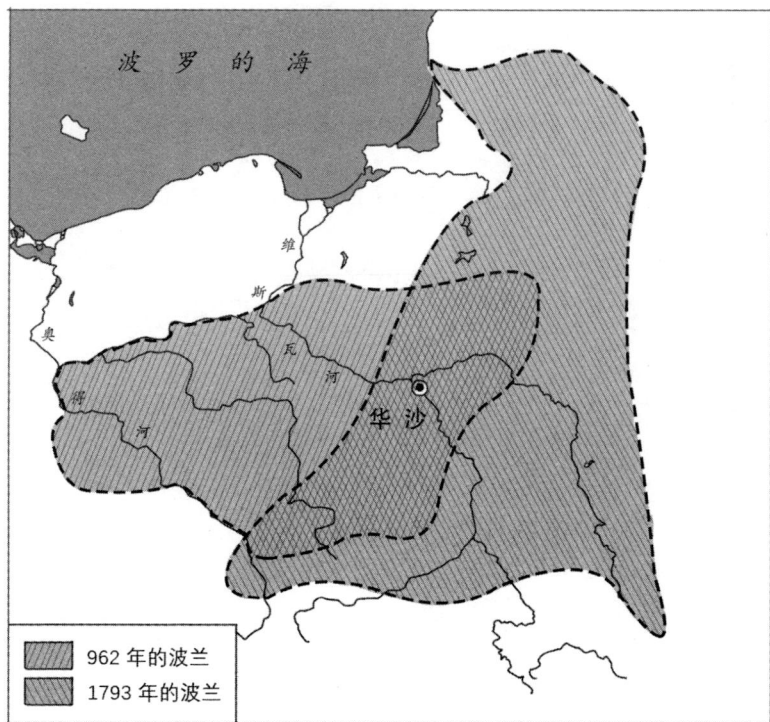

图 12-8　波兰

唯有包括华沙在内的这片地区才是古代和现代波兰共有的区域。

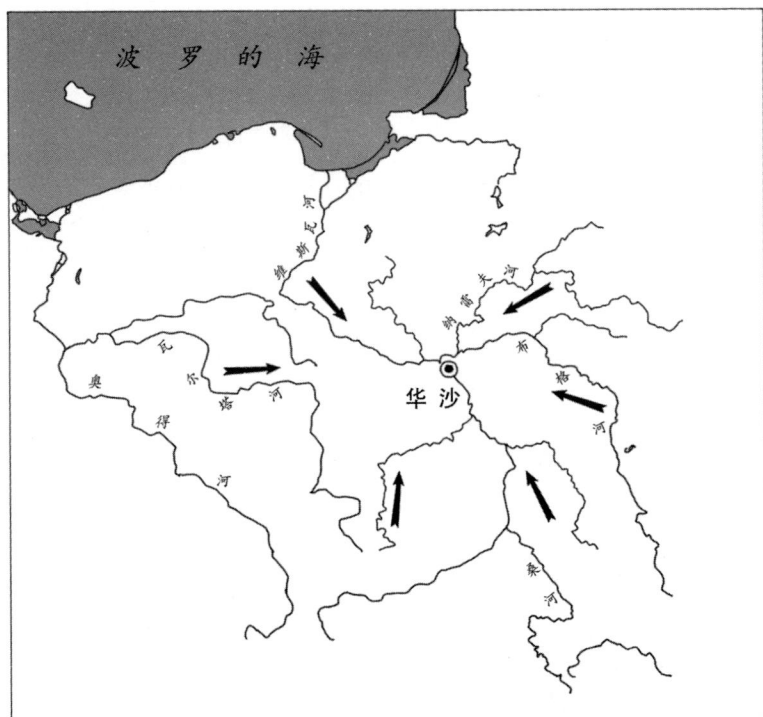

图 12-9　华沙与河流水系的关系

　　波兰本质上即以华沙为中心。在修建道路以前，河流的地位非常重要。波兰的水道均汇聚于华沙。

　　奥地利。从地图可以看到阿尔卑斯山和喀尔巴阡山形成的巨大高山地带横跨欧洲的情形，除了在一个地方有一小段距离的中断，其他整个是连续的，因此除了从地图上标出来的这个地方，这两片山区相邻的地方，其他地方都很难穿越。因此，到目前为止，无论是和平时期还是战争时期，想要从高地的一边到另一边的人必然有绝大多数会通过这条通道，不同路线必然要会合于这一小块地方——维也纳及周边。这里是可以抵御来自东南部的马上民族的要冲，而当把入侵者制服后，是可以以这里为基础向外扩张的。首先，它是帝国边界的一个实用而自然的标志，对帝国来说，它具有非凡的重要性。在面对共同的危险时，这一地区和它西北面的土地很可能会联合起来，而这一地区的统治者必然是帝国的重要人物。因此，哈布斯堡家族——奥地利的王室——有几百年的时间都几乎是理所当然地掌握着帝国的皇位。而且，又通过联姻和征服（主要是征服），匈牙利被纳入奥地利家族首领所统治的领地中，奥地利国王的权威又增加了。通过联姻，他成了匈牙利王位的继承人[1]。土耳其人消灭了拜占庭帝国并占领了匈牙利，而哈布斯堡家族逐渐将土耳其人赶走，在为基督教国家夺回土地的过程中有效地将其变成了自己的土地，因此在拿破仑最终将神圣罗马帝国终结后，仍有一个以维也纳为中心的奥匈联盟[2]，从这个首都可以很容易地管理许多不同的地区。

在东部各国中，奥地利首先发展起来，因为来自东南方向的威胁比来自其他任何方向的威胁都更明显，持续时间也更长。这是由于两个原因：首先，东罗马帝国的存在，以及东南地区文明的所有惯性，影响喀尔巴阡山脉和巴尔干高地范围内形成了有组织的社区；其次，这些社区居住的地方仍然是半草原，对来自更东边的其他游牧民族敞开着门户，直到俄罗斯从森林中崛起后才阻止他们通过。因此，东南地区的组织性

---

[1] 指德意志的阿尔布雷希特二世（1397—1439）。

[2] 指奥地利帝国，即奥匈帝国的前身。

更好，来自东南方的攻击比来自任何其他地区的攻击都更频繁地出现，而且更严重，于是在这里自然会出现一个国家来抵御这种攻击。

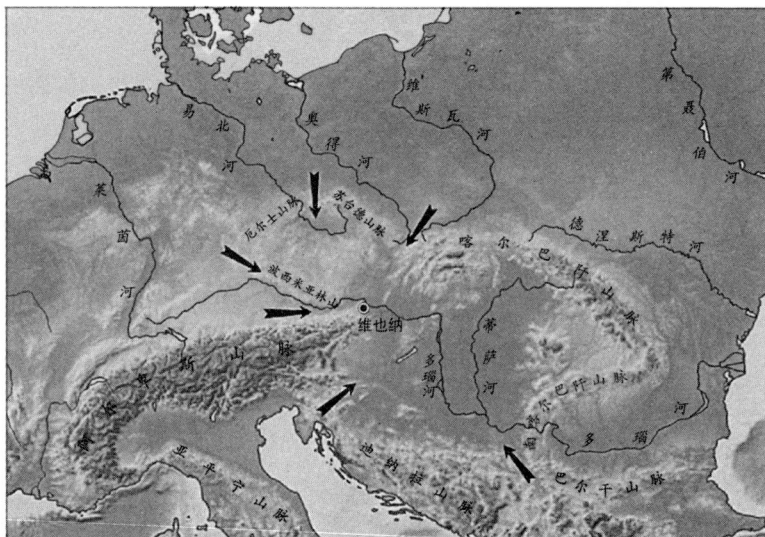

图 12-10　维也纳的位置

普鲁士。喀尔巴阡山脉和波罗的海之间的森林和沼泽地形成的威胁并不严重，在草原上行动有多么轻松，在这些土地上行动就有多么困难，因此没有必要去强有力地控制东北边境。从某种意义上说，实际上最初是东南方的威胁令东北方的边境显现出了某些重要性。正是马扎尔人的进攻激发了萨克森的亨利和他的儿子奥托大帝的能力，萨克森人获得了力量，并磨炼了管理技能，努力将他们所得的技能用于其他方面，因此，大约在930年，北方边境地区被纳入管理，同世纪中叶，勃兰登堡主教区建立起来。接着，在 1000 年左右，萨克森人尝试使更东边的异教徒普鲁士人基督教化。然而，这次尝试失败了，直到十字军思想开始渗透到基督教世界，这里的传教才取得了真正的进展。大约在 1200 年，殖民者和传教士再次到达东普鲁士，但由于事情进展不顺利，于是就请来了条顿骑士团的援助。他们对这里进行组织规划，并使之基督教化。在他们的统治下，日耳曼人在这片土地上定居，但宗主国是波兰，而不是帝国。到了 16 世纪初，这个国家成了一个世俗化的公国，但其出身于霍亨索伦家族的领主曾担任过圣骑士团的团长。甚至在一个世纪后当勃兰登堡选帝侯继承公国时，他也没有成为普鲁士的独立统治者。要形成一个统一的普鲁士国家，需要一场来自东北方的真正的攻击。这次攻击来自瑞典。在这场战争中，普鲁士独立了，波兰被削弱了，而萨克森，其选帝侯曾是波兰国王，最终失去了重要性。

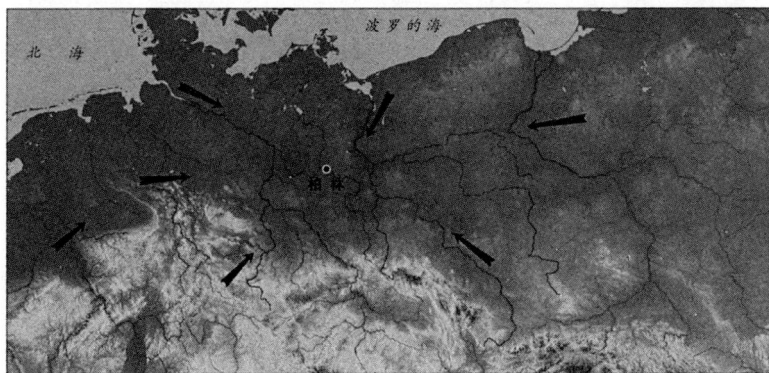

图 12-11　柏林的位置

柏林位于平原地区，是天然的陆路交通线的汇聚点。

宗教改革的斗争是在这片土地还未统一时发生的。由于历史和地理上与罗马的联系，哈布斯堡王朝统治下的奥地利保持着古老的天主教；北部平原比南部高地更自然地成为一个整体，尽管还没有有效地统一起来，而且更容易得到外来的影响帮助，信奉了新教并坚持了下去。北方和南方之间的自然差异被激化了。政治上的竞争逐渐取代了宗教上的狂热，普鲁士和奥地利成为绝对的对立方。一场战争自然而然地发生了，普鲁士赢了，奥地利输了，领土自然有所变化。高潮出现在 1870 年，在这四年前，普鲁士击败了奥地利，最终控制了北部平原，并将整个德国联合起来和法国对抗，现代的德意志帝国在普鲁士的主导下形成，包括除奥地利和莱茵河口的土地之外的所有说德语的土地，莱茵河口地区在发现海洋贸易之后赢得了独立。

这就是德国，一个现代国家，占据着欧洲的中心位置，只要它真正得到强有力的统治，就拥有中心位置的优势。它拥有军队，能够抵御陆地上的攻击，拥有无可置疑的中央政权。自查理曼大帝时代以来，德国第一次从普鲁士的勃兰登堡进行统治；也就是说，第一次从一个与海相接的土地——汉萨同盟的土地，也是古老的盎格鲁－撒克逊的根基的土地——进行统治；德国自然会受到诱惑到海洋上冒险，发展海上力量，像马其顿和罗马那样使用陆军和海军。

国家的中心位于勃兰登堡州的柏林，这里位于奥得河和易北河流域的交汇点，是穿过北部平原的自然形成的东西向通道与从奥得河口到古法兰克中心的古道的交汇处。德国的组织化很晚，因此所采取的管理路线更加现代，与意大利、法国、西班牙甚至英国相比，它需要报废的旧机制较少，或者更确切地说，是必须报废的旧制度较少。德国的统治者最终明白，德国是一个整体，而这也是统治者必须要明白的事实。在工业革命产生影响的时候，德国实现了自己的命运，建造了铁路，从柏林向四面八方辐射，这自然使柏林成为德国的地理中心，就像英国的伦敦和法国的巴黎一样，这样，这片土地就只能成为一个战略和经济单位。工业系统化发展，是为了最轻松地节约能量；学习被系统化，是为了教人们如何最好地节约能量，如何最好地寻找节约能量的新方法。大的东西利用煤产生的能量来制造，小的东西用支出人类能量最少但完成效果最好的方法来制造。"德国制造"并不是一种贬低，而是被当作一种座右铭，当大型德国邮轮完成横跨大西洋的航程后驶入南安普敦水域时，它的侧面便有用白漆刷出的"德国制造"的字样。

　　进步是明确的。同样明确的还有这里受控于复杂的条件，部分是地理条件，部分是历史条件，所以如果说这里已经达到了一个固化状态，那是十分轻率的。

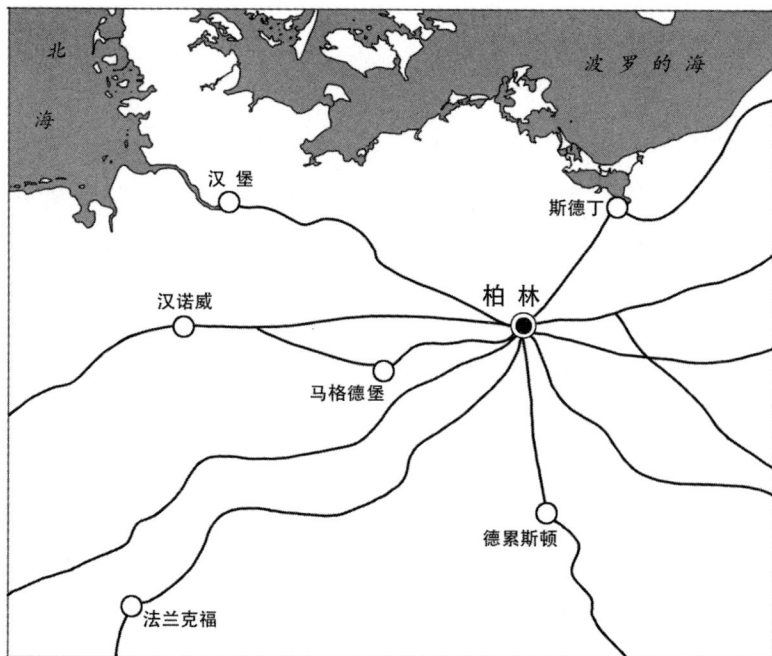

图 12-12 柏林的铁路网

北
海

波罗的海

汉 堡

斯德丁

柏 林

汉诺威

马格德堡

德累斯顿

法兰克福

GEOGRAPHY

AND

第十三章

江河之地：中国和中国人

WORLD
POWER

从埃及开始的历史按照真实历史的情形一路发展，是十分自然合理的；欧洲人通过学习控制在欧洲可能被利用的能量，就应该发展为这种被我们称作"西方"文明的类型。

现在让我们把注意力转向东方，首先是远东——中国。我们将看到，就如同欧洲的历史被其地理环境所控制一样，中国的历史也是被中国的地理环境所控制的。东西方历史非常不同，因为地理环境非常不同。对这些历史上的差异进行比较，就会发现各自的地理环境是多么重要。我们必须注意到两者在历史和地理上有哪些共同点，欧洲历史和地理上有哪些现象是中国历史和地理上没有的，中国历史和地理上有哪些现象是欧洲没有的。

通过远东的地图可以看到以下事实：

（1）中国位于欧亚大陆的东面，纬度为北纬20°—40°之间[①]，受到带来风和雨水的季风系统的影响，面积差不多等于美国。

（2）在陆地边界的那一面有大片的高地，南部是世界上最高的高

[①] 本书作者对于中国的了解，囿于时代限制、自身知识与当时西方的主流观点，有许多错误之处。这里说中国纬度在 20°—40° 之间。事实上，中国仅大陆部分即介于北纬 20°—53° 之间，若是包括所有海岛在内则介于北纬 4° 附近到 53° 附近之间。——译者注

地——西藏。

（3）海域边界呈巨大的弧形，约为四分之一个圆，已经是亚洲大陆的尽头，在到达太平洋的另一边之前，没有任何比较大的陆地[①]，而且亚洲也没有地中海那样的内海。

（4）中国只有一个半岛[②]，即山东半岛，向东北方向探出。

（5）三条大河从高原流向大海。最北的一条——黄河——发源于北方高原稍微低的区域[③]，另外两条——长江和西江——发源于西藏的高原[④]。黄河从高原上流下来后，流经一片大致上呈三角形的平原。长江是三条河流中最大的一条，而且是离开高原后流经距离最长的一条，它从丘陵地区穿过。西江从南方高山带的山谷中流淌。

所有这些自然事实都在不同时期产生了各自的影响，其方式与类似事实影响欧洲历史的方式非常相似。

我们不知道文明的曙光是如何开始出现在中国的，也不知道非常准确的时间。然而可以肯定的是，在中国，历史开始的时间比埃及晚得多，比巴比伦稍晚一些。之所以会这样，理由并不难找。没有任何地方能像埃及那样享有如此理想的被保护的位置。撒哈拉沙漠能彻底完全地

---

① 北平（北京）与智利的瓦尔帕莱索几乎就处在地球两端相对的位置上。换句话说，太平洋的宽度占据了半个地球。——原书注

② 此处事实有误，为作者的误解，中国三大半岛除山东半岛外，还有辽东半岛和雷州半岛。

③ 此处事实有误，黄河与长江一样，均发源于青藏高原。

④ 此处事实有误，西江是珠江的干流，全长 2214 千米，为中国第三大河流。其源头并不在青藏高原，而是位于云南省曲靖市沾益区的马雄山东麓。

保护埃及，而中国没有这样保护任何一个河谷的沙漠。不过，与西方文明的开端一样，中国文明的开端也是在地理条件容许下出现的。

我们已经看到，一个巨大的三角形平原占据了欧亚大陆中部的大部分地区，而这一海拔低的地带除北部外，其他方向都被高原包围着。这个高原地区在东亚的部分不仅仅是一个条状地带。这里有一片宽阔的三角形高地，面向东南和东北方向。它分为三个层次：最高的是南部的西藏，有两到三英里高；第二层是四分之三到半英里高，在贝加尔湖周围；其余的都在半英里以下。每一层的边缘地区都是大山脉。由于其高度以及高度产生的寒冷和干旱，除特殊地区外，西藏自古以来都不适合人类居住。最低层被山脉环绕，从海洋吹向内陆的风所携带的大部分水分在到达内陆之前就凝结化雨了；因此，这一层的地表和更西边的平原一样，一部分是沙漠，一部分是草原，只有在山脉遮蔽下的地方才有充足的水，山中的溪流流向低处的土地。因此，在中国西部边境的南半部，有一大片绝对不可穿越的土地，而北半部则是一片半沙漠地带，虽然并非完全不可穿越，无法形成可靠的防御，但也是一种巨大的保护。南方和北方的防御都向西延伸得很远。

仔细观察地图就会发现，在黄河从高地下降到平原的地方，有一条支流汇入，即渭河，渭河从高原中深陷的河谷流淌而来。这个河谷是中国文明的摇篮，在这里，最早的中国人开始使用铲子，就像埃及和迦勒底的兄弟一样，不仅是为了挖坑，还是为了开通沟渠。这条河谷受到周围半沙漠条件的一定程度的保护，在这里，就像在埃及和美索不达米亚一样，夏季和冬季的季节性变化极为明显，虽然最热的时候比埃及和迦勒底热，最冷的时候比那些地方冷，但也没有太折磨人。水不是太丰富，不能有丝毫浪费。与保护同时存在的，还有一定的刺激，刺激人去使用大脑，充分利用自然能量，这些能量既没有强到令人类无法承受，也没有少到无法利用。文明的开端首先出现在同在纬度30°—35°但又相距甚远的不同地区，这并非偶然。

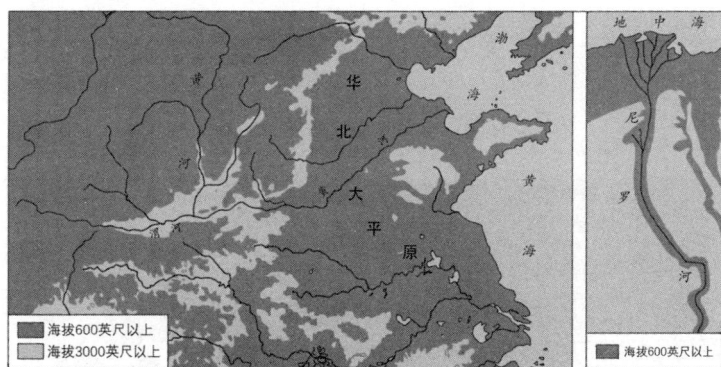

图13-1　渭河流域与中国的大平原

中国的大平原与按相同比例尺绘制的尼罗河流域的大小比较。

　　但是，如果说中国文明的起源及其受地理环境支配的情况有着与西方文明相似的特征，那么它同时也展现出了不同的特点和发展方式。也许更正确的说法是，中国文明在其整个历史过程中一直按照最初的路线方向发展，而西方文明则如我们所见，不断受到各种因素的影响。

　　很大一部分的原因是所在地区的不同。在埃及，可供定居的土地很少，且有非常明确的限制。幼发拉底河和底格里斯河沿岸虽然面积较大，有可供一个年轻国家使用的土地，但也不是非常宽阔。对一个原始的种族来说，这样的地形也许是有好处的。然而，在中国，渭河流域以及与之相连的黄河中游，与世界上最肥沃的三角洲平原之一相通。这里幅员广袤，有足够的土地，如果有的种族原本所处的地方太小容不下那么多人，可以来这里定居，并在定居后渐渐文明化。定居之后，他们没有必要改变职业，没有可以进行贸易的其他地区，也没有可以引入其他条件的"通道"。三角平原只需要同样的文明，只在要充分利用沼泽地时稍作修改变化，这些沼泽地上有不断变化的自然河道，河流从这些河道流入大海。

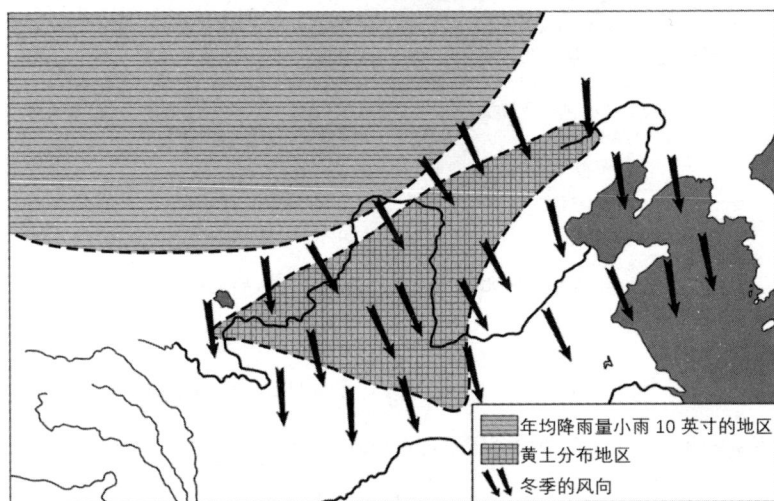

图 13-2 黄土区域

黄土是由干燥的冬季季风从亚洲中部干旱地区吹来的细微尘粒沉积在高原边缘而形成的。

这是最初的中国。在这里，可能史前时代就已经有人类生活，然后，那里也出现了我们所讨论的文明的曙光。在这里，可能还包括再向南的地方，生活着一些人，他们的后代在一个更优越的种族取得进步之前已经退场，迁居到了西南地区更难以到达的山区；这些人很可能构成了现代中国人的根茎，而在这个根茎上又嫁接了许多其他相关的分支。这个原始的中国坐落在黄土地之上（黄土来自西部的草原），挟带着泥土的黄河灌溉其中，东流入海，黄海也由此而得名。直到二世纪，中华文明一直局限在这里，缓慢地发展了两三千年之久，使其农耕文化和灌溉方法不断完善，直到今天仍然保有其民族的特征。

但是，为什么中国人被限制在北方地区呢？在海洋时代到来之前，大海是一道屏障，这是很自然的；高原不会诱惑他们回到高原的荒野中，这也是很自然的；通过山与海之间狭长的低地带——当时比现在更狭窄——去往更北面土地，这起初就和高原一样没有吸引力。但为什么他们没往南走呢？原因在于，中国中部和南部，即扬子江和西江流域，与黄河流域的特点不同。从地图上能看出来，它们是丘陵，有些地方甚至是高山，特别应该注意的是，就在渭河和黄河中游的南面有一道山脉——秦岭。这道山脉及其向东延伸的部分长期以来一直被森林覆盖，在平原地区达到容量极限之前，都不会对以农业为基础的中国人产生诱惑。不仅秦岭的山被森林覆盖，山脉南的所有土地由于气候温暖湿润，都是被丛林覆盖着的，必须要先慢慢地清除掉，才有可能实现有组织的定居。

虽然中国的定居者肯定长期以来一直在缓慢地向南扩展文明，但是一直到公元前 3 世纪末，中国人才第一次真正尝试将统治扩展到这些地区。这个过程用了一两个世纪才完成。值得注意的是，对南方进行有效统治的第一次尝试是由昙花一现的秦朝进行的，中国 China 这个名字就是从"秦"（Tsin）这个音演化而来的。不过，完成统治扩展的是另一个王朝，这个王朝在公元前两个世纪和公元后两个世纪都统治着中国，它的名字叫作"汉"，现在的中国北方人依然称自己为"汉人"。

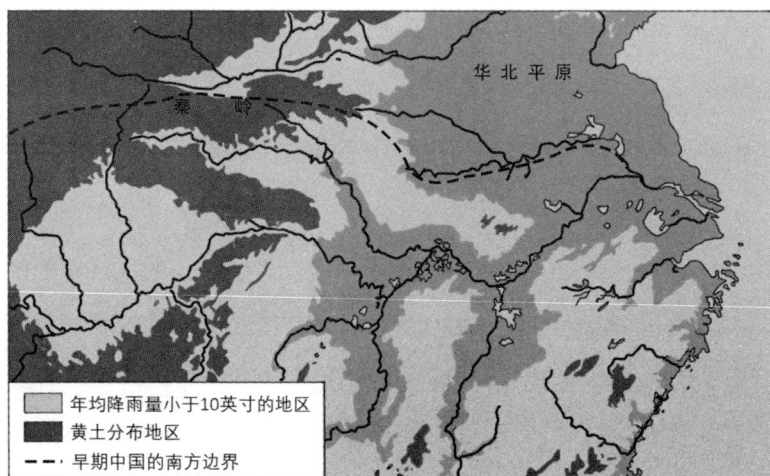

图 13-3　早期中国的南方边界

分界线以南为森林和丛林地带。

但是问题又来了，如果中国南方与北方有如此大的差异，中国文明是如何能够使中国南方与北方融为一体的，无论这个过程多么缓慢？为什么中国过去和现在都是如此同质化？南部是丘陵，但它有丰富的河流和河谷，这些河流有恒定的流量，不过由于季风系统的降雨，它们的流量有季节性的变化。南方与灌溉和农业有关的问题一般来说要比北方复杂一些,但也没有什么不同,而且南方可以在山坡上耕作的高度比北方的要高一些,因此同样的文明是可能的。而且由于北方人背后有三千年的农业和灌溉劳作的经验,地理上的惯性非常强大,北方人很容易就克服了可能看起来极为严重的困难。具有其他习惯和理念的人,例如罗马人,可能会——也应该会——以其他方式开发中国南方地区,但中国人采用了与开发北方土地相同的方式来开发这里,而且一旦克服了最初的困难,就会发现南方地区同样适合独特的中国文明。在四川被并入北方帝国后,为世人所铭记的第一位地方官员①并非因为其征服策略,而是因为其主持的了不起的灌溉工程,他的继任者,也就是他的儿子,也是因为同样的原因而闻名,为了纪念他们,中国人兴建了非常壮观的神庙,这并非纯属偶然。

汉王朝的统治与罗马帝国最鼎盛的时期同时,虽然两者有许多不同之处,但所面临的问题又有一定的相似性。汉和罗马都是大幅扩张的帝国,需要某些手段将国家凝聚在一起,也需要某些手段使不同地区之间能够保持沟通。正如前文所述,罗马人发明了道路。而对习惯了水的存在的中国人来说,他们便自然而然地开发了了不起的长江及其所有支流,这是世界上最壮丽的水道之一。这有助于将原本可能被分割成较小单位的整个地区结合起来。较小的单位确实存在,大部分是大大小小的

---

① 指李冰(约公元前302—公元前235)。战国时期任蜀郡太守,其间主持修建了许多水利工程,其中以都江堰最为著名。

河流盆地，但它们共同依赖的大河将它们联系在一起。在南方，西江也发挥了类似的作用，不过重要性不及长江。

其结果是双重的。一方面，最小的河流盆地形成了最小的政治划分，这是整个中国历史上最永久不变的特征，而大面积的流域则形成了省，这些省份也在不断的改朝换代的过程中反复出现，只是名称略有不同。另一方面，我们发现，河流交通被视为进行贸易的唯一自然途径。由于某些水路的优越性，这种想法在中国人的思想中根深蒂固，以至于对于另一些并不适合用作交通的水路，他们也投入了无尽的辛劳，将其作为交通途径。值得注意的是即使是现在，中国人也把道路称为"旱道"——这是以"道路是水道，是河流"这一观点为基础的自然延伸。因此，中国是一个特别的江河之地，不仅是由于有很多河流流经这片土地，而且是因为中国的历史受到这一控制性现实的巨大影响，正如我们已经看到其他地区的历史受到其他控制性现实的影响一样。

同样重要的是，公元 220 年汉朝结束时，中国并没有像西罗马帝国在 5 世纪时那样解体分裂成数不清的单位，中国只分成了三个部分：①北方的原始中国，②长江下游，以及③四川，被现代宜昌上游的一系列大激流与长江下游分开。同样重要的是，即使是这种分裂，也只持续了一代人的时间。中国之所以是一个整体，不是由一个中心的统治力量维系的，而是由其人民的同一性维系的，人们有相同的生活理念，相同的习俗，因为地理条件基本上是相同的，或者是被改造成了相同的。

中国与罗马还有一方面的相似。罗马之所以解体，是因为受到来自外部——平原地区——的直接和间接的攻击。为了保卫自己，它以莱茵河和多瑙河作为防御，建造堡垒，用武力将入侵的部落拒于门外。类似的情况也驱使着中国人，甚至早在秦朝时，中国人就沿着西北边境修建了一道长城，以保护唯一——段会遭到来自半干旱高原的游牧部落攻击的边境。这也是中国人想法的重要体现，在西部，黄河不适合用作通道，也不适合灌溉，它从未被用作防御，信任被寄托在长城之上。

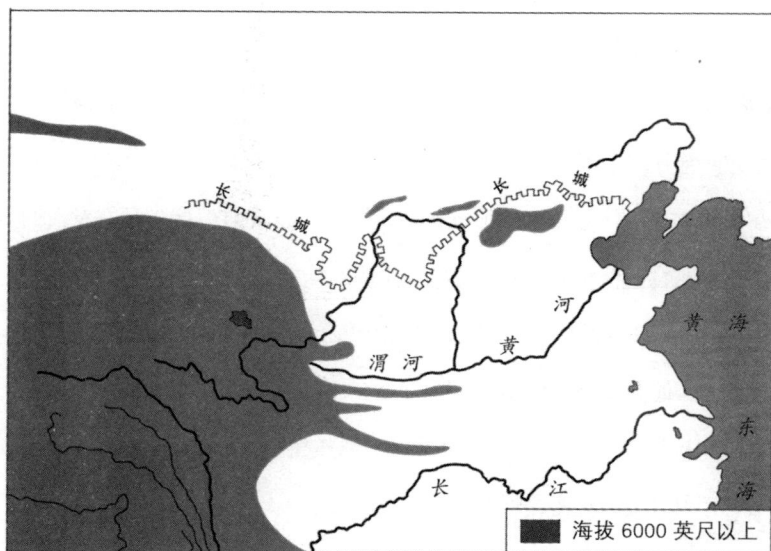

图 13-4　中国的长城

修建长城是为了保护中国的北方地区，从西部经渭河谷地进入中原的通道也包括在内。

现在让我们再更仔细地思考一下高原对中国历史的影响。无论从何种角度而言，中国北方的高原都不是撒哈拉那样的沙漠，而是一个有大片荒地的草原。在不太干旱的地区，从有史以来就有游牧民族生活，他们从那里通过唯一的通道——渭河和黄河谷地——下到平原地区来。正如我们在古亚述、在被穆罕默德信徒征服的土地上以及在更现代的俄罗斯所看到的那样，这样的草原人，因游牧生活的培养和锻炼而具有不同凡响的胆量和耐力，通常能够征服并统治农业民族。

事实上，中国文明的开端甚至有可能追溯到比我们在渭河河谷中发现的已经脱离野蛮的遗迹的时代更远古的时代。请注意，在西藏高原的西北角，巨大的山脉形成了一个巨大的曲线，一直绕到天山，将低地包围了起来，而西北和南边的高地，东边的沙漠，将这片低地与其他所有地方隔绝开来。周围极高的山脉从干燥的空气中挤出了一些水分，因此，在山脚周围有一系列非常肥沃的绿洲。如果这种自然保护是有意义的，那么在这样的情况下，应该能找到文明的开端。独特的中国文明的开端有可能——甚至说是应该——归功于那些西藏高原北面边缘处的山脉荫蔽下的人，他们找到了通道，到了对他们来说生活条件更理想的渭河河谷。

如果说高原民族下到平原是出于偶然机会，那么这并不是唯一机会，还有其他入侵者，但并不是定居的农业人口，更多是草原上的游牧民族，因此被认为是一种威胁，这一点从长城的存在可以看出。同时，这些品性坚韧的种族的入侵也并非没有好处。黄河流域的人比南方人更坚强并非单纯因为气候更寒冷，而更多是因为他们不得不承受攻击的磨砺，也更是受益于新血液的加入。最初的一些民族融合可能发生在战争时期，但在和平时期也时有发生，甚至高原部落以征服者的身份进入这片土地之后，最终也被吸收到了民族大树的主干之中。

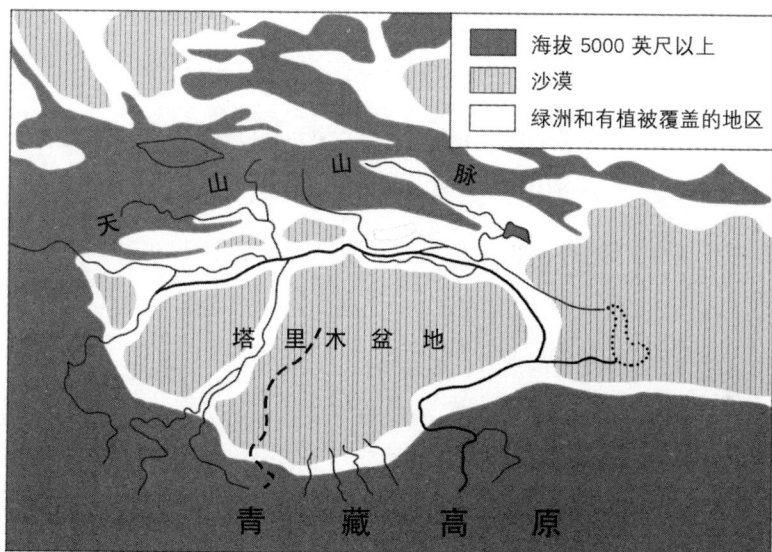

图 13-5 塔里木盆地

塔里木盆地既受天然环境的保护，其周围又有充足的水源供应。

大约在公元前 100 年，中国人认识到最好的防御是进攻，首次成功地将他们的统治扩展到高原居民，不过只维持了很短的时间。前文已述，在汉王朝政权瓦解时，出现了分裂，在这种情况下，对高原的控制力自然就没有了。在公元 600 年后不久，中国终于又一次在唐朝的强大统治下安定下来，也很自然地做出了另一次尝试，将边界向更远的地方扩张。汉朝和唐朝的主要目标都是塔里木盆地，而两次都因为要跨越几乎不可逾越的沙漠，这段中间距离的影响太强大了，所以统治只能是名义上的，或者不能持续太久。不过这些机会是值得注意的，因为在这些时期，中国人与被高原和大平原的宽广距离以及这些地区的居民所分隔的西方国家进行了接触，尽管接触不多。

在讨论高原施加的最后一个也是在某些方面最重要的影响之前，我们必须讨论一个类似的现象。我们已经看到，在欧洲，一个文明的中心很可能会引起一些文明程度较低但武力更强的邻近中心采取行动，我们现在必须注意到在中国也有类似情形。满洲里位于北面，与中原地区隔着深深的北直隶海湾[1]，海湾西端和高原边缘之间只有一条狭长的陆地带。满洲里位于更北的地方，更加寒冷，对于早期文明来说，完全没有中原那么理想。然而在这里也有人生活，并且随着时间的流逝，他们被邻近的文明唤醒影响，尽管地理条件将两个文明分开，足以让他们感到彼此是独立的，而且实际上的确是独立的。满族人中的一个部落——契丹人[2]——将他们的统治向南扩展，因此到公元900年，这个半外来的势力占据了中国北方。这些鞑靼人[3]始终未能主宰中国的大部分地区，但他们极大地影响了为数不多的从西方来的旅行者，因此我们常将中世纪时期的中国称作契丹。

东北地区的觉醒是中国历史的一个新元素，突显其"新"的标志是北京是随着满洲兴起才建立起来的。在此之前，中国的首都虽然不时迁都，但始终都在渭河河谷或黄河中游地区。而从此之后，除了短暂的中断之外，统治着中国的政府都在北京。请注意，它的位置在北方平原，但在边缘之处，在来自满洲的狭窄通道的出口位置，在西部的高地和东

---

① 即渤海湾。——译者注

② 原书此种说法有误。契丹人虽然起源于中国东北地区，但并非满族的一支。

③ 原书此种说法有误，这里指契丹人。

部的北直隶海湾之间：这是一个以满族为基础对国家进行管理的中心，就像维也纳是奥地利人管理匈牙利的中心，伦敦是从欧洲大陆过来的人管理英格兰的中心，爱丁堡是来自英格兰的人管理苏格兰的中心，或者就像都柏林是来自安格尔西的人管理爱尔兰的中心。觉醒的满洲又出现了第二支部落，取代了之前的部落①，统治了中原地区更大范围，而本来的中国势力则被迫一步步向南迁移，直到最后，只占据着长江和西江流域——也就是丘陵地区。

后来，也许是受汉人的影响，也许是受伊斯兰教的影响，高原民族终于再次被唤醒，开始行动。成吉思汗首先在阿尔泰统一了所有的高原民族，然后带着蒙古大军从高原上向东西两个方向的平原而下。他的儿子和孙子继续着征服的进程，将所有的人，包括中国人和鞑靼人，都置于他们的统治之下。由于他们来自外部，在他们看来，以前的边界在哪里并不重要，所以他们继续努力去征服原本边界之外的土地。在陆地上，这一政策取得了一些成功；值得注意的是，在第三代，在忽必烈汗的领导下，他们也尝试了海上征服，想要征服日本，但这样的由陆地民族进行的海上尝试注定是要失败的。日本人抵挡住了对家园的攻击，就像薛西斯在萨拉米斯被挫败一样，我们再次看到一个强大的帝国在对马海峡遭遇粗野的水手并被挫败，而六百多年后，俄罗斯也会在几英里之外遭遇挫败。

蒙古人的这次入侵是一次征服，就像所有文明理念低于被征服者的

---

① 指12世纪初女真人的金国取代契丹人的辽国。

种族进行的征服一样，他们的力量在于身体上的勇敢和坚韧，而征服的结果是征服者自己变得柔弱，失去控制，并被吸收融入到被征服的民族中。由于地理条件的原因，包围着中国的一些土地的人尽管勇敢坚韧，但文明程度较低，所以在中国漫长的历史中，征服他们的从来都不是比他们更优越的民族，而且中国人一直在吸收融合征服他们的人。尽管如此，蒙古人在 13 世纪的入侵标志着另一个明确的进步，因为他们所进行的扩张是以中国的名义进行的，并且在入侵者自己消失后，扩张后的边界却维持了下去。

在蒙古人被中国人吸收之后，便自然而然地到了第三个值得注意的纯汉族统治的历史时期，即从 14 世纪到 17 世纪的明朝时期，一开始统治者试图从南京来统治国家，这是一个比渭河谷地或北方入口更接近中心的位置。不过南京只做了很短时间的首都①，很快就让位于北京。但选择这样一个位置来统治整个国家的事实，突显出了思想上的发展。北京的位置是为了尽可能地靠近对北方入侵者敞开的入口。这种预见是有道理的，尽管从长远来看是徒劳的，因为在 17 世纪，满洲的鞑靼人②第三次也是最后一次试图征服整个中国，这一次取得了成功。而这场征服并不是突然之间完成的。从清王朝在满洲东部山区的崛起到他们占领北京，经历了两代人的时间，此后又过了一代人的时间，他们才统一了整个中国，最后一个被征服的地区很自然地便是东南部的福建。正如蒙古

---

① 从 1368 年到 1421 年，南京作为明朝首都的时间前后为 53 年。

② 原书此种说法有误，这里指满族人。

人扩大了中国的统治范围，现在的满洲民族继续他们的征服，超出了中国原本的范围，征服了蒙古并巩固了在那里的权力，到了18世纪的最后几年，他们的统治还延伸到了西藏之外，甚至跨越了喜马拉雅山，直到20世纪初，尼泊尔人依然尊奉清为宗主国。

现在，在开始讨论控制中国历史的最后一系列重要的地理事实之前，请再温习一下我们已经了解的事实。概括地说，由于三条河流的存在（它们本身就是关系更间接的地形和气候条件的产物），中国产生了一个同质化的民族，其基本的统一性又因为西部存在一个巨大的高原而得到加强。这两组特征，河流系统和高原，是中国历史的主要控制因素。

其他地理条件也产生了类似的结果。中国直接毗邻大洋，从海上哪里都去不了，而且没有地中海这样的内海海域，整个大洋是巨大的、无声的、负面的控制，对于令中国人固着在陆地人的生活习惯中、阻止他们成为航海者起了不可估量的作用。中国人也不像诺斯人那样因为寒冷和贫瘠的土地而生活贫困不得不出海。他们也与撒克逊人不同，身后没有有效的异族压力。中国幅员辽阔，足以消解来自高原或满洲的压力，甚至都影响不到滨海地区，而且在南方的土地上，也几乎感受不到这样的压力。他们也与腓尼基人不同，没有通道去往大海。中国的海岸是一个巨大的圆弧，不像希腊那样有深入海洋的半岛来诱惑人们出海。中国始终都没有成为一个海洋强国，因为没有任何东西能促使中国人不做陆地居民，不做依赖农业的陆地居民，四千多年来，相同的生活习惯和思维方式一直在训练着他们，因此，即使来自高原的部落闯入并夺取政权，即使数百万居民被屠杀，中国也没有像罗马帝国那样分裂成无数的小单位。主要由地理条件影响造就的中国人的同质性一直维持着。①

最终是西方文明对海洋的发现带来了一个新的影响到中国历史的重要因素。迄今为止，日本人——他们的文明起源于中国——是中国人接触过的唯一的海上民族，而且这种接触并不友好，因为我们所知道的早期日本人造访大陆海岸都是奇袭劫掠，就像诺斯人到欧洲其他地区一样。最后一次，也许也是最重要的一次，发生在 16 世纪初，就在西方国家发现海洋对中国人产生最早的值得注意的结果之前。日本人的这次劫掠产生的唯一结果一如往常，居民被驱使向内陆转移，远离海洋，海洋是只有水手才会觉得安全的地方。

北京的意思是"北方之都"，南京的意思是"南方之都"，西安又称"西京"（即"西方之都"）。这三个城市的位置就处于三角形平原的三个角上。

由于满族统治者日益衰退，满族人渐渐被汉人同化吸收，所以统治的控制力越来越弱，中国渐渐落入两类力量：一类是来自陆地的力量，这是它以前所知道的；另一类是来自海洋的力量，这给中国历史带来了新的控制。从海上来的欧洲军队必然会从南方登陆，因此这就出现了一种新的条件。到此时为止，中国的战略中心一直在北方平原。中国的首都通常位于一个三角形的三个角之一：北京，可以对抗来自北方的沿着

---

① 我们不能忽视表意文字的存在使中国各地的人能够相互理解。它无疑产生了巨大的影响，但语言的统一，甚至是语音的统一，并没有阻止德国和意大利分裂成独立的国家，也没有阻止挪威和丹麦的分离，或英国和美国的分离。地理条件的影响是更强大的。——原书注

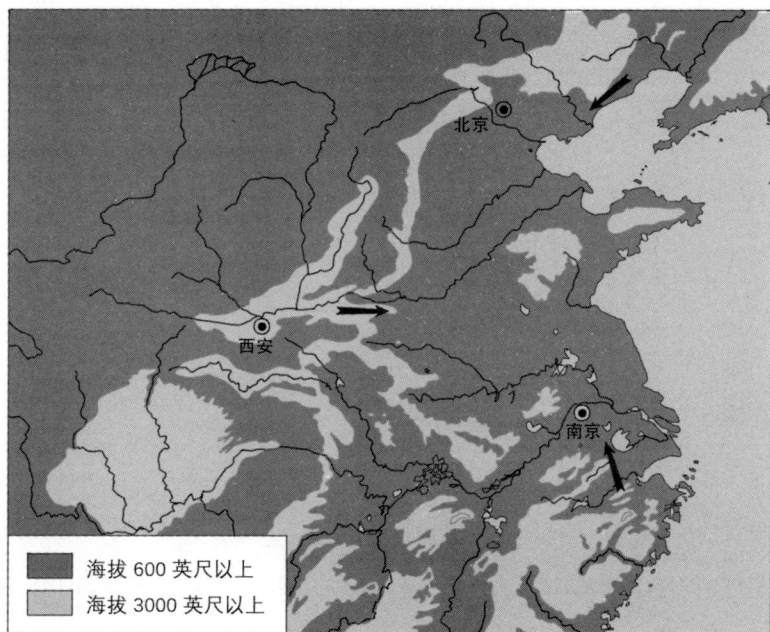

图 13-6　中国历代的首都

北直隶海湾的进攻；西安，可以对抗渭河河谷西面的进攻；南京，位于
平原的边缘，但接近南方的河流系统。随着来自南方的海洋力量的出
现，南方港口体现出了新的重要性。1842年《南京条约》开放的港口^①
都是南方的港口，两个在福建，还有一个就在南部边境上。进入中国的
门户是广州或上海，而不是北京或西安。

　　然而，仍然有通过西安和北京进入中国的路径。满族人已经融入

---

① 指1842年根据中英第一次鸦片战争后签署的不平等条约《南京条约》中所约定
　的，开放广州、厦门、福州、宁波、上海等五处为通商口岸，史称"五口通商"。

了汉人。蒙古人被佛教驯服，失去了他们古老的胆量，但在更远处的平原上依然有其他可能。来自平原的势力以最短的路径穿越高原到达了满洲，而俄罗斯则只差一步就能绕过北直隶海湾。还有一条通道现在已经封闭，甚至可能是被永久封闭，不过，在阿尔泰山和天山之间，通过准噶尔，在群山的隐蔽之下依然有一条古道能够到达西安。另外还有一条很多人走的通道，从贝加尔湖穿越草原到达北京，只是路上要经过北部山区几处易守难攻的地方。中国的政治地位是非常有趣的，中国的历史还没有结束，结果如何，只有时间才能说明。

无论未来会发生什么，我们可以肯定地说，一方面，无论满族统治者是什么样的，中国人都没有被改变，另一方面，中国的历史将继续被地理和一些来自陆地和海洋的巨大力量所控制，特别是这些力量的相互作用将会持续产生并增强统一的趋势，令它比以往更加同质化。铁路和轮船这些现代化的陆上力量和海上力量相互补充，即将发挥这种作用。中国有一条铁路大干线，这是其他国家所没有的。这条铁路将从北京经汉口到广州，从北方的首都到南方的首都，现在它已经完成了一半。南北方都会有来自海洋的供给，中间还有恢弘的长江航运。西安门户的重要性也不会变小，因为未来肯定会有一条重要铁路穿过高原，经过准噶尔和西安，最终与南北主干线垂直相交，为其提供来自陆地的服务。此外，还会建立起各种支线，作为庞大的水路交通的补充，所有这些线路必然能令中国成为一个整体。这种统一性会带来稳定性，这样人们就可以获得对能量的控制，能够节约能量或将能量的使用实现利益最大化。

GEOGRAPHY

AND

第十四章

温暖的土地：印度

WORLD
POWER

为了接下来的研究，让我们再次审视一下已经讨论过的事情，会发现我们已经追溯了两种文明的成长，每种文明都影响到世界上四分之一的人口——一种在欧洲，另一种在中国；一种文明有许多形式，因为它受到不同的地理控制许多方面的影响；另一种文明则沿着同样的路线持续成长，因为一组控制因素具有压倒性的重要性；而两者都受到旧大陆心脏地带开放草原文明的影响。这两种文明之所以能存在，都依靠的是从微小的事情产生文明开端的可能性，拥有保护从而能组织形成更节约能量的小型社区。

　　现在，如果思考一下旧大陆中第三个人口众多的地区——印度，马上就会被这样一个事实所震惊：虽然有一种独特的文明可以被称为印度文明，但是，一方面，印度从未像中国那样千百年来都从内部组织成一个整体；另一方面，印度文明也没有像欧洲文明那样在全世界产生影响。而这种独特的印度文明，其形式又远远多于中国文明，甚至多于欧洲文明。此外，欧洲文明是从埃及和巴比伦播下的种子中不断成长起来的，中国文明是从渭河谷地开始自然成长起来的，而印度文明的开端却无法追溯到如此简单的起源，印度的历史受外部力量控制的程度要深刻得多。

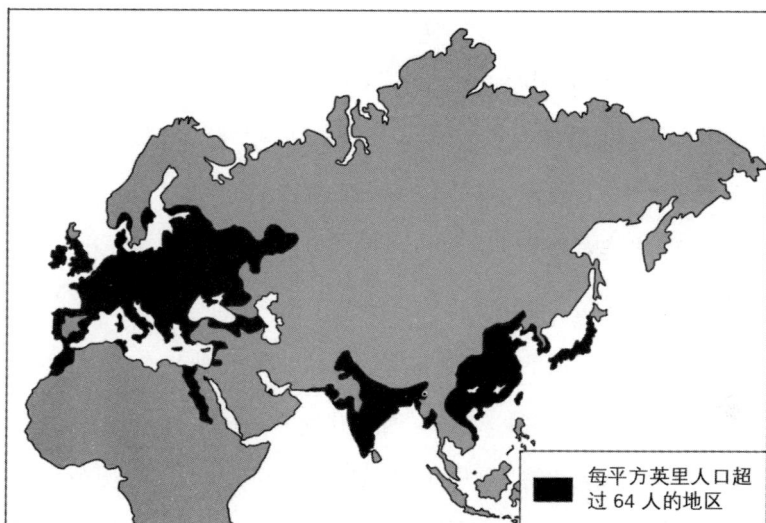

图 14-1　旧大陆人口密度最大的三个地区

每平方英里人口超过 64 人的地区

首先来思考一下地理现实。

印度没有地中海这样的内海，这一点与中国相似，与欧洲不同；海岸边没有岛屿群；气候是温暖的，总的来说是多产的。既没有像地中海那样的诱惑，也没有像斯堪的纳维亚那样让居民冒险出海的必要，生活在此地的人们依然是早期阶段的陆地居民，对海洋不熟悉。

在印度有高地也有低地。地图显示出在北部和西北部有大片高地，它们背靠青藏高原的喜马拉雅山脉继续向东和向东南延伸为许多大山脉，山脉中间是森林茂密的陡峭山谷，而向西则延伸为一片高山，海拔不断降低，直到伊朗高原。在印度半岛上，有另一片低很多也平缓很多的高地，西边是陡峭的山坡，向东的坡势缓缓降低，被沿着这个坡向下流的河水严重冲刷侵蚀了；西边有一个非常狭窄的低地，东边有一个宽一些的低地。在北部山区和南部高原之间是巨大的冲积平原，从恒河口到印度河口绵延 2000 英里，除了靠近山区边缘的地方，整个平原的表面没有一块石头，地势以每英里 1 英尺的变化比例缓缓上升，以肉眼直观，坡度是相当难以察觉的。在这里，没有巴尔干半岛或意大利半岛上的那种多样的地貌，也没有法国的那种集中化。

即使考虑到气候条件，人们的生活也反映出一种同一性。尽管印度可以说拥有几乎所有类型的气候，尽管在各个角落都有一些山区，其气候在一年中或多或少的时间里都非常舒适，但事实上，这些地区都是例外，整个印度土地不仅在夏天很热，而且在冬天也很热。在冬季，几乎整个印度都比中国的任何一个地方温暖，当然也比欧洲的任何一个地方温暖。这是印度和其他两个人口众多的地区之间的一个巨大差异，这种差异可以很好地解释几个地区的历史的不同。在印度，一年中的任何季节都不太需要通过穿衣服来保存身体的能量。

不过，这种一般性的说法需要加以限定。西北边境地区确实能体验到其他地区感受不到的寒冷。在冬季，旁遮普是印度最冷的地区，而信德和西部的俾路支高原，虽然在夏季和白天非常炎热，但在夜间，甚至在秋季都会经历严重的霜冻[1]。因此，你会发现这个地区的印度的文明类型发生了一定程度的变化。

---

① 本书写于英属印度时期，1947 年印巴分治以后，信德、俾路支及旁遮普省的部分地区已被划归巴基斯坦。

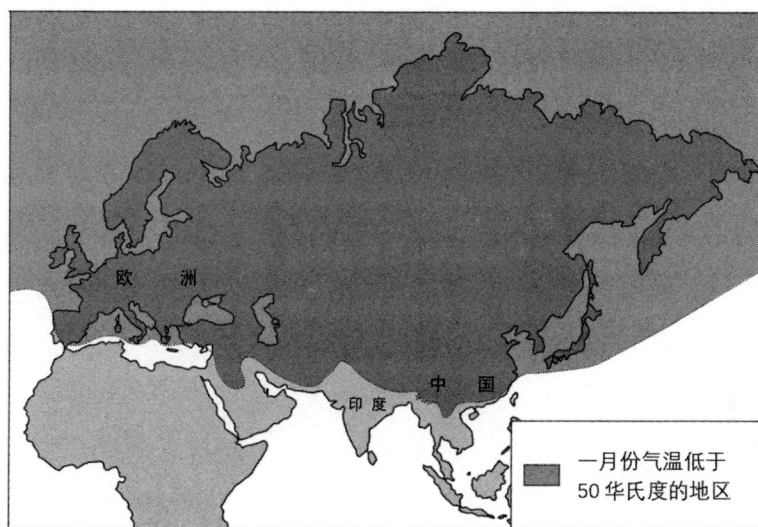

图 14-2　欧亚大陆的气温

印度的冬季比中国和欧洲都更为温暖。

　　如果考虑到降雨量以及热量和降雨量对植被的影响，就会发现，北部平原的东部入口处雨水充沛，而且海拔非常接近海平面，水无法流走，因此这里非常潮湿，是沼泽化的，覆盖着丛林。向西走，情况便发生了不易察觉的变化。雨水开始变少，而且水分排走的机会增大，到了离海1000英里的地方，水的供应就不足了。继续向西到印度河口，会越来越干燥，最后400英里是大草原，甚至是沙漠。南部高原的西坡和喜马拉雅山的南坡，以及孟加拉湾东北部的高地，在夏季也雨水充沛，并能蓄含足够的水分，使森林得以生长，在较低和较潮湿的地区，会长成丛林。给西高止山脉带来倾盆大雨的西南季风会顺着纳巴达河和塔普提河的笔

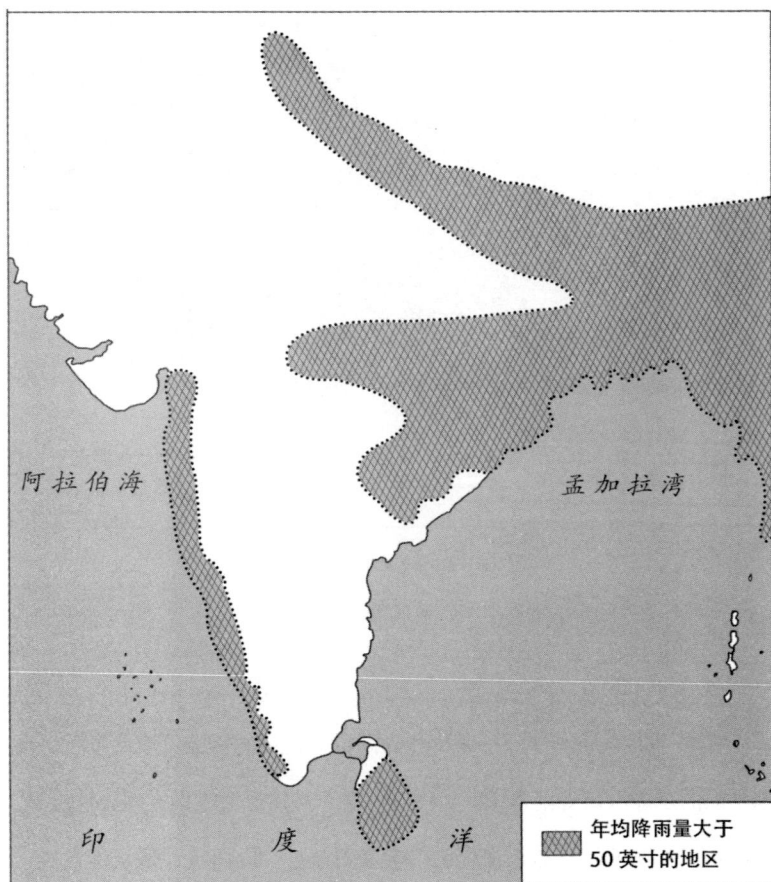

图 14-3　印度的多雨地区

降雨主要集中在夏季。

直河谷而上，将大雨带到极远的内陆，而向东的气流则与更直接地来自孟加拉湾的气流相遇，并在这两条河谷的入海口引起强降雨，雨水范围甚至会覆盖到恒河口以南的海岸地区。这里的土壤是厚重的黑色黏土，因此，在半岛北部，从古吉拉特邦到马哈纳迪三角洲，有一个条状地带，一部分是森林，一部分是丛林，还有一部分现在是耕地。在这个条状地带以南，除了河谷和沿海平原之外，土地都比较干燥，大部分都是草地。

图14-4　印度的森林

三大林带：①喜马拉雅林带；②印度中部林带；③德干西部林带。

同样的条件延伸了很大的范围，而这片土地很难组织化并保持组织化。原因不仅在于它太大，无法由不习惯组织的人组织成一个整体——这是很自然的，即使是现在的欧洲，虽然有组织，但也不是在一个政府下组织的——而且，印度的自然分区实在太大了；没有像埃及、巴比伦或渭河河谷那样的培育所，在这样的培育所，生活相对轻松，单位很小，人们可以学习政府和组织的方法，而且建设这样的地方还需要有远见。

因此，虽然热量和水分结合起来将太阳的能量固定为适合人类使用的形式，但个体去节约这种能量的刺激较少，组织社区去节约能量或保护被节约下来的能量的刺激和能力也较少。在组织的天赋方面，印度文明始终都不如外部文明先进，无论是在和平时期还是在战争时期，移民都基本上成功地组织并支配了本土民族。

这些移民是从哪里来的呢？为了理解这个答案，请注意一个明显的事实：印度是一个大陆半岛。一方面，它比欧洲或中国都更接近干燥的中亚心脏地带，也就是游牧民族的故乡；另一方面，虽然没有什么诱惑或压力使印度本地人成为航海者，但这片土地仍然是可以从海洋上接近的。从东北方向的陆路、西北方向的陆路和海上，都有人进入过印度，只是数量不一。

有零零星星的人从森林密布的东北边境之外而来，穿过森林和丛林，在林中转来转去，最终进入印度的丛林地带。这些人不是组织者，他们没有形成任何国家。正如我们所看到的，森林在任何时候都是有组织的人口活动的巨大障碍之一，印度东北的这些森林生长在深邃陡峭的山谷两侧，一片连着一片，所以这条路径从未被有效利用过。

西北部的情况截然不同。正如我们所看到的，这里是干燥的，没有森林的阻挡，印度在这里接触到了两种充满活力的文明。从喜马拉雅山西端延伸出来的山区虽然很高但相对很窄，在其另一边便是大平原地区和生活在其中的草原民族；而在伊朗高原北部和南部的山区边缘，山上流下来的溪流汇聚于此，这里有通道能通往拥有古老文明的土地——波斯、巴比伦和亚述。那些从山上眺望印度西北平原的人将被诱惑到山脚，因为在那里有时能感受到一种清新的凉爽，这是他们所习惯的感觉，是他们愿意接受的。

从西北方向进入印度北部的人，有的只是三三两两的零星人口，有的则有成千上万，有移民，也有商人，有流亡者，也有征服者。有些人在这个门槛上停了下来。早在亚历山大时代之前很久，亚述人和希腊人就已经到达这片土地，但没有深入。亚历山大将军队开进了旁遮普的中心地带，但未知的条件引发了兵变，他就退了回去。然而，在亚历山大之前和之后，都有人从西北边疆进入，并且扩散到了几乎整个印度。

大海也是一条向所有受过海洋训练的人开放的通道，在我们能追溯的所有时间中，印度的半岛地区一直受到海洋民族的影响。早期受到西方干旱地区文明的一些人和东方潮湿地区落后的一些人的轻微影响，但在后期，组织力量从海上而来，首先是绕过好望角从南方来的，然后是从西面来的。

就这样，那些来自北方、西方和海上的民族，一方面通常带来了比本土原有的更高级的东西，另一方面则往往会破坏他们发现的文明，并在一定程度上取代了印度早期的居民。

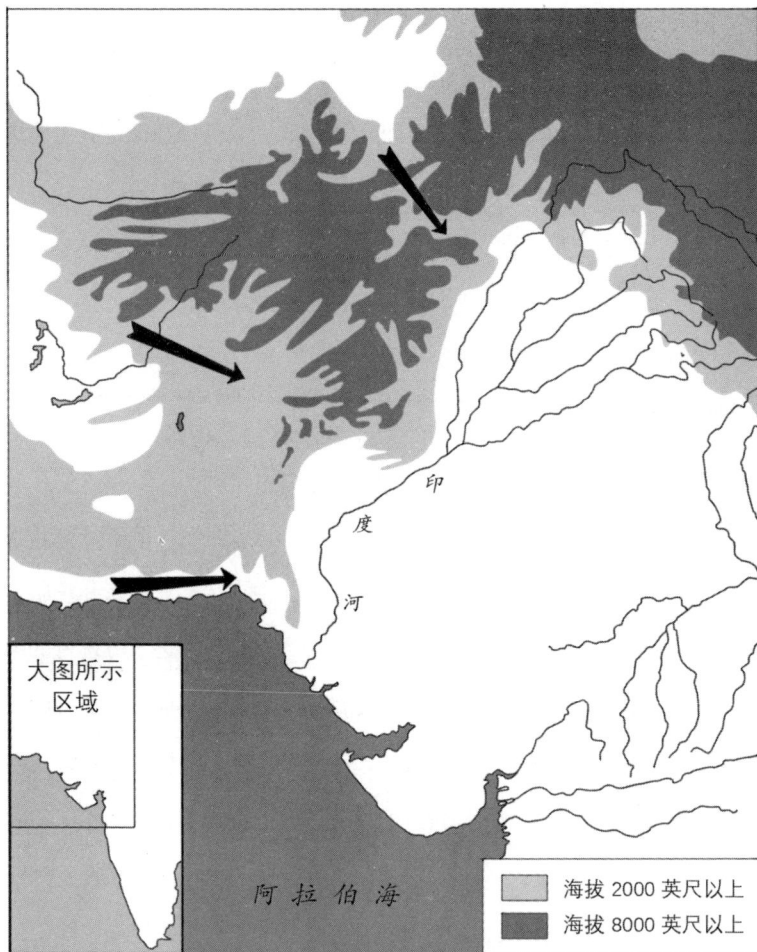

图 14-5　从西北方向进入印度的通道

　　很自然，最早的原住民生活在横跨德干高原北部丘陵区的森林和丛林地带。在这里，他们不仅能找到抵御新来的人的保护措施，还能找到维持自身生命的食物。这些森林在提供保护方面与欧洲的森林相似，但不同的是，在欧洲森林中更为寒冷，人必须充满远见、费尽心机才能保住生命，而且还要花费力气去清除部分森林才能定居；而在印度的丛林中，最基本的必需品很容易获得，几乎没有能促使进步产生的刺激。

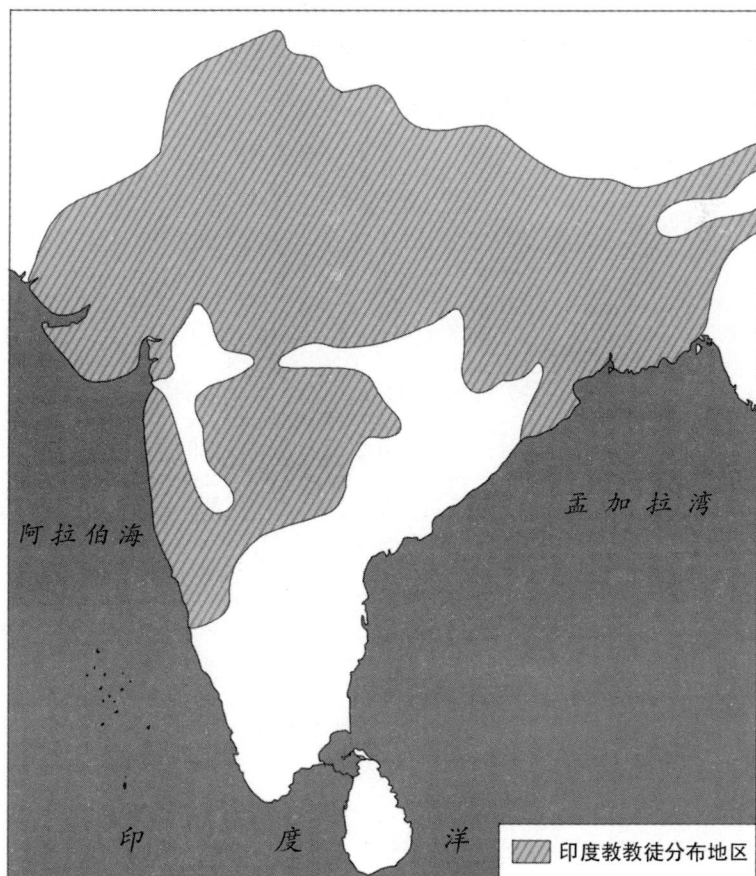

图 14-6 印度教教徒分布地区

大多数印度人都信奉印度教。森林在阻碍其南下的过程中所起的作用是显而易见的。

甚至在历史的曙光出现之前，就已经有人类的溪流从西北方涌来并干扰到本土原住民，这些人是来自大平原还是来自伊朗高原，我们不得而知。这些初来乍到的人有些被驱动着向东南部深入，有些被不同出身的连续不断的种族浪潮吸收同化，这些人口肯定是在公元前2500年后的3000年间从北方来的，他们逐渐在印度北部平原站稳脚跟，把森林带南面的德干高原留给了比他们更早来的人。就这样，北部平原和南部高原之间本就存在的自然差异因为各自居住着具有不同特征的民族而得到了加强。

在这些民族中，组织化开始出现，在北方的效率更高，那里的王国维系了近300年[1]，在南方则不太有效，但我们的资料明显不足。资料的缺失表明在任何一个地方都缺乏持续的组织。而足够明确的是，具有不同特征的人在有秩序的社区中生活并组织化，而他们的不同主要是由地理条件决定的。北方平原并不是一个整体。在东南部的孟加拉，气候湿润，覆盖着丛林；在西北部的旁遮普，是干燥的；而在西部的信德，还要更干燥，因此印度河就像尼罗河一样，在下游流域没有支流汇入。在这两个极端之间有一个地区，大致相当于古代的中央地区，现在的西北省，其降雨量足以满足人类的需要，但并不过多。这个地区至今仍是城市人口和乡村人口都最多的地方。

到公元600年，这三个地区都基本上被三个群体有效地组织起来了。尽管这三个地区存在着明显的差异，却不知不觉地相互影响，任何两个

---

[1] 指笈多王朝（约320—约540）。

地区之间以及每个地区内部都没有任何天然边界，因为居民不把河流看作是边界，而是看作交通的渠道和有益的水源供应。因此，如果没有一个稳定的中央政府，摩擦几乎是不可避免的。而稳定的中央政府并不存在，草原民族的不断入侵造成了不息的动荡，匈奴人、鞑靼人和远东的斯基泰人直接或间接地造成了同样的不安定状况。有一段时间，面对共同的危险，可以而且确实形成了联合，但这种联合并不牢固，不足以成为永久性的。

还有第四个地区，其组织程度已达到相当高的水平。在印度河以东，与印度河平行延伸着一条宽 200 英里、长 500 或 600 英里的地带，可以当之无愧地称作是一片沙漠①。它的东北部分是旁遮普和中央地区之间的一个楔子，而在这片沙漠和横跨半岛北部的森林带之间，是一个比平原高一些的地区，这里的条件能保护它免于来自西北和南面的攻击。这片土地大致上是拉杰普塔纳地区，生产力不如中央地区，对一心想要掠夺的侵略者的吸引力较小，而它形成了效率足够的组织性，之后的几百年都承受住了外来的攻击。

另外，在非常靠东南的平原，远离扰乱北部平原的入侵，享有海洋一定程度上的保护，早期来到这里的人显然能够建立起一个国家，而且这个国家持续了一千多年，虽然其间有过变革。而且，隔着海的锡兰和北方的高韦里河的下游和上游似乎都效仿这个榜样，因此这些地方都形成了独立的国家，并维系了好几百年。然而，在这里，生活很轻松，除

①指塔尔沙漠（亦称印度大沙漠）。

了组织起来抵抗来自北方的压力这一阶段之外，几乎没有任何刺激，因此，这里没有取得能与欧洲所取得的进步相媲美的进步。他们较好地解决了生活问题，当遇到优越文明时却无力抵挡。

随着另一种类型的文明的出现，以及保留书面记录的民族的出现，我们对历史有了更多的确定信息。穆罕默德的信徒不仅向西扩散到欧洲，而且向东传播到印度。作为一种宗教，它取代了明显不及它的异教形式，将这个新宗教带来的人对这片政府形式落后、政府管理薄弱的土地进行了重新组织。欧洲抵御住了伊斯兰教的攻击，原因我们前文讨论过。印度也受到了同样的攻击，而且几乎是同样形式的攻击，其结果以一种奇怪的方式反映出了欧洲和印度之间的差异。印度被穆罕默德的信徒征服并统治，规模时大时小，但伊斯兰教从未真正掌控印度人民，除了那些进入印度的穆罕默德教徒的后代外，这片土地上就很少有严格的伊斯兰教徒了。

只能说，这个结果并不怎么令人惊讶。伊斯兰教是所有伟大宗教中最后一个形成的，其他形式的宗教都已经在欧洲、印度和中国的土地上得到了强烈的信仰，并建立了相应的宗教组织。在其他条件相同的情况下，这种情况往往会继续下去。印度教中所包含的"无序的迷信、恶魔、半神、家庭神、部落神、地方神、宇宙神的纠结混乱"似乎无法与伊斯兰教和基督教相提并论，但对于那些居住在这片炎热而且大部分很潮湿的土地上的人来说，他们不太能看到表面背后的真实，在他们看来一目了然的事实，不是沙漠中的流浪者思想中一个最高的固定的不变神的存在，而是生命的无数变化形式。没有理念上的统一性可供追求。因此，一方面，由于分裂的趋势被进一步突显，没有任何东西可以像十字军东征团结欧洲那样将印度团结起来，所以征服者有机会利用分裂来获得控制权；但另一方面，对于印度的居民来说，伊斯兰教并不是一个令他们满意的对生命意义的解释，因此他们没有接受它。

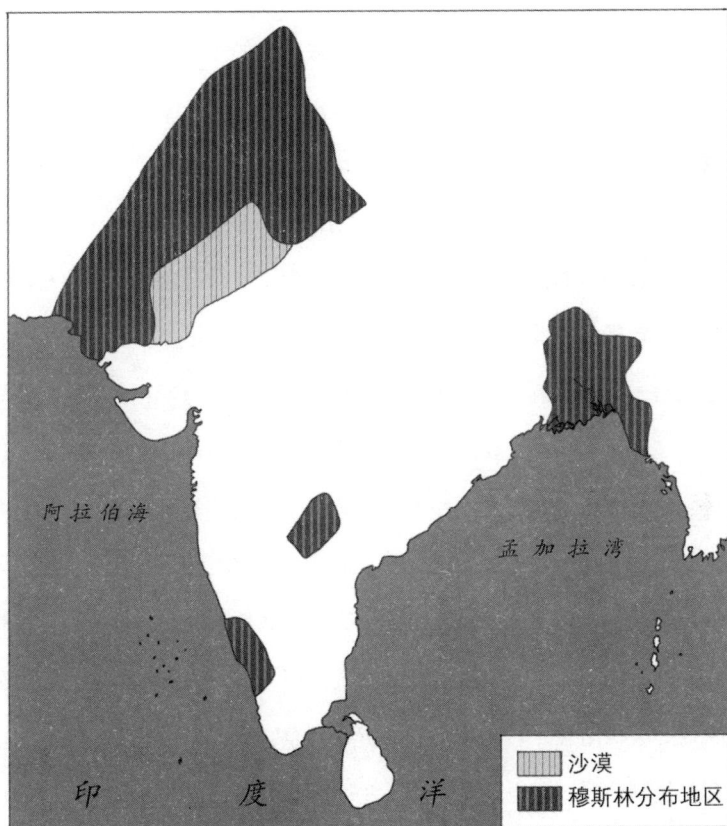

图 14-7　穆斯林在印度的分布

　　穆斯林所在区域包括：①从印度河流域到西部的沙漠地区；②沙漠北端和喜马拉雅山脉之间的走廊地带。

从 7 世纪到 16 世纪，穆罕默德信徒陆续进入印度。阿拉伯人，很自然地，首先从沿着海岸线的陆路而来，然后从海路进入，但他们没有产生任何永久性的影响。接下来，从快到公元 1000 年的时候开始，土耳其人翻越伊朗高原，穿过阿富汗而来。在接下来的一百多年中，主要是由于印度教统治者之间的争端，整个北部平原都承认了伊斯兰教的统治。干燥的旁遮普成为伊斯兰教教区，并一直如此，成为正统派的大本营；但在其他地方，虽然统治得到了承认，但人们仍保留着自己古老的宗教。起初，这些新民族统治的土地其统治的中心位于阿富汗，但随着 13 世纪初伊斯兰教完全征服了北部平原，真正的权力开始集中在德里。现在请注意德里的位置，尽管这片土地因为印度河得名，但信德和印度河河谷，包括旁遮普，只是构成了印度的前厅，在印度沙漠和喜马拉雅山之间有一条相对狭窄的走廊，宽 150 英里。这条走廊的出口处，便是德里。在这里，能真正算是低地的区域也是极窄的；沿着沙漠的东部边缘是阿拉瓦利山地，这是世界上最古老的山脉之一，现在像所有古老而稳定的山脉一样，它已被风化侵蚀了很多，它的南面是最高点，但作为高地几乎一直延伸到德里，就这样，德里南面是丘陵，北面是喜马拉雅山，它处于中间的门户位置。它的后方是穆罕默德信徒的土地，前面则从未被完全伊斯兰化，但也必须受伊斯兰教统治，来自这两个地方的路线都汇集到德里。这里是森林带以北地区的天然首都，因此从穆斯林首次组织北方的时候起，直到我们今天，总是在这方圆几英里的范围内的某个地方选为组织管理的中心，被称为德里。有几年时间是更深入平原的阿格拉被选为中心，但德里的优势总是公认的。

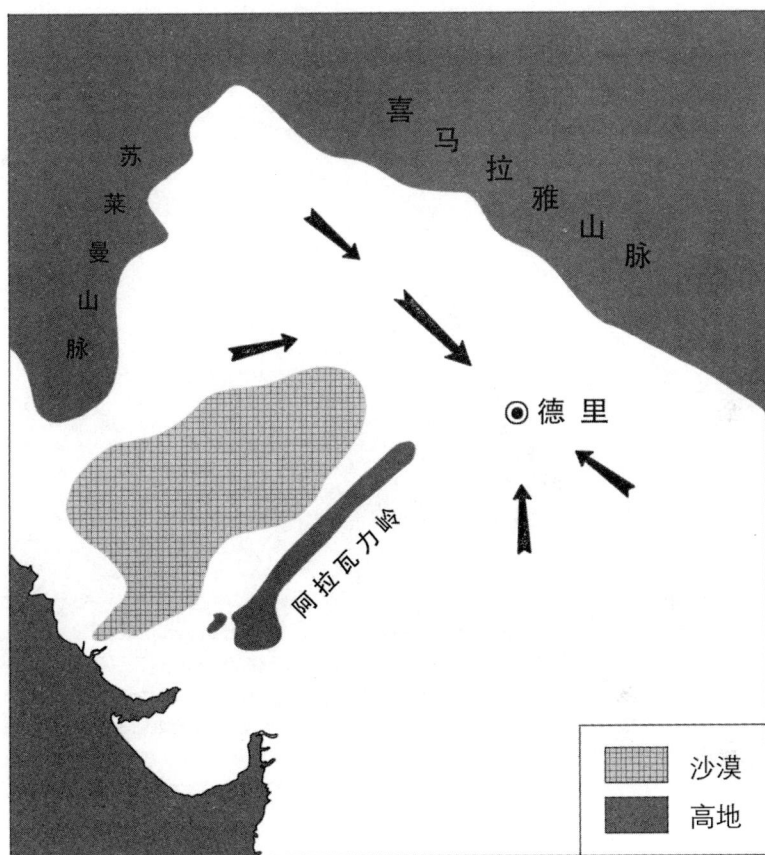

图 14-8　德里的位置

德里位于沙漠和喜马拉雅山脉之间的通道出口处。

　　然而，长期以来，德里只是北方的首都；直到 14 世纪，穆斯林才第一次尝试将森林带以南的印度纳入其统治之下。然后，军队踏足了德干高原的每一个角落，这一尝试一度取得了成功，但要负责的面积太大

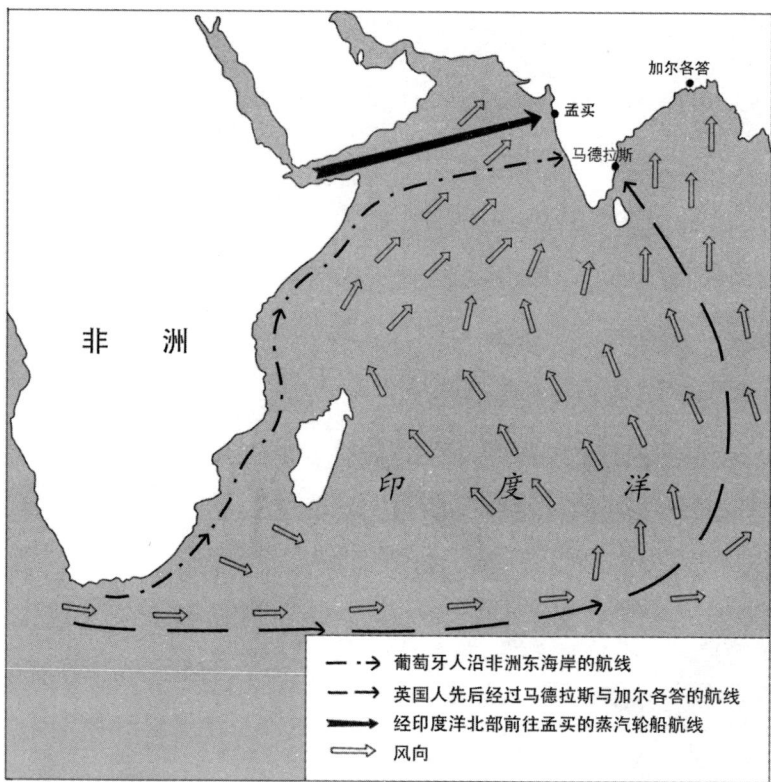

地图标注：
加尔各答
孟买
马德拉斯
非　洲
印　度　洋

图例：
— · → 葡萄牙人沿非洲东海岸的航线
— → 英国人先后经过马德拉斯与加尔各答的航线
→ 经印度洋北部前往孟买的蒸汽轮船航线
⇒ 风向

图 14-9　夏季季风图

了，而且这时又有第三批穆罕默德信徒 [①] 开始进入印度，扰乱了现有的
状况，因此没过几年，偏远的省份就不再效忠于德里。中央当局不仅要
与天然的分裂趋势做斗争，还需要克服其与被征服的臣民生命观不同而
产生的统治困难，以及孟加拉和德干及西北诸省之间存在的自然差异造

---

① 建立德里苏丹国（1206—1526）的突厥人。

成的困难。他们还被从西北方向来的新移民削弱。这些新人是来自中亚大草原的鞑靼人。从大约 1250 年起，一批又一批的鞑靼人进入旁遮普，在增加了印度的伊斯兰信徒数量的同时，日益削弱了本来的政府。14 世纪末，由于帖木儿的入侵造成了破坏，德里的中央统治崩溃了。[①] 帖木儿回了撒马尔罕，留在身后的印度再次分裂，在孟加拉的丛林、干燥的旁遮普、德干草原和南方的平原，都有独立的国家，有些信仰伊斯兰教，有些信仰印度教。

接下来一百五十年中，没有中央政权存在。然后，帖木儿的后代，即莫卧儿蒙古人，再次从中亚进入印度，这一次命运走向不同，他们于 1556 年开始在德里建立中央统治[②]。在那之后，阿克巴进一步巩固了权力，阿克巴是与伊丽莎白女王同时代的伟大人物，死于 1605 年，而莫卧儿帝国一直传承下去，直至逐渐落入英国人的手中。阿克巴利用比过去更健全的经济原则，一步一步地重组了森林带以北的整个地区，但他几乎没有获得对其他土地的控制。他之所以能掌控权力，主要是因为虽然他是伊斯兰教教徒，但能够团结住在北部和西部更艰苦的土地上的更有生命力的印度教徒，并遏制造成分裂的其他因素。五十年后，他的曾孙奥朗则布继位，在其在位的五十年中其试图将印度南方纳入统治版图，而且取得了空前的成功，实际上，他统治的印度疆土比后来所有继承者都要多。在奥朗则布死后，旧事重演，分歧再次彰显，1739 年，从西北方来的新的游牧部落踏上

---

① 1398 年，帖木儿入侵印度并占领德里，给德里苏丹国以致命打击。

② 即莫卧儿帝国（1526—1857）。

了印度北方平原，摧毁中央政府，并带走诸多战利品。①

　　但此时，那些从南方的海上到达印度的人也开始展示出自己的力量。葡萄牙人和荷兰人已经让位给了法国人和英国人，现在是英法两国开始控制组成印度的各个国家。他们乘着夏季季风的吹送渡过海洋，十分自然地从南部和东南部登陆，因此他们首先到达的地方是卡纳蒂克和孟加拉的平原。这些地方一直以来都是离西北地区动乱源头和权力中心最远的地方，它们的政府集中在马德拉斯和加尔各答，英国的权力以马德拉斯和加尔各答为起点，向西北方向扩散进入平原，向西则跨越了德干高原。另外还有从西面来的航海者，最初是通过绕过好望角沿着非洲东海岸到达印度的路线，后来在苏伊士运河开通后又从运河过来，他们的登陆地点在苏拉特（英国最早的贸易站）和孟买（英国最早的属地）。长期以来，孟买的地位不如马德拉斯或加尔各答，但现在它的人口已远远超过马德拉斯，与加尔各答相当。在苏伊士运河开通之前，到达印度西部的海上路径效率不高，所以在莫卧儿统治崩溃后的混乱中，英国统治下的土地重组是由加尔各答和马德拉斯指挥的，而不是由孟买，并且在更遥远的西部和西北部也得以形成了当地的联盟——马拉塔人在孟买以东的干燥高原，锡克人在旁遮普的干燥土地。如果没有英国的干预，这些联盟中的某个可能会试图去主宰整个印度。但无论如何，英国的力量最终不得不去正面对抗这些联盟，而征服它们所需的实力和武力比其他所有地方都要多。旁遮普远离海上入口加尔各答和马德拉斯，直到

---

① 波斯国王纳迪尔沙阿于 1739 年入侵印度。

五十多年前才被英国纳入直接统治范围。从那时起，印度领土渐渐落入英国的控制之下，主要是由于本地政府管理不善，或没有绝对权力的直接继承人，英国统治领土的扩张并不是通过军事力量实现的。

这就是印度，现在有许多地方被外国人统治着，而且大面积的印度地区也一直都是被外国人统治的。现在的管理中心位于加尔各答，因为那里是从海洋进入平原的入口，将来的统治中心会在德里，因为在印度的城市中，只有德里才有资格去统治这片土地。所谓的本土国家，其历史并不比英国在印度的统治时间更悠久——其中多数国家的专制统治者，对其臣民来说是和英国人一样陌生的外国人。印度，依靠着从炎热潮湿的土地上获得的能量供应养活了大量的本地人口，却从未能够管理自己，也始终没有形成一个永久性的政府组织。在现在的监管和统治措施下，节约下来的能量散逸得比以往任何时候都少，因为内部无政府状态已经结束，而且现在西北部地区，不仅可以从加尔各答到达，还可以通过铁路沿印度河谷到达，它已经稳稳建立根基，能抵御来自阿富汗或更远的地方的任何动乱或统治的危险。进步已经实现。然而，英国统治者仅仅是统治者，印度的生活条件与英国的生活条件截然不同，英国人从未打算留下，他们将自己流放到印度一段时间，等工作完成后便回家去。他们甚至没有像伊斯兰教的征服者那样在德里定居，如果他们真的定居，肯定会被本地人吸收同化，就像其他移民被吸收同化一样。此外，尽管阿富汗之外的平原上的草原民族在俄罗斯的权威下被驯服和组织起来，但他们来印度的通道还是一如既往地开放着，有组织地攻击的危险并不低于松散地联合起来的部落的入侵。

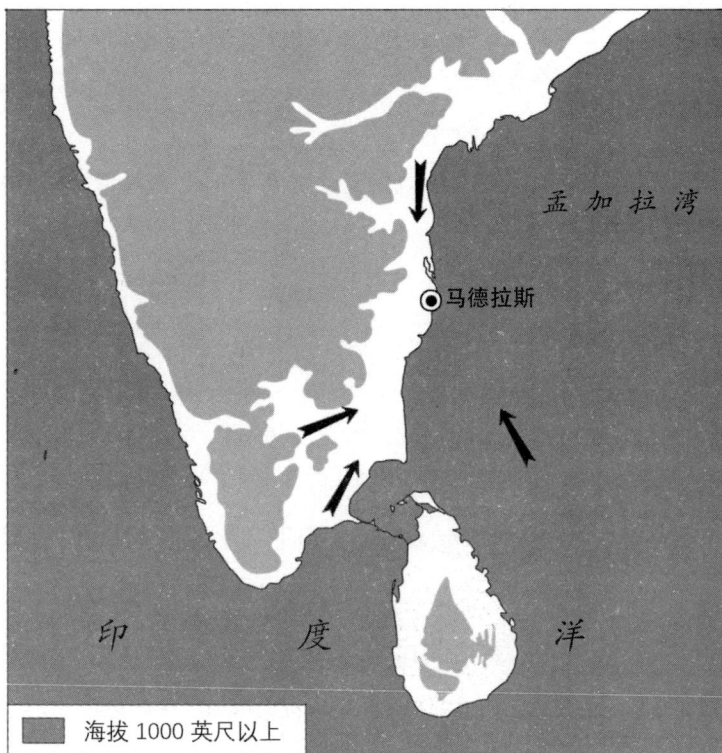

图 14-10 马德拉斯的位置

地理控制仍然存在。炎热潮湿的大陆半岛仍然向大海开放，向西北方开放。从海上来的欧洲人，在北方的土地多样而艰难的地理条件下，学会了解决越来越难的问题，他们学会了如何进入印度，如何治理印度，但他们不习惯印度本身的生活条件。而印度的居民虽然能够轻易获得身体能量，人口不断增长，但这种生活实在太轻松了，没有能够促使他们去大规模地节约能量、控制能量的刺激。欧洲人不会留在印度，而当地人还不能像欧洲人那样有效地管理这片土地。

GEOGRAPHY

AND

WORLD
POWER

第十五章

非洲草原：被影响的范围

现在大家应该能很明显地看出来欧洲和亚洲的基本历史进程是如何被地理条件控制的，特别是三种类型的文明是如何在大平原的边缘逐渐发展起来的。到目前为止，我们只讨论了非洲沿地中海的一个狭长地带，除了说明绕过好望角通往印度的航路的发现是历史上的突出事实之一外，其他地区都暂时没有必要提及。

现在我们来看一些明显不寻常的事实。虽然历史始于埃及[①]，虽然许多早期的场景都在非洲北岸上演，但直到最近五百年，非洲大陆的其他地方才为文明世界所了解。不仅如此，尽管绕过非洲海岸通往印度航路的发现早于哥伦布横渡大西洋，但直到五十年前，非洲始终都还是黑暗的大陆，而西班牙和葡萄牙早已经征服南美，北美洲已经成为与欧洲文明并驾齐驱的伟大文明的所在地。

我们在第二章中谈过，在赤道非洲没有促使本地民族节约能量的刺激。现在让我们来从更细节的层面思考这些事实，看看它们是否能为这

---

① 读者不要忘记，在埃及时代之前的几千年中，人类关于在地球上各种生活条件下如何使用能量、节约能量的知识一直在进步。我们曾多次试图去了解人类在这一艰苦的过程中投入了多长时间，估计从几万年到几十万年不等。由于我们在这方面的知识非常贫乏，以至于进行理论之外的讨论并没有什么价值，而埃及文明作为文明开端是一个引人注目的篇章。——原书注

段不同寻常的历史提供任何线索。

从显示地形的地图可以看出来，非洲是一个整体，整个都高出海平面以上，边缘地区陡然下降到很低。如果你查阅显示全年温度变化的地图，会发现非洲在海平面高度没有任何地方是寒冷的，在一年中的任何时候，大部分地区都是温暖的，相当多的地区是炎热的。不过，最热的区域并不是一成不变的，而是随着阳光直射点的来回移动在赤道南北移动，当光线束成直角照射到地球表面时，其散布的面积比其他所有角度都要小；或者，换句话说，当光线垂直时，特定区域接收到的热量比光线成角度斜射时要接收得多。部分由于非洲北部的平均海拔较低，部分由于整个非洲北部的土地面积也更大，非洲北部的温度也较南部高。

从相关地图中能明显看出来，与热带的这种来回移动存在关联的是雨区的南北移动。雨水是由空气的冷却引起的，空气在膨胀时被迫上升到一定区域，这样温度便降低了。这种上升可能是由于遇到了山坡等障碍物。正是由于这个原因，德干高原的西部边缘在夏季非常潮湿，因为西南风被迫上升并在扩张过程中冷却形成雨水。西风也吹向英国的高地，令英国西部潮湿，而同样高但更靠东的地区则相对干燥，因为气流没有进一步上升。然而，不仅是陆地会导致风的上升；较重的气流也能从下方推挤较轻的气流，较轻的气流通常比较暖和，会在推挤下上升，然后就必然会再次冷却下来。这种气流的干扰可能是在海洋上或在非常平坦的土地上下雨的唯一原因，因为在这些地方，空气不会仅仅因为流动便被迫上升，当然，这可能也是在斜坡上下雨的一个原因。非洲较温暖地区的降雨可能是由同样的原因造成的。赤道带的空气被加热，来自

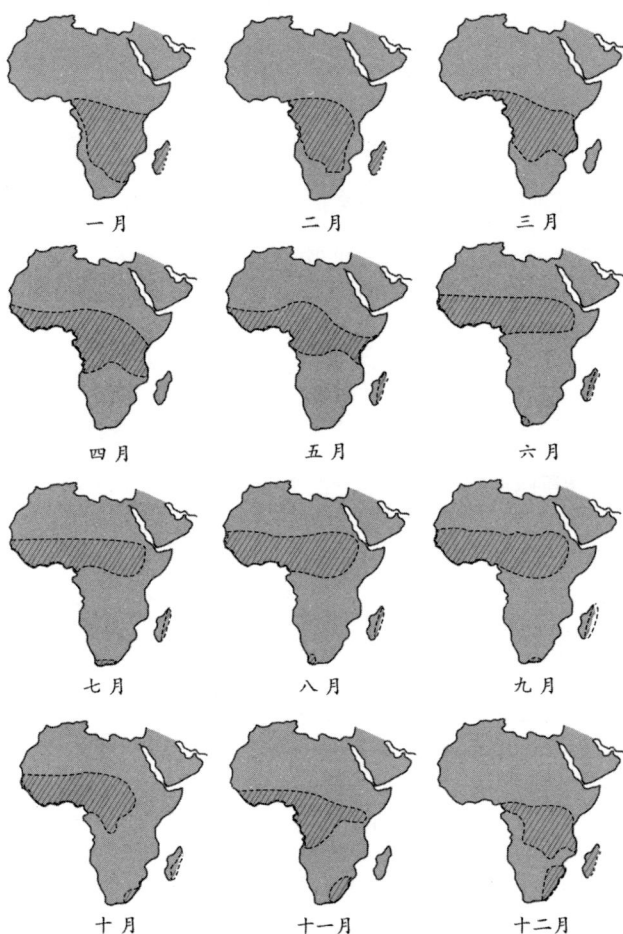

图 15-1　非洲的降雨量

　　阴影部分表示降雨量超过 4 英寸的区域。到了夏季，降雨带在北方会出现季节性的向北移动，在南方则会出现季节性的向南移动。

北方和南方的冷风可能会挤到它下面；如果是在空地上，这些风通常始终保持同一方向的运动，而在这种情况下则会转向，大致变成从东方向西方吹。但条件当然绝对不是如此简单。一方面，有迹象表明，赤道地区的空气在上升或下沉时是呈窄条状的，而不是一大片一大片的；另一方面，对高层空气的研究表明，根据在地面附近获得的信息建立的关于压力、风和降雨之间关系的许多观念，都必须根据更全面的知识加以修正。

　　不管变化的原因是什么，毫无疑问，干湿带有一个南北移动的变化，因此在西部有七个气候区：沿着地中海海岸有一个狭长的地带，冬季雨水最多；然后是一个较宽的地带，即撒哈拉沙漠，很少下雨，以北回归线为轴心自东向西横跨大陆；接着是一个稍窄的地带，即苏丹①，夏季潮湿，冬季干燥；然后是赤道地区，有固定持续的降雨，当正午时分太阳直射地面的时候降雨量最大；从赤道往南是和北面相对应重复的区域，但必须注意，北方是"夏天"时南方是"冬天"，而且南方的气候区域所跨经度的范围很小，部分原因是陆地面积较小，部分原因是东边有一个大洋。在这里，"冬季"和"区"这两个词有些误导性。南方的干旱区——卡拉哈里——比撒哈拉的雨水要多得多，而"冬季"有雨的地区只是极西南的一个小区域。在赤道以北，西海岸地区的气候通过向东延伸的大片土地，影响了大陆东部的气候。而赤道以南的东海岸在夏季有降雨。

　　这种降雨量的分布对植被的影响是非常惊人的。在大雨和酷热的影

----

① 这里的苏丹是指在撒哈拉以南赤道以北，从大西洋一直延伸到红海的一个地理区域，其范围远远大于后来的作为国家概念的苏丹。——译者注

响下，赤道两侧都长出了广袤的森林，占据了刚果盆地和几内亚湾海岸的很大一部分，从桑给巴尔向南的印度洋海岸也有类似的森林，不过没有那么茂密；雨量少得极为罕见的区域绵延着撒哈拉大沙漠；但在其他地方，只是在某些季节缺乏雨水，所以那里有广阔的草原，有些地方像绿地，有些地方则趋向于沙漠，草原为以草为生的动物提供了食物，特别是各种牛和鹿，这些动物还能忍受相当高的温度。这片草原从西部的苏丹一直向东横贯整个大陆，向南几乎延伸到了好望角，差不多覆盖了赤道森林以南的整个大陆。

这些重大的地理因素影响着人类，包括文明人、半文明人、蛮人和野人。广袤的赤道地区的森林不是文明可以生长的地方，而且必须记住，它和所有的森林一样，阻碍了有组织的人类队伍的行动，无论是在和平时还是在战争时。在埃及，两边都有沙漠保护，有来自赤道地区的持续降雨和阿比西尼亚的夏季降雨的双重水供应，人们有可能最早发现如何大规模地节约能量，正如我们前文所述，他们确实做到了。在一望无际的大草原上，人们可以像欧亚大陆的草原民族一样游荡，由于条件的相似性，两个地方的草原居民存在本质上的相似性，但两个草原的条件也存在着巨大的不同，所以居民也存在着同样巨大的本质差异。在非洲，天气终年都不寒冷，不需要为抵御寒冷做任何准备，对于欧亚草原居民来说，衣服是必需品，但在这里却绝不是基础物品，也没有必要为此节约。除了毗邻沙漠的边远地区，非洲草原并不像亚洲的大草原那样干燥，而且即使是干燥的土地程度也没有那么严重。因此，在这里，一方面，人们有更大的可能性去耕种土地，而过纯粹的游牧生活的需要则没有那么高；另一方面，更纯粹的游牧部落往往会主宰支配农业部落，就像游牧的阿拉伯人主宰支配在绿洲中定居的阿拉伯人，也像是中亚的游牧民族直到几百年前还支配着草原边缘地区的农民一样。因此，这里没有必要过得那么艰苦，而且有更大的可能性，几乎可以说是能够肯定，武力更强大但文明程度较低的游牧部落会致使他们所主宰统治的人无法养成任何节约能量的习惯。

事实上，撒哈拉以南的非洲历史从能被称作历史的时期开始，故事便是不同的游牧部落在草原上相对缓慢地移动，在某些地区定居一段时间，从事一点农业，并建立一个军事组织，利用军事力量能够向臣服的部落收取贡品，或消灭对方，但他们从未建立任何类似文明国家的组织。即便如此，北方古代文明的存在以及与该文明接触的民族，特别是与红海两岸的接触，总是产生了影响的。这些游牧部落的缓慢迁移似乎几乎总是从东北方的某个地方开始，或多或少地与北方的文明接触过。他们迁移时主要采取两条路线，向西穿过苏丹，或向南越过高原，将布须曼人和霍屯督人等早期民族赶到更靠南的地方，直至好望角，或赶到森林里，并且用自己民族的名字给各地命名。他们的命名可能是使用了各种并非全称的变体，但欧洲人发现这些地方时它们还都叫着这些名字。祖鲁人和马塔比里人、马绍纳人和马赛人，都在过去一千年中向南迁移到了现在以他们名字命名的地区。

在苏丹，情况有些不同，因为那里的人更直接且更持续地受到生活在地中海南岸人的刺激，地中海沿岸的人在伊斯兰教传播之前和之后都有少量的人穿过沙漠，融入黑人，并介绍引入了多种节约能量的想法。

在较湿润的绿地般的土地上，人们种植棉花，并染成靛蓝色；这里有石头房屋，有的城墙并居住着成千上万人的城市，北方移民的混血儿后代在这里建立了国家，每次都能持续几百年。但也顶多如此了。这种类型的文明效率在其最佳状态下也不如对它产生刺激的文明。在非洲东部沿海地区，有些历史时期也受到了阿拉伯的影响，国家得以建立，但这种影响并没有被用于节约能量，而是相反。

在森林的边缘地区，有些地方森林的茂密程度可以形成抵御牧民入侵的保护，但是那些林木不太稠密的地方又不至于打消人们开拓的希望。最初受北方文明刺激的一些部落，人们在森林里建立了避难所，并能够想方设法改善自己的生活，但这些毕竟属于例外。在大多数情况下，这里取得的进步微乎其微。

因此，相当明显，我们不应该对非洲土著人有什么期待。我们还需要注意的是为什么这么长的时间以来非洲都是不为文明人所知的。控制是两方面的。一方面，对非洲的探索和定居存在着明确的困难，另一方面，这里缺乏对文明人有吸引力的诱因。困难是显而易见的，西海岸，从摩洛哥到刚果南部都有沙漠和森林，只在苏丹区的塞内冈比亚①入海口除外，最早的一些定居尝试的确在这里发生过。刚果以南，卡拉哈里沙漠最干燥、最荒凉的区域围绕着西海岸，而另一面的东海岸是一片林地。从海上乘船而来的探险家们会寻找可以溯流向上游航行的河口，但在环绕非洲的深海中，几乎没有潮汐涨落，而在有足够的降雨量形成河

---

① 塞内冈比亚：非洲西部位于塞内加尔河和冈比亚河之间的一个地区。

流的情况下，河流入海位置的三角洲又难以穿越。河流本身，除了有常年降雨的地区外，大多数情况下都不适合航行，河流存在着季节性的变化，有时是奔腾的洪流，有时只是几处水洼，即使在可以航行的地方，在到达三角洲之前，这些河流还要经过瀑布和激流从内陆的高原下降。这些土地本身很热，许多地方会闹热病。这里是陌生的土地，与家乡不同，白人不会在这里定居。而且，这里也没有什么诱惑人们去探索的东西。在非洲，没有囤积黄金的故事，也没有印度群岛的财富和香料的传说。人们经过这些荒凉的海岸，继续他们的旅程，前往那些已知有财富的地方。

地理条件甚至还控制了白人的进展深入。定居点在一些地方建立，而没有在其他地方建立；向某些方向扩张，而没有向其他方向。定居点会如此，原因一部分是当地的，一部分则与其他土地上的其他事实有关。塞内加尔和冈比亚有早期的定居点，因为白人到达这些地方较早，而且这里在沙漠和森林之间，条件比其他地方要有利一些。在更南些的安哥拉海岸上也有一处类似的地方，很早就被葡萄牙人占据了。好望角显然不具备任何优势，既没有香料、财宝，也没有奴隶，几乎没有任何的利用价值，因此葡萄牙人宁愿占领更靠北的海岸，那边距离航海者们的目标印度更近，好望角被留给了荷兰人。

19 世纪初，控制权转移到了英国手中，而当时整个欧洲都在拿破仑的铁蹄之下，所以当务之急是夺取并控制可能被法国用作基地的外围地区。一方面，人们发现好望角周围地区的气候与英国的气候差别不大，另一方面，这里是通往印度的航路上最方便的停靠点，这条路线与葡萄牙人采用的路线不同，葡萄牙人紧贴海岸。由于相信西风和信风的持续性，习惯于海上航行的英国人并没有浪费时间去与风搏斗，而是利用风来发挥最大的优势，并采取了地图上所示的路线（见第14章图14-9）。他们直到非洲南部航线才接近陆地。

因此，一如既往，历史和地理相结合控制着人类对定居点的选择。更深入的进展同样受到过去的控制。葡萄牙衰落，不复大国地位，这进一步阻止了葡萄牙殖民地的发展，而也如我们看到的，葡萄牙在东非天然就不健康的海岸被潮湿的森林所包围，几乎没有什么诱惑吸引人们来大规模定居。法国人从塞内加尔向东推进，到达尼日尔河上游，占领了一个地区，以巩固在北非的统治。但最有效的推进自然是从好望角向北，通过相对凉爽、开阔的高原的最高处，这是非洲大陆上最适合已经习惯了欧洲气候条件的欧洲人的栖身之所。在好望角，葡萄牙人根本没有登陆；荷兰人热衷于赚钱，但没有殖民的本能，只是把这里作为前往印度的一个站点，印度才是可以获得财富的地方；很少有人能离开家来到这里，而来了的人又总是希望回去。英国人做得比他们多：从一开始就建立了定居点，并进行了扩张；他们遇到了古老的居民，布须曼人和霍屯督人；他们遇到了比较后期到来的祖鲁人和马塔比里人，并迫使他们和平共处；最后，他们将原来的荷兰人的后代纳入统治，这些人不习惯中央集权统治，一直向北迁移。由于逐步控制了基本上适合白人占领的土地，英国人开始梦想构建贯通南北的主权控制带。而法国人则主张要将统治横跨整个大陆的领土。两个主张发生了冲突，英国一度受到挑战，但在法绍达，或者说是更强的舰队所在的英吉利海峡中，达成了决定，尼罗河水域，无论是从亚历山大港还是从东海岸到达，都应保持在同一个主权之下。后来，这一决定再次受到了挑战，德国提出要控制一块同样从东海岸到达的领土主张，这块领土与现在由比利时控制的领土连在一起，插在了英国在南方的统治区与北方的统治区之间，但这并没有阻止它修建一条从好望角到开罗的铁路的可能性。

沿着几内亚海岸，从最初的探索时起，不同民族、不同国家就一直掌控着城堡或堡垒或有防御工事的贸易站，但这些都没有引发有效的推进，因为森林就在后面，浓密，难以穿越，是纯粹的物理障碍，而且由于存在热病和野蛮人而变得更加困难。只是在这些年里，那片森林才被穿透，森林北面的混血穆斯林黑人的土地才被控制。正如可以预料的，那片土地最初是通过困难最少的天然通道到达的，这条通道便是一条大河，尼日尔河。那里现在正在被组织化，通过铁路与海岸相连，并因成了能够为欧洲制造业供应棉花的产地而被纳入了世界体系，而尼日尔河三角洲的森林地区仍然几乎未被开发。

在赤道以南，与塞内加尔和尼日尔河中上游的这个苏丹区相对应的地区的重要性也渐渐突显出来。随着从非洲南部海岸向北越来越多的土地被组织化，只通过漫长的铁路与遥远的南部地区保持交通，成本越来越高，浪费就越来越大。开阔的高原更靠近东部，离西面要远一些，而且还被卡拉哈里沙漠的干燥地区与西面隔开了一段距离，因此东海岸上向北的港口变得越来越重要。但东海岸越是向北，就离欧洲越远。现在有了办法从几个世纪前葡萄牙人宣誓过主权的西海岸到达赞比西河上游地区，这更符合经济效益。

因此，长期以来只被野蛮民族占领的非洲，由于地理条件的原因不为人知，未被开发，最近自然而然地、不可避免地被能影响世界局势的民族所瓜分，影响越大的民族在此过程中拥有的发言权便也越大。但本土种族仍然存在，他们大部分仍然是牧民，该如何对待他们，是一个尚未解决的问题。

GEOGRAPHY

AND

WORLD

POWER

第十六章

新大陆：哥伦布发现之前的

历史与西属美洲

到目前为止，我们的注意力几乎完全局限于旧大陆，我们已经看到了三种类型的文明在那个影响了所有文明的巨大中央平原的周围演变进化的过程。为了获得并节约更多的能量，欧洲人与其他文明发生了直接接触，并意外地发现了美洲。现在问题来了，为什么欧洲人发现美洲在美洲人发现欧洲之前呢？或者我们可以以另一种形式提出这个问题：为什么美洲的土著人没有欲望或没有能力去控制他们自己土地以外的能量？

对地理事实的研究能够提供答案。我们将看到，两个地方的条件无论是过去还是现在，都是极为不同的，因而历史的进程极有可能是相当不同的。

那么，有哪些地理事实是十分重要的呢？其中最重要的条件之一，甚至可以说就是最重要的一个，是非常明显的一点：新大陆比旧大陆小，特别是沙漠带很小。这里的条件与非洲南部的条件相当：由于土地面积小，而且大陆的东面没有别的土地，所以几乎没有可以称为沙漠的地方，因此没有地方可以供早期文明发展。旧大陆非洲北部之所以存在沙漠地区，以及其中之所以能发展出早期文明，部分原因是由于这里本身有大面积的土地——这片广袤的土地的中心部分必然比边缘地区干燥——部分原因是北非有一大片土地位于信风带，其地理位置非常得天独厚，而在其东北方，在亚洲，是整个旧大陆的核心地带。

而在新大陆上，根本就没有一块可以与旧大陆相提并论的广袤而连成一片的土地。在沙漠带的纬度上，新大陆东西两边的沙漠面积都很小，北美洲这个纬度是大陆最狭窄的部分，南美洲与同一纬度的非洲的宽度大致相当；更重要的是，在非洲和南美洲的这个纬度的东面都没有土地。在南北美洲，这个纬度都不是干旱地区，事实上，东部都是湿润的，因为信风首先吹到那里。因此，真正的沙漠地区的范围自然很小。在南美洲，沙漠只占据了西海岸的一个狭长地带；在北美洲，干旱地区虽然稍微宽一些，但仍然范围很小。而且每个地区的范围都会受到地形的影响，地形也决定了其他类型地貌的范围。

新大陆土地的布局在总体上是非常简单的，当然如果想了解它是如何发挥控制作用的，就必须进行细分。在南北大陆上都有三个被低地隔开的大面积的高地地区。沿着西海岸的科迪勒拉山脉，在北美洲稍微宽一些，特别是中段，而在南美洲更窄更高，两个部分的边缘都有海拔更高的山脉。落基山脉仅仅是科迪勒拉山系在北美洲较为宽阔的中段东部边缘的一道山脉。在科迪勒拉山脉以东，南北大陆都有两块更古老的高地，它们已经被风化侵蚀得较低了——在南美洲是圭亚那和巴西的高原，在北美洲是阿巴拉契亚高地和巨大的劳伦地盾。劳伦地盾现在非常低，中部地区的哈德逊湾已经被海水侵袭，我们只能完全通过想象来称它为高原。事实上，科迪勒拉山脉是受东面坚硬的古老岩块的挤压隆起而形成的。在没有这些岩块的西印度群岛地区，科迪勒拉山脉扩散开来，形成了相隔距离更大的多条山脉，其中有些地方非常低，有的刚刚超过海平面，如中美洲，有的只有较高的部分高于水面，如巨大弧线形的西印度群岛，有的甚至完全被水淹没。

在这些高地之间是一片低地，在南北大陆上都向三个方向延伸。在北美，最大的一片是在落基山脉和阿巴拉契亚山脉之间延伸的平原，最低的区域以密西西比河流域为南北向的中央轴线，向东和向西都缓缓上升，坡势缓和到肉眼难以察觉，但一直持续上升，在到达西部突然上升的山脉时，地表已经高出了中心一英里。在古老岩石构成的坚硬的劳伦地盾与阿巴拉契亚山脉和科迪勒拉山脉之间，也有较狭窄的低地，圣劳伦斯河和麦肯锡河流经这些低地，分别流入大西洋和北冰洋。在南美洲，巨大的低地位于赤道两侧，水通过亚马孙河及其支流流走，东面在圭亚那和巴西的高原之间有一个相对狭窄的开口。向南是一片平原，西边是安第斯山，东边是巴西高原；而向北，在安第斯山脉东北方向的曲线和圭亚那高原之间是一片更小的平原，奥里诺科河流经这里。

气候带的范围是由这种地理布局决定的，并由此产生了一些结果。赤道地区，炎热潮湿的亚马孙平原上，森林覆盖了广阔的区域，几乎横跨整个大陆，并一直延伸到安第斯山脉的东坡。另一方面，南美洲的沙漠被封闭在安第斯山脉和海洋之间，必然非常狭窄。差不多与非洲的苏丹地区相对应的奥里诺科河的热带草原范围也相对较小，而气候也在几个重要方面与非洲的苏丹不同；巴西内陆高地的热带草原也是如此，此外，这些草原是由坚硬的古老岩石构成的，土地中的水分会很快流走。

在北美洲，最干旱的地区是落基山脉南部以西的高地。从这些干燥的高地向西的河流流淌在远远低于土地正常高度的狭窄深沟中，事实上会导致土地比原来更干燥。在这片沙漠的南部，整个土地变窄了，山脉的边界在位于奥里萨巴的高峰处连在一起。东部山区的边缘因为信风而雨水充沛，气候潮湿，森林茂密，但山区之间的墨西哥高原相对干燥，冬季会有几个月几乎不下雨。在落基山脉以东的高原上还有一个干燥地区，上面生长着青草。这里相当于亚洲的大草原，但显然大小无法与之相比，因为北面和东面的土地被森林覆盖，北面是针叶林，向东的大西洋方向是温带，沿墨西哥湾几乎是热带。在南美洲，唯一可以说是与大草原相对应的地区是位于安第斯山脉以东的土地，即现在的阿根廷。

旧大陆中有一些地方的简单条件诱导或迫使人们做出一些努力来维持生命，而在新大陆与这些地方对应的区域，却在很大程度上缺乏那些令它们成为文明摇篮的特质。这里没有一条穿过大沙漠的大河在某个季节为农作物的生长带来大量的水，而在另一个季节却水量减少导致植被缺水干枯。这里没有如下的土地条件：气候温暖，生活因而相对轻松，而同时又存在强烈的动机令人们去思考未来、储存食物和其他形式的自然财富，并有保护措施防止那些可能来夺取储存下来的财富的人的入侵。

即使是草原，其范围也很小，旧大陆大草原居民的特质在这里也明显缺乏。一部分原因是由于新大陆与旧大陆相比存在的另一个缺陷，在欧洲、亚洲和非洲以草为食并被驯化的动物，在北美洲或南美洲都没有，没有骆驼、马、驴、绵羊或山羊，更重要的是，最早的节约能量的形式的代表之一——牛，在被从欧洲引入之前，这里是完全没有的。没有负重的牲畜来帮助人类把东西从一个地方运到另一个地方以节约能量，没有牛奶或任何由牛奶制成的食物。这句话也许需要一个轻微的——非常轻微的——限定。野牛，也经常被人们错误地称作水牛，在草原上成群结队地游荡，似乎没有任何充分的理由说明这些牛不可能被驯化。的确有说法说它们不能被驯化。无论是否如此，事实是它们从未被驯化过，而且完全是因为这些动物，才有可能出现任何坚韧的游牧民族，在移动中影响分散在草原边缘上相距甚远的地区的居民，而且可能因为拥有节约储存下来的能量或资本而拥有持久的力量。新大陆的游牧民族必须轻装上路，这样可以保证速度，但他们没有巨大的不可抗拒的力量。在旧大陆，我们看到了大规模的人口迁移，席卷路上遇到的一切，但新大陆，我们无法期待这样的画面。此外，即使是黑人类型的文明——只需要以牛为基础——在这里也是相当不可能的，因为在南美洲是没有野牛的。

因此，在这里，缺乏那些允许并刺激像旧大陆那样迅速发展早期文明的条件。

在北美洲，最干燥和最近似沙漠的土地大致从墨西哥湾的西北部延伸到加利福尼亚湾的顶端。这里一年四季都很温暖，夏天确实很热，所以在有可能有人类的地方，生活相对来说是很容易的。虽然通常来说，河流低于地面的高度，但在一些地方，它们可能被小型社区用于灌溉。在更靠南的地方，墨西哥高原很高，比较干燥，很难从北方穿过干燥的土地来到这里，也很难穿过东边和南边低坡上的茂密森林来到这里。这里气候温暖，来自高地的溪水对于夏季丰沛但冬季不足的降雨起到了补充的作用，而且还有上述的一定程度的天然保护。在北面的沙漠地区，水的供应只能支持十分分散的人口，但在墨西哥高原上，小型社区有可能偶尔发生接触。这里虽然没有像埃及那样的理想的天然保护，也没有维持埃及那样的稠密人口的同等基础，但无论如何，它是新大陆赤道以北最像埃及的地区。

从我们所知道的墨西哥历史可以看出，沙漠和森林绝对不是有效的屏障。我们知道的不多，但似乎很可能有一波又一波好战的民族从更干燥的北方来到这里，每一波来到后，都首先一定程度地摧毁了他们在这里遇到的比他们更先进的文明形式，然后又使自己成为这种文明的继承者。有些人可能只是游荡的猎人，从落基山脉以东的干燥平原来到这里；有些人可能带来了一些在干旱地区的小型孤立社区中学到的节约能量的技艺和知识——用干泥巴"土坯"建造房屋，或种植玉米作为食物，种植棉花做衣服。无论如何，我们在墨西哥发现了小型部落社区，他们居住在石头建成的永久性公共村舍中，穿棉质衣服，以储存在这些村舍的特殊粮仓中的谷物为食物。两个或三个村庄缔结联盟，在一段时间内支配附近的其他村庄，征收谷物和棉花作为贡品，也会被迫承认其他联盟的统治。

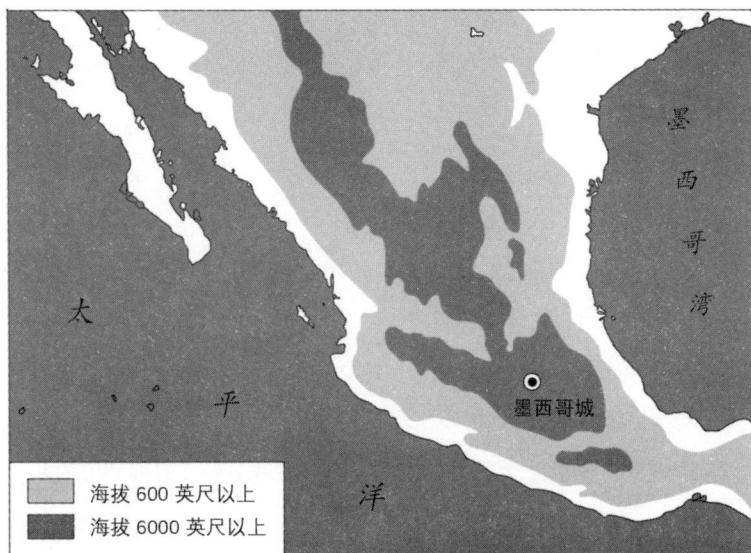

图 16-1　墨西哥的地形与植被

墨西哥地势很高，北部有一片干旱地带，南部和东南部则有茂密的森林。

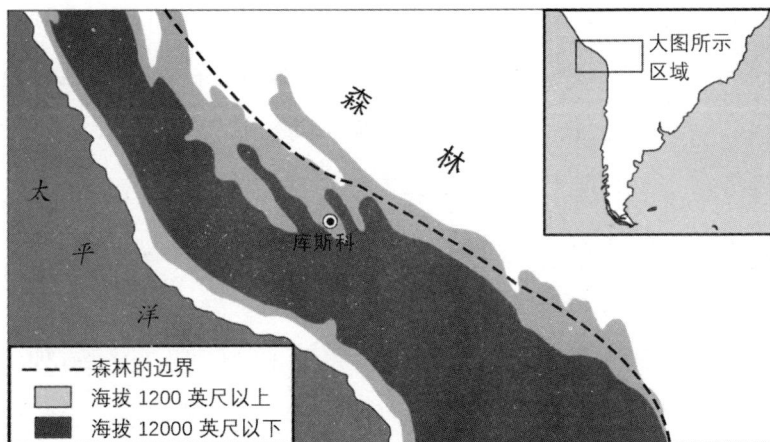

图 16-2　南美洲西部的广阔高原

海拔超过 11000 英尺的库斯科，没有两侧的洼地那么炎热。

　　一方面，这里有相当大的进步。不用养殖的形式，只有通过定居生活才能积累大量的能量。这些人定居下来积累食物能量，这种能量即使在现在也可以比其他任何东西保存得更久，尽管在准备过程中麻烦至极。野蛮人把果实拿来就吃，而当他拔出根部时，已经取得了进步，因为大多数的根在吃之前都需要进行一些处理；而谷物的种子，经过几代农民的选择和改进，变得越来越大，不仅在生长时需要照顾和注意才能实现最大化的收获，而且在成熟之后，还需要进行很多处理，才能达到最佳食用状态。想一想小麦必须经过多少道工序才能吃？再想想苹果、香蕉所需要的步骤，以及萝卜、土豆所需要的步骤？新大陆的居民不知道小麦，但玉米是这里的谷物，是人们所了解的。玉米在生长过程中所需要的关注比小麦少，食用所需的准备工作也少，整个大陆都对玉米有所了解，可能形式不一。种植玉米的部落会在一个地方停留足够长的时间，清除地上的森林，播种下种子，然后离开，当庄稼成熟时，他们会回来食用所种植的东西。在这种情况下，几乎没有节约。然而，在较干燥的土地上可以用灌溉来种植，部分收成能被储存下来，墨西哥的早期居民就是这样做的。他们所储存的能量不仅足够应对食物匮乏的时期，也能通过这种能量的积累来保护自己。村庄实际上是一个堡垒，全村人口都可以撤到其中，靠他们积累的能量生活，使他们可以在一个有利的位置上抵御攻击。而且，他们的时间并没有全部用于保护生命，他们还有足够的精力来进行一些生活的装饰，如制作简单的雕塑，积累金银来制造器物。

但是，另一方面，控制能量方面的这种进步并不是很高。正如历史上所发生的，这些人的地理条件和历史都突显出了小单位的存在，没有任何联合的迹象。几个村庄对其他村庄行使领主权，这在任何意义上都不是王国或政府，也不存在领土的扩张。这种行为不过是以威胁为手段来获得贡品，是一种勒索。被征收贡品的地区没有相应的防御措施以便节约更多的能量，没有民族和国家的观念，甚至不是像亚述那样的军事专制主义；在一段时间内占主导地位的部落之所以能保持权威，只是因为其他较弱的部落也不团结；贡品被征收，只是因为担心如果不交出贡品会彻底灭亡。墨西哥的重要性在于，这里有一种比其他地方效率更高的小型社区节约能量的方法，因为当时还没有发展出初级类型以上的社会或政府组织。我们不仅看到占主导地位的村落的不断变化——阿兹特克人只是西班牙人发现时占主导地位的村落，而他们的主导地位只维系了几代人的时间——而且当任何外来的攻击发生时，几乎不会有联合起来面对敌人的尝试，相反只是各自分散。这就解释了为什么西班牙人能够以很少的人手如此迅速地在整个土地上建立起自己的权威。

还有一个地区也发展出了墨西哥式的文明，可能两者之间有过一些交集。但目前我们只知道，在墨西哥东面地势很低的尤卡坦半岛上，与墨西哥隔着森林的地方，生活着一个民族，他们的发展进步与大陆上任何其他民族一样，也可能发展得更多。尤卡坦的气候在墨西哥湾沿岸是特殊的，尤卡坦只有夏天的几个月雨水较多，而其余地区四季都有充沛的雨水，那些地区覆盖着森林，而尤卡坦是一片草原，水很宝贵。

在墨西哥和尤卡坦，条件与旧大陆出现早期进步的地方并非截然不同。在我们必须注意的另一个地区，虽然也与旧大陆有一种奇妙的根本上的相似性，但更明显的条件却大不相同。与欧亚大陆的草原相比，北美的草原很小，唯一可能被驯化的动物——虽然并没有被驯化——是野牛，所以没有可以与旧大陆的游牧部落相提并论的本地人。在南美洲，凉爽的草原地带甚至更小，虽然热带草原的范围更大，但我们已经看到，这里甚至都没有土生的野牛；沙漠的范围也很小，而巨大的赤道森林几乎覆盖了所有其他地方。因此，似乎没有任何充分的理由期待这里会遵循旧大陆发展的路线取得巨大的进步。

但在南美洲，有一种条件是全球其他地方都没有的。在亚马孙森林大平原的西边，陡然崛起了安第斯高原，宽两三百英里，高两英里，边缘的山区甚至还要再高出一英里——山东面被森林覆盖，山西边俯瞰着干燥的沙化平原。高原中央较低的部分相对干燥和温暖，夜晚凉爽。这

种气候自然是由于距离赤道十分近，而又高度适宜。在离赤道较远的地
方，这种高度的土地会过于寒冷，即使在这个纬度，如边缘的山区那样
更高些的地方也过于寒冷，不适合原始人生活。高原中央也不是连续
的。相接的山脉连成一片，将可居住的土地分割成盆地，这些盆地可以
相互通达，只是很困难；而即使在每个盆地内，土地也绝非平坦，而是
山地和谷地交替出现。

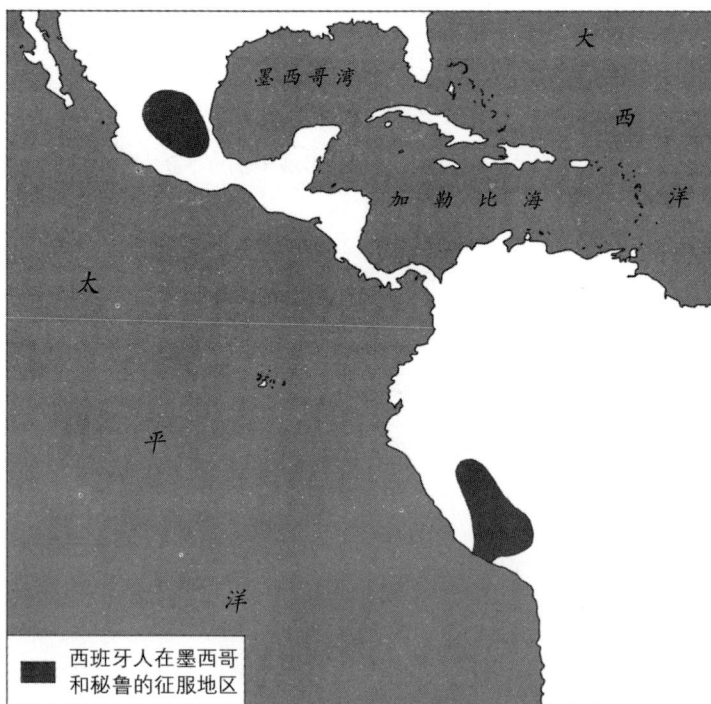

图 16-3 墨西哥和秘鲁

墨西哥和秘鲁是西班牙重要的征服地区，其他地区虽然同样被占据，但
极少产生收益。

如果在南美洲有什么地方有可能演化出更高级的文明，这里就是另一个可能的地方。就像西班牙人在墨西哥遇到了阿兹特克人一样，他们正是在这里遇到了印加人，这个民族不久前才统治了整个地区，他们只是继承了一份遗产，而这份遗产已经在不同的人手中发展了许多个世纪，其中无疑经历过一些挫折。但印加人真正地将自己的整个统治区域组织化，而阿兹特克人却没有这样做，印加人在库斯科周围组织自己的家园，可能比阿兹特克人建造村落的年代还要古老得多。有可能，某种形式的发展进步已经持续了很长时间，在早期阶段的某个时间点，整个地区（据我们所知，该地区的地势变化非常猛烈）可能比现在低几千英尺，而且在一些地方，比方说一些现在太冷谷物无法生长的地方，当时的生活要轻松得多。

因此，高原中的各个盆地在一定程度上受到了又高又冷的山区边界和其他间隔高地的保护，这些盆地中的社区发现并改进了节约能量的方法。他们用来自寒冷山区的水浇灌肥沃的土地，种植收获土豆和玉米，前者是本地的，后者无疑是由来自东方的入侵者带来的，这些入侵者尽管往往最初会造成破坏，但会令他们遇到的人蓬勃发展起来。非狩猎民族驯化使用了新大陆上唯一能被驯化的一种动物，能够以许多其他民族不可能做到的方式使用和节约能量。羊驼是一种驼类，但比骆驼略小，和骆驼一样是干旱地区的土生物种，但与骆驼不同的是，羊驼的家园在高原上。羊驼虽然不能拉车，但是可以作为驮畜，虽然不怎么产奶，但是肉可以作为食物，另外，它的毛还可以作为服装原材料，所以，在很大程度上影响了安第斯力量增长的可能性。印加人把以库斯科为中心的自然区域组织化后，占据了主导地位，他们并不像阿兹特克人那样仅仅是勒索者，而是将各种已经在类似的盆地中开始发展的社会组织系统化为一个更大的整体。他们做得不仅于此，他们下到西部沿海沙漠。那里有一些孤立的小社区，各自利用一条从高处流过平原的河流，耕种河流周围受河水灌溉滋养的土地，从而获得了对能量的控制。这实际上是与埃及相同的模式。不过，这些社区比埃及的社区更容易受到外部的支配，而且因为太过孤立，无法对有组织的外来力量进行联合防御。所以，印加人主宰了这里，将它们组织化为一个国家。

在构成西印度群岛的一串岛屿中，竟然没有人发展出像希腊人那样的文明，这似乎很奇怪。正如我们所预想的，海洋条件并非完全没有影响，因为这些岛屿被至少两个种族占据，他们很容易从一个岛屿到另一个岛屿，其中较晚来到的一个种族名为加勒比人，这些岛屿所在的海域就是根据他们命名的，他们对岛屿的入侵被西班牙人的到来打断了。但有两个有助于发展希腊文明的条件在这里是缺乏的。一方面，居民来自文明程度较低的地区。他们最初居住在奥里诺科河和亚马孙河之间的森林覆盖的地区，甚至还要靠南的地方，只是在一步步的诱惑下才占领了这些岛屿，因为第一个岛屿特立尼达岛位于奥里诺科河口的视线范围内，而且他们已经在河上对行船有了一些了解。另一方面，加勒比海的大陆海岸地区和海域中的岛屿都多雨，大部分都覆盖着森林，这种情况正是不会促成什么发展的条件。希腊人的情况非常不同，地中海末端的土地是那些已经学会如何好好生活的人的家园，不管希腊人的起源如何，他们都是从已经取得一些进步的主干上发源的。我们谈到埃及的文明时仿佛是说它完全是在当地发展起来的，但不能忘记，在埃及人的背后有着非常漫长的发展时期。西印度群岛的居民来自最不可能有早期发展的地方，即使到了他们受到诱惑渡海之时，也还没有什么发展。此外，希腊人的岛屿不仅干燥，阳光充足，有刺激发展的条件，而且地中海东部的海岸是在许多不同条件下都生活得很好的人的家园，希腊人无论航行到什么地方，都会看到人们以不同于他们的方式做事。而加勒比人和他们的前辈，除了他们的海洋环境确实有影响外，其所接触的条件与他们的大陆家乡上的条件没有什么不同，而且他们在航行中也没有接触到什么新东西。因此，在西印度群岛，没有值得讨论的进步。

如上，在新大陆有两个地区，而且只有这两个地区，像旧大陆的文明摇篮一样，那里的人超越了野蛮，因为那里的生活相对容易，小社区受到保护，不会遭到野蛮人的攻击，而且存在可以促使人们去节约能量的刺激。也就是说，在新大陆取得进步的土地与旧大陆的一样，都是温暖且相对干燥的；然而，由于条件不是那么有利，进步也不是那么迅速。旧大陆的人会发现新大陆的人，而不是由新大陆的人们来发现旧大陆，这是十分自然的，因为在新大陆，高原上的种族是唯一超越野蛮阶段的民族，而他们是接触不到海洋的。他们生活的环境比埃及的环境更不利于早期发展，而且也更不利于进一步的扩张。在安第斯山和墨西哥高原的高处，相邻的几个高原地区之间的交通都很困难，与两边低地和远处的大海交通则更加困难。贸易如果有的话，也是很少的；没有关于地球形状的猜测，甚至没有人认为这个问题有实际意义，也没有人会想到可以通过任何方式跨越海洋到达其他拥有财富的土地。

海洋几乎还没有达到令人恐惧的阶段，因为它基本上还不为人所知。这些高地，即使在现代条件下也是孤立的，是难以接近的，居住在这里的人没有受到去寻找通往其他土地的通道的刺激，他们甚至完全不知道还有那些土地的存在。尽管大陆上其他地区由于地理条件而有可能成为更先进的文明所在地，但那些地方又缺乏在欧洲引起进步的那种原始刺激因素。考虑到人类进步所经历的漫长时期，以及新大陆与旧大陆相比所处的不利地位，值得称奇的并不应该是新大陆的文明落后于旧大陆，而是落后的程度只有那么少。

新大陆存在的条件不足以支持发展任何先进的文明，但这些条件又是非常重要的，它们或直接或间接地决定了欧洲诞生的各种形式的文明移植到新的土壤中会如何发展。直接的层面是，因为地形和气候条件决定了那些已经学会控制能量的人可以在哪里定居以控制更多的能量，以及他们在活动时如何将能量消耗最小化；而间接的层面是，人们由于过去的历史以某些方式行事会比其他方式行事更容易。前文曾提及，新大陆的发现是在西班牙的主导下进行的，而且最初发现的是西印度群岛而不是北面的大陆，因为西印度群岛处于已知的香料来源地区的纬度上，从北非吹来的信风也吹送到这个纬度。西班牙人来到了西印度群岛，他们认为自己到的是东印度，这里和葡萄牙人实际去的东印度之间存在着差异。东印度居住着有组织的群体，虽然没有欧洲那么先进，但确实是商品、本身有价值或被认为有价值的东西的来源，葡萄牙人立即获得了他们所寻求的东西，并把这些东西装在船上带回欧洲。而西印度群岛居住着文明程度低得多的人，没有什么可供应的东西，西班牙的殖民化尝试起初进展缓慢。如果不是因为我们所说的那些比其他地方更先进的社区的存在——在墨西哥高原和尤卡坦低地，在安第斯高原及以西的沙漠低地，西班牙人即便不会完全失败，也可能只是继续缓慢地进展。在所有的尝试中，西班牙人对低地文明的发现促使他们了解到了高原文明，然后得以迅速主宰了那些地区，而当地如果居住的是野蛮部落，那么要完成这样的组织化需要很多很多年，甚至好几百年。西班牙在新大陆统治的核心地区是那些本身文明已经取得一定进展的土地，虽然那里没有香料、储存的金银，但那些文明的装饰品被西班牙人错误地认为是值钱的，是他们可以获取的东西。在中美洲、南美洲北部和西印度群岛，其他由西班牙统治的土地只是随着核心地区自然而然地落入了西班牙的统治，但西班牙人只是仓促地搜寻了一下黄金，之后，这些连接地区只是在军事意义上被占领，而且大多数都长期保持其原始状态。

　　随着西班牙势力的瓦解，这些土地渐渐脱离西班牙控制，并分裂成多个国家，但这些国家仍然保留着西班牙的印记。西印度群岛没有黄金，而且对于控制有黄金储藏的地区也不重视，西班牙人只控制了少数几个岛屿，没有做更多尝试，容许其他海上强国对其余的岛屿提出主权主张、进行殖民化和组织化。在高原地区，居民仍然是西班牙人来到时所遇到的人的后代，这里仍然难以进入，仍然十分奇怪地维持着与西班牙人到来之前的条件相符的单位组织。尽管脱离现代条件，地广却人稀，但这里依然有一些变革，这些变革体现为分裂成更小单位的趋势的存在。墨西哥，北靠沙漠、南邻森林的高原，和尤卡坦的干燥低地连在一起，是两面临海的一块地区，是西班牙殖民地中最具有西班牙特色的地方。在秘鲁，原来印加帝国权力中心周围的那些高原，以及西边有水灌溉的荒原，一半的人口仍然是印加人。印加人南下时将玻利维亚纳入统治范围，这里没有海岸平原，四分之三的人口是纯印第安人血统。而印加人北进时将厄瓜多尔纳入统治范围，这在新大陆被发现之前不到五十年，这里大部分居民仍然是印第安人。哥伦比亚从未被印加人统治过，但拥有相同类型的文明，并且因为马格达莱纳河和考卡河河谷对西班牙在加勒比海的海上力量敞开门户，所以比其他南美国家更有西班牙特色。位于湖边的墨西哥城非常强大，是阿兹特克人的防御力量，而库斯科是印加人征服的战略中心，这两个地方依然是现代国家的中心。不过在利马，西班牙征服者在曾经由秘鲁统治的干燥的西部沙漠中设置的城镇，经过了一种古怪但又相当自然的逆转，成为了秘鲁的统治中心。维拉克鲁斯和卡亚俄是港口城市，可以从这两个地方出发前往海洋彼岸，古代居民做梦都想象不到海洋的存在，现在这两个地方的地位要归功于征服者西班牙人的需要。

事实上，中美洲森林中的小国并没有被殖民过，它们几乎没有组织化，也没有什么真正的统一性，如果不是因为它们与两个大洋发生的接触更多，而且要有比土著人和殖民混血后裔更擅长控制能量的人才能以最经济的现代方式穿越森林，那么它们的重要性肯定比不上高原上的国家。

图 16-4　南美洲的气温

智利和阿根廷的气候要比南美洲的其他地区凉爽得多。

　　而在遥远的南方，西班牙人的控制尝试本来就像在中美洲一样不怎么用心，但由于西班牙的举措，这里发展出了最重要的国家。智利和阿根廷，位于高耸、寒冷且无人居住的屏障中间的低地上，土地与西欧不无相似。这里有欧洲人习惯的气候，欧洲血统的人以全面的历史优势，在那些在原始条件下不可能取得巨大进步的土地上殖民定居。他们以布宜诺斯艾利斯和圣地亚哥为中心，统治保留了更多西班牙的特色，北方和南方的土地逐渐被占领和利用，为现代世界供应了更多的能量。智利和阿根廷，可能要再加上乌拉圭，更容易进入，占据这里的人能够更经济地控制能量，供应更多可利用的能量，现在应该比北方的安第斯国家更重要。

同样不能忘记的一点是，葡萄牙人在前往印度的路上发现了南美洲的一部分，并根据教皇的谕令，与西班牙人分享教皇所能给予的权利。他们在巴西的海岸线上和伟大的亚马孙河的岸边设立了一些定居点，并对大片地区提出了权利主张，这些地区长期以来都被认为价值不大，所以他们的主张没有引起争议。就这样，一个现代国家 [①] 的基础奠定了，在这个国家的确存在着巨大的可能性，不过它的重要部分仍然是陡峭的东南海岸线，向大海开放，相对凉爽。

我们再次看到了历史进程和现代条件的产物，以及未来历史的基础是如何受地理条件支配的事实。地理条件一方面刺激了行动，另一方面又决定了效率最高的行动应该如何发生，又在何处发生。

---

① 指巴西。

GEOGRAPHY

AND

第十七章

煤炭——更重要的分布：美国

WORLD
POWER

新大陆不像旧大陆那样处于早期文明发展的有利位置，也没有像埃及那样的土地。但是，尽管地理条件保持不变，它们可能会控制历史进程以不同的方式发展，具体取决于人们能够或不能够以某些方式使用能量。长期以来，海洋是一个屏障，而现在，它是开放的高速通道。因此，在不适合早期发展的美洲土地上，我们看到了一个大国生长发展，因为在这里，当人们一旦知道如何控制和节约能量，就能以更经济的方式去控制和节约。历史上的最初阶段并不能决定未来的重要性。漂洋过海来到美洲的不仅仅是西班牙人。法国人、荷兰人和英国人主要基于对旧大陆地理的考虑，而非对新大陆的考虑，紧接着来到了美洲，主要停留在北美洲，起初他们仍是在寻找通往印度的海路。法国人沿着圣劳伦斯河和密西西比河深入内陆，并对这些河流到达的广袤低地上的大片领土提出主张。东部海岸本来有荷兰人，后来因为欧洲的局势而被驱赶离开了基地①，在荷兰人被赶走之前就已经有英国人来此定居，之后又有了更多。阿巴拉契亚山脉和新英格兰的森林高地，以及法国人主张拥有主权的平原，形成了物理和政治上的双重屏

---

① 1674 年，荷兰在第三次英荷战争中战败，并将其在北美洲东部设立的殖民地新尼德兰割让给英国。

障，将这些定居点围了起来，没有人会想到，它们标志的范围是一个在一两百年内会成为世界上最伟大的大国之一的起点。这种发展是由于地理条件，由于支配欧洲历史的地理因素，以及关于如何利能量以获得更大优势的进一步发现。

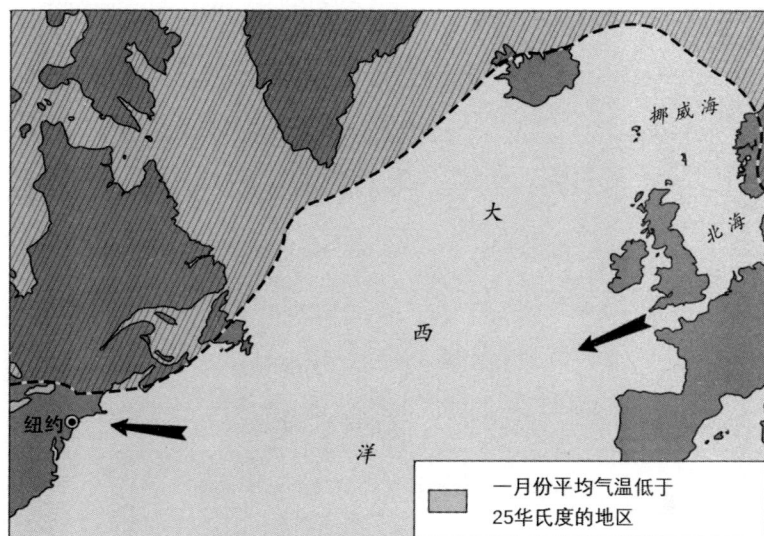

图 17-1　冬季无冰冻的纽约是从欧洲到北美的首要入口

这些定居点所在地区的冬季没有极端寒冷，夏季也不极端炎热。虽然北美东海岸没有任何地方的气候可以与英国相媲美，但有人定居的地点实际上比南北美洲的任何地方都更像英国的土地。气候条件正好可以解释美国最大的一些城市的位置，特别是纽约的位置。

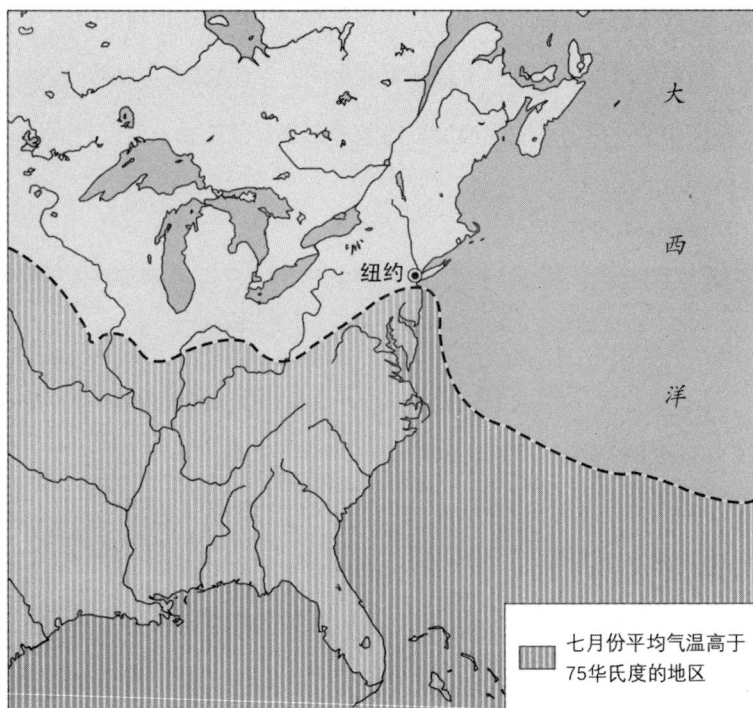

图 17-2 北美洲东部的"暑热"现象

　　森林覆盖的高地形成了一道屏障，而且是非常有效的屏障；新英格兰和弗吉尼亚的小社区是联系在一起的。英国人所主张拥有的土地是真正有人占领的，而不是像从密西西比河口到圣劳伦斯河口的大片土地那样，虽是一片广袤，却仅仅偶尔才出现一个落单的游荡的法国人、猎人或传教士。然而，在这道屏障之中，有一条向有潮汐的海洋开放的便捷通道，是离开海洋后，进入陆地的最初的 150 英里的首选途径。① 亨

① 指哈得孙河。

286

利·哈得孙为首的荷兰人在寻找通往印度的道路时最早航入这些受保护的水域，这里的河谷因此以这第一位探险家的名字命名，通过哈得孙河谷和支流莫霍克河河谷，可以到达西面的低地。只要有合适的时机，英国定居者就能直接通过这条通道，从内部阵地打破法国人的防线，并有效占领中央低地。

法国人的失败并不仅仅是由于这些事实。如果圣劳伦斯河流域的法国人能得到法国本土的大力支持，可能会有不同的结果。但是，正如我们所看到的，法国的殖民政策受地理条件的影响，并不是持续性的，这些定居者没有得到法国的有力支持。英国人占据的较强的战略地位被有效利用，北美土地变成了英国的，尽管在圣劳伦斯河北岸仍有一个使用法语的社区，那里的风俗和礼仪显露出法国的根源，但人们不认为有对法国效忠的义务。

在北美东部沿海地区，仅仅因为地方不同，政治单位就比被西班牙征服的地方更稳定。这片土地真的被殖民化了，定居在这里的男男女女拥有强大且主动的力量，他们定居，通过自己的努力从土壤中收获能量，并积蓄下来。他们的血统纯正，没有混血儿；确定政府类型和社会习俗的人不是以荣耀、黄金和福音为口号的士兵和独身主义牧师；他们因其独特性而与众不同。殖民化比征服需要更长的时间，但其效果更好。后来来的人来自不同的民族，说着不同的语言，都一个个被吸收进入了这个群体，并为整体增加了力量。

不过即使是那些优势，本来也不会有太大影响，无论如何不会很快产生影响，但出现了一个伟大的发现，世界上最伟大的发现之一，一个可以与海洋、铁或火的发现相提并论的发现，一个可以引发重大革命的发现，因为这是一个关于控制能量的新方法的发现。

图 17-3　哈得孙 - 莫霍克隘口

纽约位于这道隘口的入口处，该隘口是进入内陆唯一的便捷通道。

前文已经提出，人类生活的基本必需品是食物和衣服。每个人都拥有的令人有能力去劳作的能量，是以食物的形式被吸收的。在一些地区，个人的能量在很大程度上要借助衣服来节约。在很早的时候，或者在野蛮的种族中，食物和衣服可能是通过其他方式获得的，但是在所有的历史时期，在所有有史以来的民族中，食物和衣服都是在两种社会条件下获得的：基本上是从驯化的动物身上获得，或者通过耕种土地获得。所有需要的食物和衣服都是由个人或家庭或最多是一个非常小的人群筹集起来的。每一个小社区实际上都独立于世界上的其他社区，除非它受到来自外部的其他人的干扰，那些人想要强行夺取积蓄的食物能量或保护用的衣物。

换句话说，能量在很大程度上是由个人节约下来的；几乎所有的机械工作都是由个人或动物完成的，可以完成的工作量的极限就只是几个人或几只动物可以完成的量。这条几乎普遍的规则偶尔会有例外，但这例外也只是进一步突显这条规则是多么普遍：农业和畜牧业是至高无上的，个体的劳作是可以尝试的最大限度。

在后来的时代，用于研磨谷物的磨坊要么是依靠风力驱动，要么是依靠水力驱动。现今我们在乡下会看到四处都有磨坊。我们更经常将它们作为风景画的对象，而非是有特殊价值的工具。看到它们费力地转动，这些隆隆作响的古旧东西最不可能让我们想到的想法也许是：它们在过去的数百年间都是人类所知的最伟大的机器，是发出最多能量的机器。尽管磨坊很小，但它几乎是唯一使用能量比一个人的身体所提供能量更大的工具。它是将食物能量以外的能量利用来为人类服务的唯一工具。当日复一日的磨坊研磨的家庭劳动被抛弃，在公共磨坊中开始采用动力（无论多么微弱，取决于我们对动力的概念）研磨粮食物资时，这就是一场伟大的革命。在那个时代，磨坊主是重要人物，磨坊是一个重要中心。不仅在英国，而且在整个旧大陆，以及新大陆那些已经有人定居了一百多年的地区，有许多城镇和村庄的地位都是因为它们有溪流旁的磨坊。这种非常微弱的动力利用方式的重要性使我们清楚地认识到，当时可以尝试的最重要的动力系统是多么弱小。通过磨坊，准备食物所需的一小部分家务劳动被省掉了，但所有的衣服，帮助保存人类身体热量的衣服，每一件都是手工制作的。从皮的加工、羊的剪毛、亚麻的种植，到实际服装的制作，所有的操作都是由个人完成的，而且通常是由要穿衣服的个人或其家庭中的某个成员完成的。当织工行业出现，织物由他们纺织，这是一个巨大的进步，当然，这仍然是靠单个人的力量，但已经借助于织机。中世纪时期意大利北部的纺织行会的重要性正在于此，英国的重要性也在于此，因为英国可以饲养绵羊。

当时的商业非常少。商业意味着某样东西在一个地方生产比在另一个地方生产能更便宜——即以更少的能量消耗生产——并能便宜地从生产地运到消费地。在整个中世纪时期，甚至直到一百年前的所有时间里，笨重的东西能够被运输都是极为特别的情况。成本——即把大型重物运送到任何距离之外所需的能量支出——实在太高了，无论它们最初的生产是多么便宜，生产它们所需的能量加上把它们运送到任何距离之外所消耗的能量总量都太多了，总体来计算是无法节约任何东西的。即使在葡萄牙人发现了通往印度的海路之后，一年内运到欧洲的全部香料如果装到现代的沿海运输船中，也只能装满一个前舱而已，而香料几乎是唯一值得花钱去运输的东西。

即使是这种小规模的贸易，能够实现也只是因为普遍规则的另一个例外而已，普遍规则依然是所有使用的能量都是从单个人或动物的身体中获得的。简陋的小船是靠风力推动船帆在海上航行的。在陆地上小规模地利用风力或水力来研磨谷物，在海上小规模地利用风力来推动船只，这是人类唯一可以控制的力量。在罗马人的道路衰败后，没有我们的概念中的道路，也没有什么轨道交通。本地的交通大部分是在河流上进行的，因为在水面上推动船只比在陆地上拉动车辆要容易。有些名气的城镇要么是因为政府的存在，要么是因为其所进行的微型商业。通常情况下，在任何特定的政治区域都有一个城市，而且只有一个城市，即首都（政府所在地）。在那里，能基本完善地组织化并保护区域领土，并允许农业和牧业的追求和生计不受干扰地运作。有几个港口，因为值得建造一些可以停靠一些船只的港口，但其余的只有一些小村庄，这些村庄基本不会变化，既不扩张也不萎缩。有好几百年的时间，利物浦的人口都维持在700人上下，这就是整个条件的一个指标。他们年复一年，世纪复世纪，几乎没有变化。在千万年中，人们出生，死亡，生活在一个完全依靠农业和畜牧业的世界中，身体强壮的人在世界中发挥了很大作用，因为强壮的人凭借肌肉力量做成的事情会比任何其他人或任何其他方式都要多。

在一百多年前，这个由农业、牧场和集市小镇以及一些港口和政府城市组成的世界里，出现了工业革命的开端。在那之前，煤还只是偶尔用于家庭用途，如今开始被用来驱动机器，这些机器所做的工作远远超过单个人或动物，甚至超过一些人或动物所能做的。人类利用自身以外的能量来做以前必须用自己的双手才能做的事情。这是一种新的巨大能量的节约，完全不是食物能量，通过它可以完成以前无法完成的事情。人类开始能够更大规模地使用能量。食物和衣服的材料是从地球的另一端运来的——不仅仅是香料和茶叶这样的奢侈品，而是餐饭和衣服的绝大部分。我们食用的小麦中只有五分之一是在英国种植的。一个人吃的蔬菜不再是在家附近的田地里种植。我们的祖先从未听说过的水果也从其他的地区运来供我们食用。衣服的材料不再是艰苦的生产所得，而是从海外各大洲大量运来的。衣服是完全制好的成衣，很少再有在家里做衣服。食物也是基本上准备好了的，因此即使在家里，人们也很少去做食物的准备工作，而在大城市，大规模的食物准备已经形成一种产业，一个人几乎可以在白天或晚上的任何时候获得适合他的钱包或味觉的任何食物。

这些全新的生产条件和商业条件已经极大地改变了整个社会和政治生活，并将进一步改变下去。通过这样的发现，英国一下子就受益了。这一发现自然是在英国进行的。纽卡斯尔的煤——海煤——长期以来一直被用于纯粹的家庭用途，有证据表明，早在 13 世纪它就被带到了伦敦。在世界上所有的煤田中，纽卡斯尔是离海最近的，用小船运输煤的成本比其他任何地方都低。它被用于烧石灰，用于铁匠的锻造，用于冶炼铜和铅，用于制造陶器，用于干燥麦芽，但都纯粹是利用其直接的加热效果。在发现它的过程中最初那些看似微不足道的步骤，既不可能在其他地方实现，也不可能引发巨大的成果，因为在最初发现的地方，人们更有可能实现后来的发现。

通过使用煤来产生蒸汽，以前不可能移动的东西可以被移动了，而且移动速度也是以前做梦都想不到的。英国与其他国家进行的争夺海权的长期战争最终以拿破仑的失败而画上句号，之后，英国开始能够并愿意利用以上能大大提高控制能量能力的发现，且从中获利。而其他欧洲国家，由于组织化受到各种干扰，还不能从这一发现中获得好处。英国作为控制巨大能量的地区，其重要性大大增加。伦敦是所有公路交会的中心，也是所有铁路的交会地。部分由于公认的地位，也就是过去历史的影响，部分由于控制巨大能量而赢得的新权力，伦敦，英国的商业首都，进一步强化了其作为世界银行中心的地位。一个进步是通过新的方法在陆上和海上轻松运输物品的商业组织变得更加轻松，使用伦敦的银行机构的每个国家都能节约能量，但英国是节约最多的。

据计算，不包括所有其他用途，仅我们的工厂使用的煤所提供的能量就相当于 1.75 亿个辛勤劳作的人的能量，而其使用形式则是人力永远也无法提供的。希腊在各个方面的进步都取得了巨大成就，它所凭借的力量在很大程度上首先是基于奴隶阶层所做的工作。平均来说，每个希腊自由人，每个希腊家庭，都有 5 个奴隶，当我们谈到希腊人时，我们根本不会想到这些奴隶，但这些人却提供了希腊的大部分能量。而我们可以说，在英国，每个家庭都有超过 20 名助手来提供能量，而这些助手不需要食物，丝毫感受不到奴役生活的疲倦和无望。英国拥有 4500 万男女老少的人口，而英国的工厂有 1.75 亿的劳动力工作。铁路和汽船上还有 9000 万人力。机器依靠能量，以纯机械的方式可以移动物体，与提供给机器的能量相比，不到 2000 万的人所提供的身体能量几乎不算什么。我们已经成为一个工程师的国家，按下按钮，拉动杠杆，上油，打包，令大型的社会机器顺利而轻松地工作。没有生命的奴隶为我们磨谷物，做衣服，为我们送来地球另一端的食物，载着我们去工作和玩耍，为我们印制新闻和充满智慧的书籍，并为我们提供希腊人做梦都想不到的无数服务。

后来，其他土地上的煤也逐渐被利用起来。欧洲煤矿带贯穿法国、德国、奥地利和俄罗斯，在数亿年前，这个地带是一个古老大陆的炎热、多水、缓慢下沉的海岸，生长着大量高大细长的树木，它们的残骸被封存在由河流或海洋带来的泥沙层之间，没有腐烂，现在被召唤来释放出它们的生长组织中的化学成分包含的能量。即使在这一条地带上，也不是所有地方都形成了煤，而且即使形成了煤，在许多地方也由于漫长岁月中的地形褶皱和风化侵蚀而完全消失了。人们还在其他一些地区发现了年代较晚的煤，但大多数的数量和质量重要性都不及这个煤矿带。

因此，这些国家由于不同的条件而不同程度地利用由此提供的能量。在法国，只在东北部发现了煤，那里的煤带呈弧形，并跨越多佛尔海峡底部，与长期以来为人所知但最近才被应用的英国肯特煤田相连。法国的南部高地确实存在一些煤，但即使如此，总量也不大，而且，虽然有兴趣有技能的人获得了改良方法的知识后可以从其他地区进口煤，但法国仍然以农业为主。

德国就比较幸运了。虽然煤矿带位于平原南部边缘，与海洋有一定距离，这一情况中存在着不利因素，但从煤的利用中可以获益的地区是

图 17-4 美国的煤田分布

大 西 洋

墨 西 哥 湾

太 平 洋

煤田

很大的，现代德国的很大一部分进步必须归功于其境内的能量供应。另外，因为在开始兴建铁路的时候，柏林是政治管理的中心，于是铁路被有计划地集中在柏林，进一步提高了它作为德国管理中心的价值，并提供了某种稳定的保证，不过由于人口向着远离柏林的煤田聚集，稳定性受到了一定影响。奥得河上游的煤田是与奥地利共享的，除此之外，奥地利还拥有一些位置分散的、质量差得多的小型煤资源供应。

而俄罗斯有三个煤田，一个在黑海北部的顿涅茨盆地，一个在莫斯科以南，一个在乌拉尔。这些都是储量巨大的煤田，但是正如我们根据俄罗斯以往的历史所料想的那样，它们直到很晚才得到开发。

在中国和印度的土地上，由于过去的历史，它们无法迅速利用自己所拥有的煤。其他大陆的煤供应几乎也都不需要考虑，只有一个例外。这个例外就是北美洲。没有哪块土地从煤动力的发现中获益比北美更多。据估计，世界上的煤资源达73975.33亿吨。其中，加拿大的储量估计为12342.69亿吨，美国为32141.74亿吨。无论这是否准确，很明显，世界上的煤有很大一部分在北美洲。而且，如果我们研究一下煤田的位置就会发现，在华盛顿的中央政府所管辖的领土中，有四分之三的州都有煤，而最大数量的矿藏就在哈得孙河和莫霍克河提供巨大自然推动力的路线上。因此，北美与所有其他土地不同，因为它的大部分地区从一开始就通过使用新方法而得到了发展。墨西哥以北的大陆，现在的人口规模是19世纪初的一百倍。过去习惯于辛苦劳作的人，现在已经大规模地使用能量，他们抛弃了一些旧观念，随时能不带偏见地采用新观念。而且欧洲人被诱惑着来到了像他们自己家乡的地区，夏天没有热到无法工作，但足以让植物生长，冬天没有冷到无法工作，但足以刺激思考。这里尽管不适合早期文明发展，却恰好是可以由来自欧洲北部的人利用这里拥有的巨大煤能量所供应的所有优势迅速开发的地方。

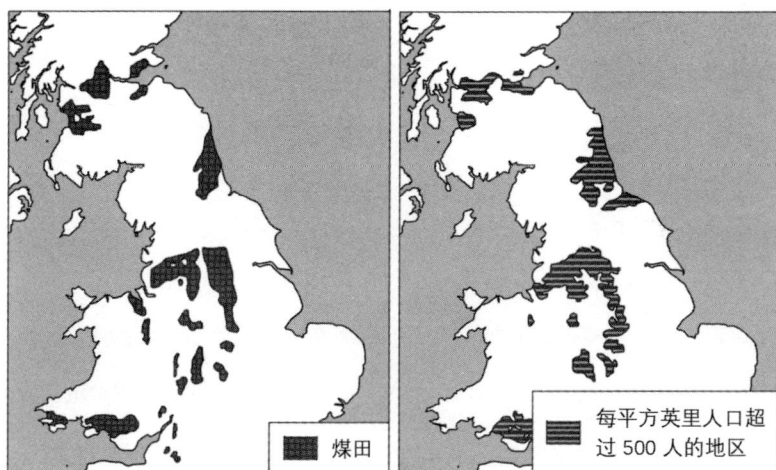

图 17-5　英国的煤田与人口分布

英国的人口密度以煤田地区为最大。

从三百年前开始，北美洲东部沿海地区开始有人定居，并逐渐联合起来，他们的精神类型和道德类型已经固化，语言也已固化。然后随着向西的通道被哈得孙和莫霍克发现，而向南的通道、从东部沿海到中部平原的通道虽然困难一些也都被发现了，新发现的可能性开始被实现。1807 年，即伊利运河开通十八年前，第一艘汽船就从纽约开到了阿尔巴尼，行程 150 英里，耗时不足 24 小时。去猜测美国在没有工业革命的情况下会变成什么样子是空谈，但我们知道，当工业革命开始产生影响时，美国的重要性开始跃升。农业方面有了改进，引进了新的作物和效率更高的新工具，因此从土壤中获得的东西比以前多了。正是由于这些改进产生的资本积累，英国才能在对拿破仑的战争中取得胜利，而且这些积累不仅影响着大西洋东面的旧大陆，也会对大西洋西面的大陆产生影响，事实上的确如此。我们可以通过英国的实际变化来更好地衡量这一变化对美国的重要性。在工业革命之前的两百年里，美国一直有一块土地被称为新英格兰，但当英国本土奔宁荒原的煤被开采后，一个更新的英格兰在长满青草的荒原两侧崛起。在此之前，这片地区无人居住，人们生活在南面更肥沃的土地上。现在，在兰开夏和约克郡的低地平原上，甚至在长满青草的荒野上，人们聚集在一起，帮助把煤的能量引向它能发挥最大作用的渠道中。在美国，这种变化的重要性被农业的发展遮掩了光芒，但农业最重要的发展确实只是这种变化的一种表现形式。原住民印第安人已经习惯于驾着独木舟在河流和湖泊上移动，而富尔顿①的蒸汽船以及后来别的船只也通过河流、湖泊，还有之后的运河，开辟了国家的农业，其速度比其他任何方式都要快。随着 1825 年伊利运河的开通，纽约渐渐成为商业门户。然后铁路被兴建，首先是在那些湖泊和河流旁边，然后深入荒野中，铁路的使用节约了能量，使人类能够更有效地利用自己的身体能量。即使如此，在 19 世纪中期，也没有什么证据能显现出最后会怎么样。在工业中使用煤产生的动力进行纺纱和织布、敲击和钻探的第一个结果是，人口在有煤的地方聚集起来。在新英格兰，

---

① 富尔顿（1765—1815）：美国工程师，发明了第一艘以蒸汽机作动力的轮船。

磨坊的轮子曾经由水力驱动，然后煤开始被应用到简单机械之中，因为这里有其他地区没有的人口。但有技术的人口也逐渐出现在阿巴拉契亚山脉西部边缘的煤田，然后在密歇根湖南面的中部地区，现在又蔓延到更靠西南的地方。在那些历史惯性最强的地区，一直有技术的传承、传播或传授，最近开发的地区还不能与其匹敌，但已经开始与其竞争。阿拉巴马州的棉花生产是能营利的，按照目前的增长速度，阿巴拉契亚山脉南端周围的煤田在不久之后将生产出与新英格兰一样多的产品。

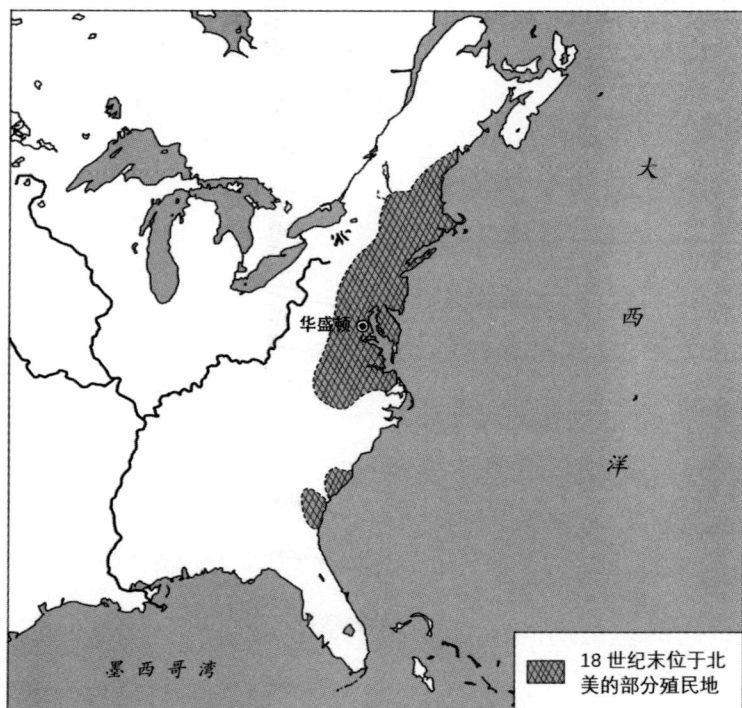

图 17-6 英国在北美最初的殖民地

华盛顿在被选为首都时，是一个合适的行政中心。

不过，进步不仅仅是通过利用巨大的煤能源储备来实现的，这样取得的进步本身也刺激了其他方向的进步。因为必须要制造新的工具来适应改变了的条件，因此需要制造新的工具来比过去更有效地利用人类和家畜所拥有的能量。从人类第一次使用石头或棍子来替代自己的手开始，工具随着时代不断进步，效率越来越高。在工业革命之后，除了我们所说的那些国家之外，这种进步在其他国家也得到了极大的传播，但在任何国家，都没有像在美国这样显著。可以利用机械更经济地使用能量的经验已被应用于农业。镰刀已经让位于机械收割机。在最近五十年里，机械的应用使播种作物的劳动成本减少了170000000英镑以上。从1855年到1894年，生产1蒲式耳①印第安玉米平均所需的人力时间从4.5小时减少到45分钟以内。从1830年到1896年，生产1蒲式耳小麦所需的人力劳动时间从3小时减少到10分钟。玉米和小麦的营养并没有减少，但能量被节约下来了，人们可以自由地去做更有价值的事情。

随着铁路的建设，组织的规模也可能比旧大陆更大。华盛顿位于新英格兰和弗吉尼亚定居点的中心，在所有人口都在东部沿海地区时，这里自然而然被选作了管理中心，并且自然而然地一直是首都。它持续作为首都的可能性取决于通往中部和西部各州的交通是否便利。加拿大太平洋铁路的建成使不列颠哥伦比亚②加入了加拿大联邦，而其他横贯大陆的铁路阻止了太平洋沿岸独立国家的发展，使其加入美国。这也不是

---

① 蒲式耳：英美计量单位，1蒲式耳等于8加仑，约合36.3升。

② 不列颠哥伦比亚：位于加拿大西南部，原为印第安人居住地，后为加拿大不列颠哥伦比亚省。

全部，在欧洲每个国家也都发生了这样的情况，只是在北美的规模更大而已。在北美出现的一个新的特征是铁路造就了城镇。大西洋沿岸城镇无须依靠铁路来创建以外，其他的城镇都因铁路而发达。沿阻力最小的路线修建的铁路，都不可避免地在某些地点汇合，芝加哥就属于其中的一例，因为这里的生活远比其他地方更方便。道路系统在机动时代的巨大发展，推动了城市化的进一步发展。

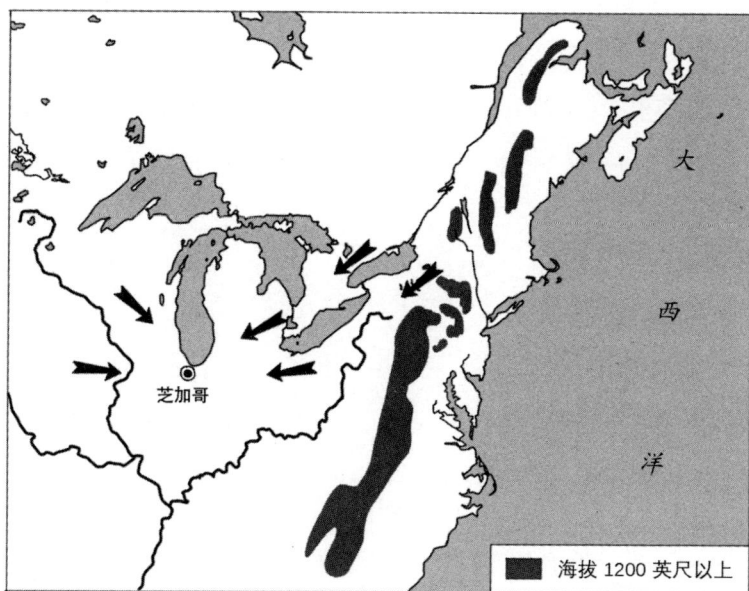

图 17-7　芝加哥的位置

我们还看到，在美国，由现代"奴隶"大规模提供的能量，以及他们做的大规模的工作。组织化是大规模的，能量的节约也是大规模的。人作为工程师的规模甚至比旧大陆更大。节约下来的能量被有计划地花在——至少是部分花在——寻找如何最好地节约更多能量的方法上。发现不是偶然的，也不是意外的，而是通过耐心的探索。在美国，各种研究都得到了丰厚的资助，只要有机会，无论是直接的机会还是间接的机会，更多的进步都会被实现，这远远胜过其他所有国家。

但南方的低地潮湿而温暖，那里的条件与欧洲人习惯的条件不同。在定居的早期，黑人被强行从他们的非洲家园带来，从事田间更艰苦的体力劳动，特别是为兰开夏的工厂种植棉花。黑人的数量正在迅速增加，他们形成了紧密的社群，有 1000 万人之多，没有被白人同化，也不可能被同化。沙漠的缺失仍然是很重要的。没有撒哈拉沙漠可以将白人和黑人分开。迄今为止，这样的问题还没有在任何国家出现过，而且暂时也还没有解决办法。

GEOGRAPHY

AND

第十八章

更大的陆地分布：世界的现状

WORLD
POWER

到目前，我们讨论的"国家"是越来越大的，即使是罗马帝国，其面积也仅勉强可以和美国相比，而人口则要少得多。不过，在最近一两代人的时间里，由于交通日益便捷，世界已经形成了一个单一体系，任何一个地方与其他别的地方都不是完全隔离的。世界已经成为一个有组织的整体，不过礼仪社会的组织化的实现还十分遥远，即使在物质层面也是如此。

因此，我们必须把现代世界作为一个整体来考虑，而不是只考虑它各自独立的部分。这个有组织的世界体系非常复杂，不能用简单的法则来描述；但有一两种方法可以让我们去观察这个体系，直接看到组织化的发展过程——以及伴随这个过程的能量积累——和社会进步的轨迹。每一个概念都有其自身的价值。

要考察陆地分布，一个最简单的方法是把陆地视为两个被大洋隔开的巨大岛屿，一个是平行四边形的旧大陆，另一个是美洲。美洲直到很晚才进入到历史当中，旧大陆已经发展出了三大定居的古代文明——位于大陆低陷地带上的欧洲文明，以及位于大洋边缘的印度文明和中国文明。

平行四边形的旧大陆（见第 7 章图 7-1）被撒哈拉沙漠分隔成两个不相等的部分（这种分隔作用甚至比地中海还要有效），一部分是没有历史的非洲，另一部分是亚欧大陆。亚欧大陆的中央是大平原，大平原的南面是草原，北面是森林和哪里也通不到的海洋，大平原地区现在属于俄罗斯，但在过去很长一段时期都是不断入侵平原周围地区的游牧民族的故乡。大平原的外围，一部分是高地或山脉与平原隔开的沿海地带，在这里形成了诸多不同的国家，其历史前文已经叙及，而且很大一部分原因是有撒哈拉沙漠这个屏障，可以免受"黑祸"^①的威胁。中央区域一部分是平原，一部分是高地，有的地方已经组织化，有的地方则尚未实现，由于这里居中，面积辽阔，在古代和现代世界地位都是独一无二的。这个中央区域不仅远离海洋，而且不受海洋国家的影响，很容易通过铁路统一起来。但是它的中心多为草原（或者沙漠），所以，这种统一最自然的选择实际上是从其东、南、西三面边缘上的远离中心的地方向中心辐射。事实上，这个心脏地带曾经受到过来自东方的阿尔泰山区，来自南方的图兰，以及最终并且也最有效的来自西方的莫斯科的各种专制政权不同方式的统治，其维系时间长短不一。

亚欧大陆的外围均与海相接，海的外面是大洋。欧洲大多数地区的居民都曾经在不同的历史时期主宰过邻近海域。阿拉伯人、腓尼基人、希腊人、古代和现代的意大利人、西班牙人、葡萄牙人、法国人、英国人、荷兰人和挪威人都曾经主宰过大海或大洋，并或多或少地形成了对方便、便宜且稳定的海上运输的依恋，以及对从航海实践中习得的熟练

---

① "黑祸"：原指历史上欧洲殖民者对于白人女性可能受黑人男性吸引并与之发生性关系的恐惧，是种族歧视的产物。

技巧的依赖。在亚洲部分，只有日本人将命运与海洋联系在了一起。印度和中国与西方仍然有着本质的区别。对于来自海洋的影响，印度和中国是敞开门户的，但从来没有试图去发挥自己的影响。

自特拉法尔加战役结束后，英国海上强国的地位已不容置疑。英国海军的船只已经航行到世界所有海域，在英吉利海峡和北海面临最大威胁，所以聚集着密布的舰队，而在非洲东部海域不存在挑战的地方，只有零星的巡逻舰。这种海上力量造成的显著影响是英国的附属国、属地、托管国和孤立的贸易站形成了联邦，这些单位有的位于亚欧大陆的边缘，有的散落在大洋周边，还有的位于撒哈拉沙漠以南，但全都靠近海洋。另一个同样重要的结果是英国商船能在所有海域上活动，英国的殖民地和英国在其他地方的投资都依靠这些商船提供服务。

曾与英国做过盟友也做过对手的其他海上强国有：位于亚欧大陆东部岛屿上的日本（正与位于亚欧大陆西部岛屿上的英国相对应）、法国、以罗马为中心并承袭了罗马传统的经过重新组织的意大利、葡萄牙。事实上，这些海上强国几乎占据了环绕亚欧大陆边缘的所有陆地。

随着中央区域和这些海上强国的组织化，它们之间便逐渐产生了一个破碎地带，其中包含诸多小国。这些小国大部分都是早期政治和经济组织尚处于小规模状态时的残留，而且部分因为各自早期的历史，部分因为自然条件，而具有各自不同的特色。十足的个性能够抵抗住被兼并，但也无法（或不愿）与其他小国合并组成更大的国家。它们处于令人不满的缓冲国位置上，政治上难以保持独立，经济上需要极大程度地依赖外国。位于这个地带的国家人口都很少，疆界随时间和环境不断变迁，这些国家包括芬兰、瑞典、挪威、丹麦、荷兰、比利时、卢森堡、瑞士、波兰、巴尔干半岛国家、伊朗、阿富汗、暹罗①和朝鲜。芬兰处于北欧极偏远地区，背靠森林和沼泽，基本上只有沿海一带的土地能够耕种，居民在很多方面都与邻国不同。斯堪的纳维亚半岛与丹麦有许多共同之处，但是两地的居民能够强烈地感受到他们的历史和生活习俗是有很大差异的。低地国家已经又为荷兰人和比利时人占据，虽然他们人口相对较少，但十分珍视彼此之间的差异：荷兰人以航海和农业为生，比利时人则崇尚商业和工业。卢森堡、阿尔萨斯－洛林和瑞士等低地地区是古代的洛泰尔尼亚（即位于查理曼帝国东部和西部之间的那片土地）。瑞士是阿尔卑斯山地区唯一保持独立的国家，其前身是占据了阿尔卑斯山区中的安德马特北面的大岔路口的四个州，这个位置比阿尔卑斯山区中的其他国家都更适合防守，山谷里的居民可以很容易地在北边的低地、侏罗山的荒原或日内瓦湖和康斯坦茨湖的后面会合。巴尔干半岛国家中既有以畜牧业为主的山地国家，也有以农业为主的河谷低地国家，还有以商业为主的滨海国家。这些国家人口是斯拉夫人和希腊人，他们根据各自的历史，或信奉天主教，或信奉希腊正教或伊斯兰教，但均有着与地理条件相对应的民族感情。由此向北是平原民族建立的疆界不确定的国家，有的环境优越，其独立的历史可以追溯到几百年前，而从森林里发源兴起的其他国家则从来没有尝到过独立自主的滋味。东面是土耳其，在伊斯坦布尔（即从前的君士坦丁堡）居住着混杂难辨的希

① 暹罗：泰国的旧称。

腊人（或前希腊人）、罗马人、拜占庭人和土耳其人，尽管土耳其实质上是以小亚细亚作为根基的。高地上的亚美尼亚人和高原上的波斯人在古代都曾因军事、智识和精神而享有盛名，但是波斯却极为缺乏得到公众认可的权威，难以维持国家的统一，哪怕是表面上的统一。阿富汗和其他喜马拉雅山地国家虽然文明发展程度不及欧洲的小国，但由于位置偏远，更难以进入，反而享有更多真正意义上的独立，但如果面对有组织的进攻，它们的抵抗能力要更弱。

从某种意义上讲，德国，甚至是中国，也属于这个破碎地带。未经组织化的、分裂成相互对立的小型社群的中欧，本质上属于这个挤压带，但如果能够实现组织化且强盛起来，其地位便会大不相同。在接触到海洋并受到其吸引之后，德国成了海上强国之一，而且由于其偏西的位置和围绕心脏地带聚集的庞大人口，德国至少有可能成为将该心脏地带组织起来的一个核心。

中国面积更大，现在华人所居住的土地大致相当于清王朝全盛时的疆域。而且中国本身就是一个"世界"，由于其辽阔的疆域和高度的同质性，外来的异族即便侵占了中国的部分地区，也无法将其摧毁。正如我们已经知道的，中国人无论多么不愿意成为海上居民，然而仍不可避免地与大海发生了接触，并且有计划利用其海洋位置获得优势。而且，与德意志相比，中国甚至在更大程度上处于一个主宰大陆心脏地带的位置上，受外来干扰的可能性很小。尤其不能忘记的是，甚至像喀什和准噶尔盆地等西部高原和草原地带这样偏远的地方，其相当大的一部分也一直都被中国以某种形式统治着，并受到了中国文化的影响。以一个国家来说，中国或许丧失了活力，却仍然具有其独特的重要性。

印度的地位则更加特别。印度人很少做水手或以河流为生，然而身为英联邦的一员，印度却享有舒适而安全的海上交通带来的利益。没有实现真正的统一，各邦之间又相互敌对，理论上说，印度应该属于破碎地带中的国家，但在英国的支配下，现今的印度比以往任何时候都更接近统一。作为大陆心脏地带的边缘离海洋最近的一片陆地，印度理应自然地成为主导心脏地带的最重要的角色。然而自有史以来，只有持续不断的从大陆腹地向印度的入侵，却始终都没有反向的入侵。只是在人类最早出现的时期，曾有过一次人类从印度有效地进入大陆腹地的痕迹。

"心脏地带""海上强国"和"破碎地带"等概念都是符合现实条件的。规则是存在的，而这种规则是由发展的过程决定的，是过去的遗产随着条件的变化与现行方案的结合。其中并不存在完全不变的划分。

这个旧大陆的体系并不是孤立的，我们的世界还有新大陆。新大陆的地理条件与既往历史在各个方面都与旧大陆存在很大区别。在新大陆上，心脏地带与海上霸权并不是分离的，而且这里并没有破碎地带。由于我们前文叙述的部分原因，美国在新大陆占据了主导地位。事实上，可以想象，美国将会成为一个海上强国，并在更为广阔的范围内扮演英国曾经扮演的角色。由于大洋的隔离作用，旧大陆上的冲突不会对美国产生直接影响，但是美国与旧大陆之间的距离也没有过于遥远，凭借其物质、经济和道德方面的各种力量，美国可以以仲裁者的身份介入全世界的纷争。

随着美国崛起，跻身于大国之列，世界上出现了一种新的条件，或者说被哥伦布突显出重要意义的条件又获得了新的意义。世界是圆的。在哥伦布的时代，如果世界是圆的，那么就意味着从旧大陆的西部到东部有另一条通道。而现在，世界是圆的，则表示美国位于旧大陆的西部和东部之间。美国的西部比欧洲的西部更接近亚洲的东部，虽然也不是很近。看看地球仪，尝试去认识一下横跨太平洋的距离，尤其是从东南到西北。正是由于横跨太平洋的这段距离，人们无法真正利用从欧洲到印度的西线路线，因此直到美国的崛起，新大陆一直都只是一块没有重要意义的土地，位于欧洲以西一定距离之外。

美国依然在迄今为止重要的体系之外，但它紧凑而连贯，拥有巨大的能量储备，既面向大西洋也面向太平洋，与欧亚大陆的东部和西部都有关系，随时能通过防守牢固的巴拿马运河将它的一支舰队带入任一大洋，并试图通过构建门罗主义^①来确保通往该运河的通道。门罗主义禁止旧大陆的势力来控制新大陆的任何土地，但目前只对一些位于使用巴拿马运河的船只经过的海域周围相对不重要的小国有效。在欧洲，国家众多，人们说着许多不同的语言，并始终都记得在过去漫长的岁月里他们一直处于敌对状态，而这里不是这样，这里有一片广阔的土地，人们说着一种语言，背后没有长期的不和历史——这就是美国。

---

① 门罗主义：由美国总统詹姆斯·门罗于1823年提出的外交政策，提出"美洲是美洲人的美洲"，任何试图控制拉丁美洲国家的欧洲势力都将视为是在对抗美国，但门罗主义同时提出美国将不主动干涉欧洲各国在除美洲之外地域的各类政治军事活动。

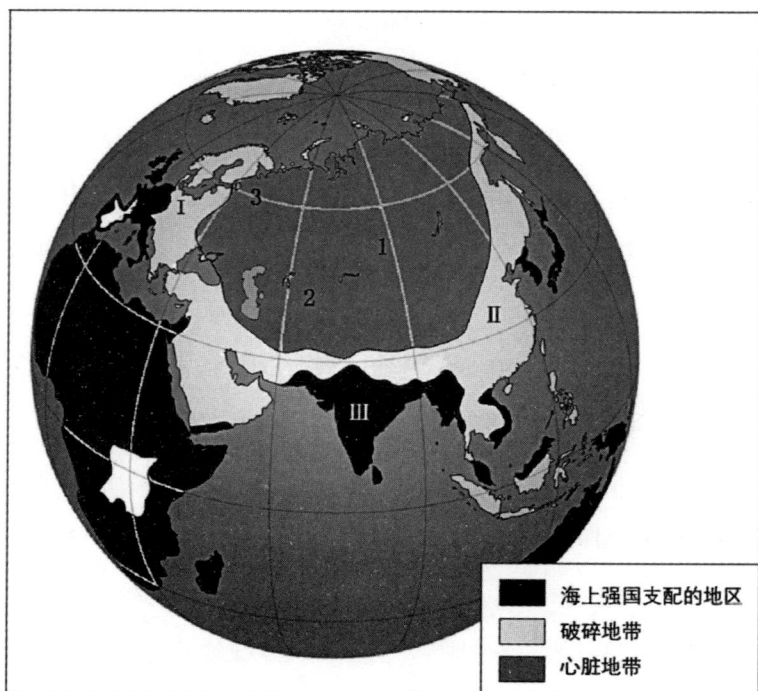

图 18-1　旧大陆体系

曾经控制心脏地带的三个中枢：1.阿尔泰山地区；2.图兰；3.俄罗斯。

有可能控制心脏地带的三个中枢：I.德意志；II.中国；III.印度。

但是，这种地块划分的概念并不是十分完整的，我们还未谈及更大的陆地分布的一些重要特性。正如撒哈拉沙漠以南的非洲以及澳大利亚在很大程度上均受海上强国的支配，它们是旧大陆的不确定边缘地带，所以南美洲也可以被视为美国的一个边缘地带。南美洲和南非为什么仅仅是边缘地带，其原因我们已经在前面阐述过，但是这些陆地和澳大利亚在当今世界体系中的地位，可以通过考察陆地在地球上的另一种分布方式看得更加清楚。有一个旧大陆体系和一个新大陆体系的说法，只有一半是正确的。

随着美国的崛起，世界上的大陆分布也有了进一步的意义。俄罗斯及其边缘地带的重要性依然存在，但有了更多的内容。在看似无序的陆地分布中其实仍有一定的规律可循。在南极周围有一片大陆，在北极周围则有一片大洋。南极洲大陆的周围是一圈没有间断的海洋，而北冰洋的周围则是一圈几乎没有间断的陆地；在这一圈陆地中有向南延伸的三个锥状的陆地区域，它们被向北逐渐变窄的三个大洋分隔开来。

这部分归因于大部分陆地都位于北半球，而北半球有着作为早期文明发祥地的大面积的沙漠地带，此后，其他文明的诞生和发展都出现在北纬 30—60° 之间的地区，而最有活力的人类则生活在北纬 35° 附近。南半球既没有那么大的沙漠地带，也没有合适的土地可以让懂得如何积蓄能量的其他地方的民族进行殖民。因此，除了在南美洲南部、南非和澳大利亚有几个孤立的社群外，所有那些比较重要的社群几乎都位于围绕一个中央区域的连绵不断的地带之内，而这个中央区域由于气候寒冷，并不适合殖民。就其本身而言，这些社群自然希望能够相互交流，而英属北美（美国和加拿大）的崛起确立的重要地位，不仅使横跨大西洋和穿越亚欧大陆的往返交通成为可能，而且使这种环状的交通得以持续。这种交通在某些地方运作得较好，在某些地方运作得较差，这就使生活在这个地带内的各地居民，能够比该地带之外的居民以更低的成本和更好的设施进行迁徙。这个地带内很少有终点和死路，每一个地方都能成为到达别处的出发点。

因此，横贯北美大陆和西伯利亚的交通线之所以极其重要，不仅在于它们不像船舶航行那样需要绕巨大的弯路，而且因为它们是没有终点的环状交通线上的几段；而前述的像是从开普敦到开罗的路线则不仅要与两旁的海路竞争，且其南端又无地方可去。开普敦作为陆地的终点就是一条死路。纽约、蒙特利尔、温哥华和旧金山，同样地还有东京、长崎、鄂木斯克、莫斯科、上海、科伦坡、亚历山大港、柏林、巴黎和伦敦，则可以看作位于海陆空交通主干线上的节点城市。

这个环状链条的最后一环，在19世纪中叶后的几年内因日本加入这个世界体系而锻造完成。日本的北部是寒冷的多山地带，但其西南部却温暖而湿润，那里有一片几乎完全被陆地所包围的海域，并邻近拥有悠久文明的中国。日本是另一个孕育水手的场所，其历史虽然与英国之间存在显著差异，但也有一些奇特的相似之处。

日本北部长期以来一直被野蛮民族所占据，但是其南部从某种意义上讲早在纪元初就已经实现了组织化，其西南各省于2世纪时建立[①]。

中华文明对日本的持续影响，正如欧洲文明对英国的持续影响一样。在和平时期，新的观念从外面传入，来自朝鲜的流亡者带来了新技术的知识，就像欧洲大陆的流亡者在英国所做的那样。印刷术在日本的流行比欧洲要早一百五十年。日本在艺术和工艺方面都达到了很高的水平，当葡萄牙人于1545年首次将火枪带入日本时，日本的工匠立即便造出了仿制品。

---

① 此处与事实不相符。2世纪时的日本没有省的概念。

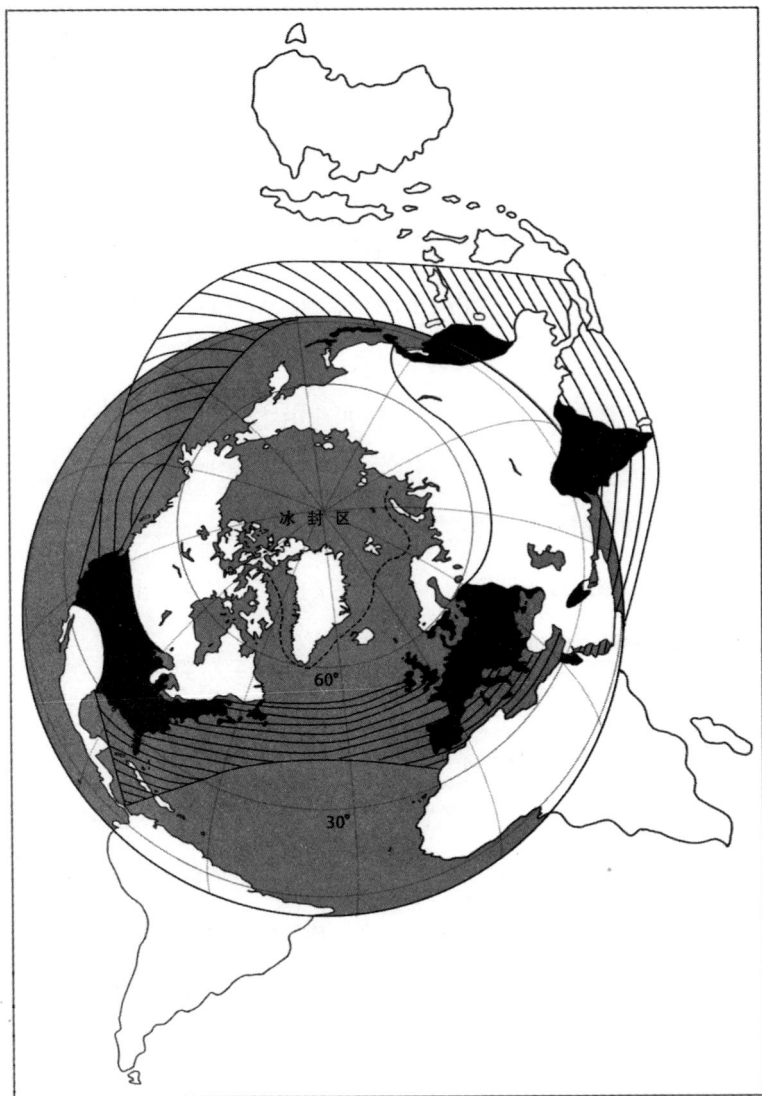

图 18-2 北方地带的殖民和迁徙

但是，这种刺激与英国接受的并不完全相同。中华文明与欧洲文明是不一样的。在欧洲，海上强国在几百年里交替兴起，英国在各个时期受到的刺激是各不相同的。而日本孑然独立于亚洲东部，受到的刺激很少有什么变化。蒙古在 1281 年试图夺取日本积累的财富，这是日本曾经不得不面对的仅有的一次严重威胁。在日本也有类似玫瑰战争^①那样的内战，但是在大多数情况下，日本人能够单独或共同决定自己的命运，既不干扰大陆，也不受大陆的干扰。

日本之所以对大发现时期的西方文明采取排斥的态度，对外闭关锁国的时间长达两个多世纪，可能就是因为这种超然离群的状态。但要注意的是，一方面，日本拥有实施闭关锁国政策的能力，这与墨西哥不同；而另一方面，这种排外政策仅仅实施了一段时期。长期以来，海洋对于日本人来说一直是不可或缺的。如同希腊的神话和传说那样，日本最早的故事和传说即与海洋有关，渔民的收获一直占有非常重要的地位。早在 14 世纪，日本就开始与暹罗进行贸易。当排外政策被突然取消时，日本只不过又重新掌握了自己的命运。这种变化几乎可以完全归结为人们真正认识到"地球是圆的"这一时机的出现。19 世纪中叶，随着美国西部因开发而变得日益重要，人们希望在旧金山和中国之间开辟一条交通线，这就需要在长达 6000 英里的航程的中途建立一个加煤站。最短的路线是取道日本，显然那里就是加煤站的最佳位置。当一支现代

---

① 玫瑰战争（1455—1485）：兰开斯特家族和约克家族的支持者为了争夺英格兰王位而发生的内战，两大家族分别以红玫瑰和白玫瑰作为家族标志，这场战争因此而得名。

化的美国舰队出现在江户湾 ① 并要求日本提供便利时，日本的闭关政策
突然而且戏剧性地走到了尽头。日本古老的组织就像经历了一场地震，
顷刻间便根基动摇。从发现它位于北方环形交通线上的时候起，只经过
了短短的二十多年，日本就预备在现代世界中占有一席之地了。随着俄
国的败北，日本一跃而起成为一个强国，现在日本的船舶已航行在世界
各地的海面上，日本的影响力已经远远超出了东亚边缘岛屿的范围。

在北半球有一条连绵不断的路线，因为北半球的陆地基本上是连在
一起的，而且在北纬 30° 以北有一片适合现代文明的很大区域。而在南
半球，南纬 30° 以南只有很小一片陆地，所以其南部边缘地带的对应社
群只是北半球文明的分支。

南半球的陆地在自身结构上存在着奇特的相似性，这或许是因为它
们是同一片古老的高原大陆的残余。这样的残余在南非、南美洲东部以
及澳大利亚西部同样存在，就后两者而言，一个是以安第斯山脉的褶皱
山作为边界，一个是以东部的山岭作为边界，并被大西洋和印度洋中的
海底陆地分隔开来。

它们的气候也出奇地类似，都不存在受大陆影响而导致的大的气候
变化。白人生活的区域仅集中于东部沿海地带，其西部大部分为沙漠，
这在澳大利亚体现得尤为明显。由于生产的商品相同，各地之间很少有
从事贸易的机会，而且相互间的隔离甚至比其与北半球的北方地带间的
隔离更甚。事实上，南半球并没有环形航线。特里斯坦－达库尼亚群岛

---

① 即今东京湾。江户是东京的旧称。

就位于布宜诺斯艾利斯和开普敦之间，克尔格伦群岛就位于开普敦和墨尔本之间，但是在这两条线路上却极少能看到船只，而在澳大利亚和南美洲之间，有少数岛屿至今仍鲜为人知。

在苏伊士运河和巴拿马运河尚未开通之时，全球的交通主要是依靠水路，穿过麦哲伦海峡和绕过好望角的交通线虽然运输量不大，却至为重要，而南美洲和南非（尤其是后者）则拥有位于主干线上的优势。但是，随着跨大陆铁路的建设和大运河的开通，这些水路的重要性也随之降低。澳大利亚则从未有过这些地方所具有的优势。澳大利亚与亚洲之间隔着宽广的大海，环绕世界的航线并不需要绕到这里，而且澳大利亚远离所有重要的贸易航线，所以它直到很晚才被发现。南美洲、澳大利亚以及新西兰，可以说就处于地球的角落里。澳大利亚的土著居民人数很少，而且生活状态非常原始，很可能就与这一点有关。南非的位置比较容易受到外界的刺激，只是它的最南端仅延伸到南纬35°附近，而且为土著民族所占据。澳大利亚直到英国称雄海洋的时代才被发现，而且已经完全英国化和十足地"白人化"，因为这里的大部分地方都空旷无人，与遥远的大西洋上的小岛相比，从北方的陆地更容易到达这里。非洲南部尽管发现得较早，但是被占领的时间反而比较晚，这里受海上强国的支配，却有着庞大的土著人口。而在发现之初即被占领的南美洲，基本上已经接受了西班牙和葡萄牙的文化，经济上则与北方地带息息相关。

由此可见，迄今为止世界上已经组织为国家的重要地区都位于殖民和迁徙的北方地带之内，而附着在这个地带上的只是一些相对不那么重要的边缘地区。无论人们是以国家还是以职业进行组织，也不论其划分是横向的还是纵向的，是民族间的还是国家间的，都遵循着同样的基本分布。

在这里，我们还要注意另一个地理因素的重要性，它在某些方面甚至可以说是最重要的，这就是第一章中谈到过的空气的分布。我们知道空气的密度是随着海拔的升高而降低的，这一事实也影响着地球上的人类生活。但除此之外，一个更重要也更基本的事实是，大气在地球表面上的分布是连续而无间断的。

千百万年来，空气一直这么存在着，它的移动带来了降雨，它的风暴带来了破坏。没有空气，一切生命都不可能存活，地球就会像月球那样荒凉。空气的存在给这个星球带来了勃勃生机。但是，人类自身对它的利用却十分有限，人类已经能够利用风帆和风车，不过也就仅此而已。现在，当地球上无处不在的空气有了进一步的意义时，风帆和风车却几乎绝迹了。地球表面的陆地是不连续的，海洋则是连续的，但是它们对地球的覆盖程度都比不上大气层。海洋可以使人们从一片陆地移动到另一片陆地，但是很明显，这种轻松的移动将止步于水体的边缘。而在地球的两极附近，有大片的海洋和陆地处于冻结状态，在这些区域内的移动存在着极大困难。另一方面，当人们发现在空气中的运动成为可能时，这种运动可以在任何方向和任何距离上进行。空气中也不存在任何障碍，因而可以选择一条弧形的直达路线，于是，从前的水体、沼泽、沙漠、森林和高原等等障碍就全都不在话下了。在空气中的移动，无论在战争时期还是在和平时期，都几乎不会受到这些因素的阻碍。

但这并不是说，在空气中的移动在任何地方都是随心所欲的，有人居住的陆地和大洋的分布也会对此产生影响。就像其他形式的交通系统那样，必须在有大量人口聚居的不同地点之间建立机场和开辟航线。这些路线必须以殖民和迁徙集中的北方地带为起点，再向南方大陆扩展。当然，对这些路线也要做相应的修正，以适应空气的条件。一方面，北极不再是人类活动的禁地，北半球漫长的大圆弧空中航线可以远比陆地和海上的路线更靠近北极，并越过冰冻区域。这使不列颠哥伦比亚和英国之间的有效距离几乎缩短了一半，可以从西北方向就近抵达英国。从各方面来看，英国都比从前变得近了很多。英国不再依靠其海上力量建立的屏障来保护自己不受侵犯，无论如何，英伦三岛比以往任何时候都更加真实地处于全球陆地的中心。

　　这还不是全部。空中交通的速度远远超过了陆地和水上交通，这意味着距离变得更短了。尽管大型运输仍需采用旧的交通运输方式，然而事实上，无论在和平时期还是在战争时期，飞机均可以在一两天内飞抵地球上的几乎任何一个角落，在大多数情况下甚至只需要几个小时。这意味着无论是在旧大陆还是在新大陆，许多曾经起支配作用的条件，已经不再像过去那样具备同样的影响力。整个世界以及它的各个部分都变小了，各个部分彼此间的联系也变得日益紧密。新航线为乘客和邮件开辟了可能的渠道，直接交流不仅可以发生在北半球的各个地区之间，也可以发生在南半球的各个大陆之间，尤其是位于南半球的各个地区之间；而通常情况下，纵横交错的空中航线的重要性已经超过了绝大部分陆地和海上的路线。这个世界事实上已经前所未有地变成了一个整体。

由于大气现在不仅可以作为一种工具，而且还可以将物品从一个地方运到另一个地方，从而强化了这个新的一体化的世界。空气也是一种媒介，与其他方法相比，只需要花费微不足道的能量，就可以借助空气，把观念和信息以语音的形式立刻传播到世界的每个角落。若是不考虑时差的影响，一个站在地球另一端的人，甚至能比一个站在威斯敏斯特宫钟楼下的人先听到大本钟的鸣响。有了基于空气的这类发现，整个世界实际上已经处于同一个时间和空间之内。

事实上，无论人们如何看待它，这个世界现在已经是一个单一的系统。当任何民族都要依赖其他所有民族的努力，当一名英国居民在一天之内的生活，直接或间接地不仅与国内而且与整个世界的数以万计的人的劳动相关，当甚至因纽特人也要仰赖工业区内的多家工厂所生产的工具，以及中非的黑人也要依赖工厂里生产的布料时，便不可能再把个人的独立性仅仅视为一种理想。真正的问题并不在于如何分别生活，而在于如何共同生活。其目的仍然是获得尽可能多的能量（天然的或人为的），并尽可能经济地使用它。但是，能量不仅可以通过个人和集体的行动慢慢地获得，也可以在个人和集体的行动中被消耗掉。在大规模战争中消耗的能量是难以想象的。煤炭、农产品、城镇和工业，以及人的生命的潜在能量全都会消耗殆尽。第一次世界大战所造成的物质损失，相当于全世界煤炭总储量的五十分之一。即使在和平时期，各种纠纷所造成的浪费也是十分巨大的。要是能有一个国际组织来驾驭这个世界体系，该会有多么美好！一个有效的国际联盟，通过消除某些浪费能量的渠道，必将在节省能量的道路上迈上一个新的台阶。

GEOGRAPHY

AND

第十九章

未来的可能

WORLD
POWER

在前文章节中，我们已经追溯了现代世界的条件是逐渐演变过程中的重要步骤。我们认为这些条件是地理对人类试图获得和使用更多能量的努力进行控制的结果。我们看到了哪些是重要的地理控制，并注意到它们根据人类所积累的知识和经验的数量和种类而以许多不同的方式发挥作用。还有一点等着我们去努力发现：变化的可能性，或者说是进一步进步的可能性。

从已经了解到的情况来看，无论如何，都有可能在两个方面取得进步：我们已经知道的控制条件可能会产生不同的作用，或者过去没有使用过的能量供应可能会变得可用。本来移动困难的地区可能会被发现很容易穿越，或者人类可能会在原本不可能使用能量的地区使用储存的能量。因此，能量使用的变化将引发地区相对重要性的变化。地理环境仍将控制历史的进程，但它将以不同的方式来控制。

另外，人类现在所依赖的能量供应如果被耗尽，那可能也会带来变化，可以想象一些土地可能会变得更干燥，农作物可能无法生长，就无法再提供食物能量。如果发生这样变化的区域很广泛，历史将受到很大影响。的确，有些人试图证明大洲的内陆地区现在正逐渐变得干燥；另一些人说，存在着有规律的节奏，干燥期与潮湿期交替出现，而非朝着一个方向持续变化。这两种理论哪种是正确的，或者全都是错误的，我们其实都不关心。我们知道，无论干旱期是否是周期性的，它们肯定会出现，并从不止一个方面影响历史。无论大陆地区是否变得更干燥，这种变化也会非常缓慢，在这个过程中必然会有其他变化产生更大的影响。

还有一种更重要的能量来源也必然会耗尽，这就是煤田。这种条件的变化更为严重，因为当煤被使用后，不会得到补充。煤的量是一定的，使用完后就没有了。当然，供应量有可能是非常大的，我们可以无限期地使用，而不产生影响，但事实并非如此。对世界的调查虽然不够完整和详细，但现在已经能非常准确地知道，不可能有任何未被发现的大型的煤资源。在此基础上，有人估计，按照目前的消耗速度，英国和德国的煤可能可以持续五百年或一千年，美国的煤可能可以持续六千年，但如果消耗继续以最近的增长速度增长，在现有条件下这些土地上可以开采的所有煤将在一百五十年内耗尽。这也许并不完全是一件坏事，它可能只是一种刺激，让我们去实现进一步的节约、进一步的进步。对节约的刺激确实已经在发挥作用，促使人们去使用真正能最大化地利用煤中的能量的发动机，现在优秀的蒸汽机只利用了燃料中约12%的能量而已。这大约是一个人将食物能量用于劳作的比率，但涡轮机能利用30%，一个好的燃气发动机可能还要更多一点。但即使是这样，若与萤火虫用于产生光的能量相比，也是浪费的。不过，无论怎样，甚至假设全世界所有煤中蕴藏的所有能量都被用于有用的工作，很明显，在一段时期之后终究会出现匮乏，无论以普通标准来衡量这段时期有多长，但如果以我们所谓的历史的时间尺度来衡量，这段时期肯定很短。

随着煤田的开采，包含这些煤田的土地的重要性一定会降低，在其他条件相同的情况下，那些能够最长久地开采煤的土地将获得相应的重要性。因此，中国非常广泛的煤田在未来必然会具有特殊的利益。

石油是一种重要的能量来源，尽管我们对其供应来源了解比煤还少，但几乎可以肯定的是，石油不会更新再生，而且可以肯定的是，可用的总量无法与煤相比，而且会更快地耗尽。在美国东部各州，供应量正在迅速减少，尽管密西西比河以西各州的产量正在增加，但即使按照目前的速度，供应量也将在一百年内耗尽，而且，如果速度继续增加，在这一代人内就会耗尽。

我们还有什么其他的能量来源呢？一千多年来，西北欧的人利用每天两次的潮汐涨潮的能量对抗风力和河水的流动，将船运送到内陆中，由此所节约的能量具有非凡的用途。似乎有可能将这种正在浪费的能量用于各种有用的目的，但除了少数地理条件合适的地方，它不能与煤竞争。即使在煤耗尽的情况下，潮汐似乎也是最后一种会被利用的能源，即使应用了，巨大的支出所能收获的回报是很少的，而风暴很可能会破坏为了利用潮汐而必须修建的大型工程。

风和水的能量，类似潮汐的能量，而与煤不同，它们是不断地在更新的。然而，风的能量也像潮汐的能量一样，付出巨大但几乎没有回报，而水能的总量可能绝对无法满足在煤耗尽后取代煤的能量所需的量。例如，在美国，水力估计可以生产3600万至6600万马力[①]。即使全

---

① 鉴于本书的成书年份，数据与当前的数据相比存在着较大误差。

部利用，也肯定不到目前在美国开采的煤所能获得的能量的一半，而且可能还要少很多。不过，下落的水的能量具有比风能或潮汐能更经济的优势，换句话说，用特定支出可以获得更多的能量，所以我们很可能会看到高海拔且多雨的地区在未来的世界系统中占据更突出的位置。

当然，有可能发现一些作用剂，通过这些作用剂可以利用某些形式的物质发出的能量，镭就是重要代表，或者可以开发地球内部的热量。但目前来看，从这些来源中的任何一个获得大量的能量都是非常不可能的。

因此，看起来可能发生的变化是那些由煤的耗尽和更广泛地使用水力而引发的，而更经济地使用能量供应能力的提高会缓和这样的变化。这就是说，在其他条件相同的情况下，煤资源持续供应时间最长的地区，以及有大量水力供应的地区，很可能会保持或获得重要地位，而代价是牺牲其他一些不那么幸运的地区。

但我们可能要考虑更多的基本分布。煤和石油的储备是大自然在过去漫长岁月积累下来的资本，在使用它们时，我们自己根本没有真正去积累能量。它们与人类自己制造的能量不同，直到一百三十年前，人类自己制造能量几乎唯一的方式就是食用利用太阳能量生长的食物，然后用几天或几个月来消耗它。煤的能量的使用是一种意外。在工业革命带来的变化中，我们有可能忘记了这一切纯属偶然，而太阳辐射是迄今为止地球表面上最大量的能量的终极来源，特别是现在生长的植被以最方便的形式提供能量；土壤的耕作、园艺和农业以及树木栽培，无论是否是最古老的行业，肯定是最基础的行业。

我们现在正在实现节约能量方面的进步，利用最先进的机械和各种组织，尽可能地减少浪费。有些问题的解决乍看之下似乎不可能带来能量的节约，但通过对这些问题的研究，我们提高了作物的产量，从而取得了更多的进步。由于对遗传的研究结果，小麦正在被培育出抗病性，它将能在更短的时间内成熟，并将能提供比以前更好的面包。由于对生活在土壤和其他地方的细菌的研究结果，人类已经找到了方法，可以弄清哪些微生物对有利于植物生长的特殊细菌是有害的，并找到从土壤中清除它们的方法。通过观察相距遥远的地方（例如南美洲和非洲东海岸）的气压和降雨量——观察本身是纯科学的，并通过纯数学的方式进行讨论——印度农民获得了一些关于季风有可能带给他们多大雨量的指示。我们在不断地实现进步，从土壤中获取更多能量，减少浪费，而能量积累最多的地方，是那些拥有最多的能够证明如何取得进步或能够利用新知识的人的地方。这些地区大多是积蓄能量最多的地方，因此可以把一些能量分出来促进这些研究；换句话说，这些地区是有最多煤的地方。因此，目前土壤耕作方面的进步成果在煤使用带来的进步的衬托下黯然失色。

　　如果没有煤炭的出口或是以煤炭为基础的产品制造，许多重要国家的田地就会失去生产能力。英格兰东部的麦田之所以能一直保持肥沃，就是因为使用了化肥或牲畜肥料。化肥是通过出口煤炭或制成品进行直接交换得到的。牲畜肥料可以说也是以同样的方式得来的，因为牛的饲料已部分依靠进口。如果英国、德国、法国乃至美国只能依靠自己的话，它们的生产力就会逐渐降低；只有中国在无需外来援助的情况下，其土地仍能够保持肥沃。

不过，当那些有充足的水分、作物，在热能影响下生长最快的地区被纳入到世界组织时，可能会实现最大的进步。我们已经看到，赤道上的森林迄今仍在组织化的范围之外。这些地方不太可能从内部发展出早期文明。迄今为止，那里的植被生长速度都太快了，人类无法控制。但由于煤炭的使用，使人类获得了管理大型组织的经验和知识，并能利用其他储量更为巨大的能量。在英国北部，每年只有一季作物，而且生长相对缓慢。在亚马孙河和刚果河流域，以及东印度群岛，作物可以持续不断地生长，而且长得很快。因此，在这些地区有着不断更新的能量来源。人类有可能去利用它吗？现在已经开始起步了，组织工作正在进行，全世界的橡胶供应都来自这些森林。但这虽然很重要，却是小事一桩，因为橡胶不是能量的来源，它的使用只是有助于节约能量。我们应该期望的是，这些地区将会直接提供能量，无论这种能量是从燃烧的燃料中获得——这不太可能——还是从种植的东西中提炼出酒精，或者以其他方式，都不重要。重要的是能量在那里，且有可能被利用起来。

不过，出于两方面的原因，即使是有组织能力的白人，对这些地区进行组织的努力也受到了遏制。首先，这里的条件与白人在北方土地上所习惯的条件有很大不同，以至于人们不愿意去尝试解决所有的问题，不愿意去尝试所有必要的调整，以便在这些条件下生活得很好。换句话说，很难让人们改变他们的习惯，改变他们做事的方式，这种惯性太强了。在美国和加拿大的土地被发现之前很久，人们就已经知道非洲和南美洲了，但在美国和加拿大，移民者的生活方式与他们在故乡已经习惯的生活方式没有太大不同。而在其他地方，一切都很陌生，生活必须规划为不同的方式，因此，白人不会大量前往这些土地定居。最好的情况是，他们愿意去短期地待上几年，就像去印度那样。

因此，进展如此微小并不令人惊讶，尤其是还有第二方面的原因：那些地区不仅条件不同，而且对生命有危险。与早期的历史相比，希腊人和罗马人在晚期似乎显得缺乏阳刚之气，这可能有部分原因是由于从他们所统治的较温暖的土地上引入了疟疾。无论是否如此，某些在寒冷地区不为人知的疾病在温度高的地方带来了过高的死亡率，这无疑是对人的生命的浪费，而不会有任何能量的节约。但有证据表明进步正在实现；我们对这些疾病及其原因进行了研究——研究的方式乍一看并没有希望减轻人类的痛苦，也没有希望节约任何能量——但预防的方法，至少是部分预防的方法，被研究了出来。在一代人之前，没有人会预料到，这种知识是通过研究各种昆虫的习性，通过收集昆虫并在显微镜下检查它们而获得的，但这是事实。有些疾病已被证明是由特定种类的昆虫主要是蚊子携带的，通过消灭携带这些疾病的昆虫，疾病已经大大减少，甚至被完全杜绝了。在里约热内卢，1898 年有 1078 人死于黄热病，1908 年只有 4 人。在哈瓦那，1853 年至 1900 年期间，黄热病的年平均死亡人数为 754 人，而 1907 年只有 1 人死于此病。1887 年，意大利有21033 人死于疟疾；1907 年，这一数字为 4160。在伊斯梅利亚，1902年有 2000 个疟疾病例，1905 年则一例都没有。塞得港的疟疾也被清除。

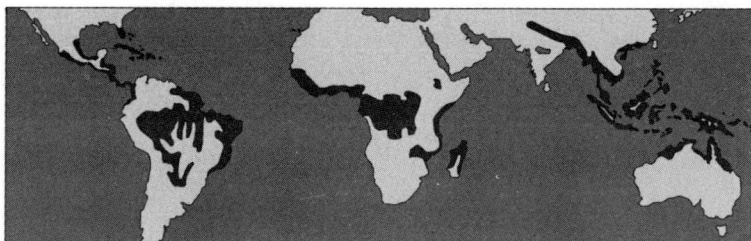

图 19-1　炎热而潮湿的森林地带

　　即使以金钱来衡量，能量也得到了节省。1903 年，疟疾使苏伊士运河花费了 38200 法郎，而 1908 年的费用还不到这一数额的一半。巴拿马运河本身就是由于发现了抑制疾病的必要措施才得以施工，鼠疫和黄热病被消灭了，疟疾大大减少。员工的死亡率从 1906 年的 40‰多下降到 1909 年的 10.64‰——这个死亡率比文明世界的大多数城镇都要低。

　　确实有人说："赤道地区的气候本身并无害处；它所做的只是，如果你在炎热的白天出门时没有戴上足够的头部保护物，就会使你中暑，并使你在午餐后难以保持清醒。这里没有结核病、风湿热和流感。只要避开采采蝇，你就不会得晕睡病，避开蚊子，你就不会得疟疾；不要睡在泥地上，也不要把帐篷搭在有虱子和臭虫的旧营地上；与老鼠保持距离，你就不会得鼠疫。只要小心谨慎，在热带地区生活比我们在流感肆虐的北半球温带气候中生活更不容易生病。"目前，上述建议可能很难去遵循，但知道给出什么建议就是一种进步。当大量的人有可能遵循这一建议并从进一步的知识成果中获利时，那么人类就将能够利用并积蓄赤道森林中的巨大能量储备，刚果河和亚马孙河所流经的地方将不再无人居住。

还有另一种可能性：在炎热的撒哈拉沙漠中，晴空万里，几乎长年无雨，没有植被，人类无法生存，但如果有可能直接利用太阳辐射的能量——这里的太阳从日出到日落持续照射，能量并不比低纬度的赤道地区少多少，那么另一个现在还是赤地千里的地区便将能够支持大量人口，并将变得异常重要。在这里，在与大伦敦区域所占面积相当的范围内每年接收到的太阳能，相当于英国全年生产的煤完全燃烧时所产生的能量。关于具有高热效率的发动机的实验已经在进行中，但是否已经迈出了将会引发重要革命的第一步，现在判断还为时过早。可以肯定的是，离赤道越近，节约能量的潜力就越大；当煤耗尽时，有一些能量供应可以被我们利用，而且这些能量供应迟早会被利用。随着这些能量的利用，如果过去能有任何标准值得未来参照，那么人类的分布——生活习惯，以及所有那些深刻影响历史进程的事项——必然会有不可避免的变化。但这种变化的影响将会受到过去的历史的修正；已经存在的事物将继续存在，因为它们已经存在。

　　对未来小小窥探之后，我们的故事便结束了。提出在事物"自成一体"的奇妙过程中有某种"日益增长的目的贯穿始终"。"上帝的磨盘转动得很慢，却磨得很细"①，这是否与现实格格不入，还是不合时宜的说法了呢？

---

① 本句出自毛姆所著的《月亮与六便士》一书，意为天网恢恢，疏而不漏。